现代民宿经营管理

Modern Homestay Operations and Management

仇学琴　毛剑梅　宋笑宇◎编著

中国经济出版社
CHINA ECONOMIC PUBLISHING HOUSE
·北京·

图书在版编目（CIP）数据

现代民宿经营管理 / 仇学琴，毛剑梅，宋笑宇编著．
北京：中国经济出版社，2024. 7. -- ISBN 978-7-5136-7802-5

Ⅰ. F719. 2

中国国家版本馆 CIP 数据核字第 2024A8C050 号

责任编辑 牛慧珍
责任印制 马小宾
封面设计 任燕飞

出版发行 中国经济出版社
印 刷 者 北京富泰印刷有限责任公司
经 销 者 各地新华书店
开　　本 710mm×1000mm　1/16
印　　张 15. 25
字　　数 260 千字
版　　次 2024 年 7 月第 1 版
印　　次 2024 年 7 月第 1 次
定　　价 88. 00 元
广告经营许可证 京西工商广字第 8179 号

中国经济出版社 **网址** http://epc. sinopec. com/epc/ **社址** 北京市东城区安定门外大街 58 号 **邮编** 100011
本版图书如存在印装质量问题，请与本社销售中心联系调换（联系电话：010-57512564）

序言

民宿作为旅游住宿业的一个重要组成部分，对旅游业的发展发挥着越来越重要的作用。民宿已经成为大众出游的住宿选择之一。当游客身处野趣盎然的乡村时，有乡村民宿提供住宿保障；当游客身处繁华市井时，有城市民宿可供选择。靠近高山，有山景民宿；面朝大海，有海景民宿。民宿所具有的多样性、独特性、亲和性、自由性，让旅途中的人们能够找到安身之所，并得到安心、舒心、暖心的体验。

笔者工作以来一直从事住宿行业的教学、科研工作，曾经作为省级、国家级星级饭店评审员对星级饭店进行评定和复核，也出版了多本酒店管理方面的教材，但依然觉得对住宿行业的研究并不完整，原因是缺少了民宿经营管理方面的著作。

大多数民宿体量小，且大部分是民宿主人自己经营，民宿主人可以根据自己的兴趣、爱好对民宿的装饰、文化、服务特色进行个性化创造。笔者曾指导过学生以民宿项目参加创新、创业大赛并获奖，一直想写一本可供民宿创业者尤其是大学生创业者阅读并具有实践操作价值的著作，经过团队的努力，最终写就本书。

本书共分为十章，第一章至第九章为民宿经营管理内容，第十章为4篇民宿发展方面的专题研究论文。本书各章节的撰写者为高校的老师、民宿经营管理者、设计师和少量研究生。其中，第二章的作者之一镡玉所撰写的《蹒跚在民宿路上》是近年的畅销书，第三章的作者之一余途是民宿及酒店、景区知名设计师。

本书各章、节的撰写者如下：

第一章：毛剑梅；

第二章：第一节、第二节，镡玉、范怡琳；第三节，宋笑宇；

第三章：余途、孙艳；

第四章：邓芳、宋笑宇；

第五章：毛剑梅、孙艳；

第六章：仇学琴、范怡琳、吴宏业、王朱元；

第七章：邓芳；

第八章：刘毅君；

第九章：刘毅君、赵晗君、仇铮；

第十章：第一节，刘庭甄；第二节，王萍；第三节，杨荣权、罗江、朱涵、杨李菲、宋洪娇；第四节，热孜宛古丽·吾吉麦麦提。

封面照片由仇铮提供（该民宿为仇铮自有民宿）。

本书由仇学琴教授拟定总体框架，组织撰写，并进行最终统稿、定稿。本书第一章、第二章、第七章由范怡琳进行初稿修改、核对；第三章、第五章、第八章由孙艳进行初稿修改、核对；第四章、第六章、第九章、第十章由宋笑宇进行初稿修改、核对，并进行全文初稿统稿。

本书可供国内高校旅游管理专业、酒店管理专业及其他相关专业学生作为教材使用，也可供民宿投资人、民宿经营管理者、民宿员工及民宿爱好者阅读、参考。

感谢参与本书撰写的各位同仁！感谢撰写书稿时借鉴、引用的相关文章、著作的作者！

仇学琴

2023 年 8 月 29 日于温泉山谷

目录

第一章 民宿概论

民宿作为旅游住宿业的一个重要组成部分，对旅游业发展发挥着越来越重要的作用。在世界范围内，民宿以多样性和个性化的特点吸引着越来越多的游客，增强了旅游目的地的吸引力。

随着互联网技术背景下共享经济的迅猛发展，民宿无论是内涵还是外延都发生了很大变化，由传统民宿向现代民宿转变，将为游客提供更加优质的旅游产品，促进旅游业的高质量发展。

第一节　民宿的概念、内涵及其他

民宿的概念在不同国家和地区有不同的界定，并伴随着社会、经济、技术的发展，民宿的内涵和外延也在不断变化。

一、民宿的概念

国外对于民宿没有统一的名称。民宿在欧美国家被称为 B&B（Bed and Breakfast）或 Homestay，主要是指仅能为游客提供住宿和早餐的经济型住宿设施。民宿在日本被称为 Minsyuku，是指以家庭为单位，在乡村野外开办的能够吸引城市游客的住宿设施。

中国台湾是民宿发展较为成熟的地区，台湾学者对民宿的研究也较为深入，这些研究成果直接体现在 2001 年的“民宿管理办法”中，其将民宿定义为“利用自用住宅空闲房间，结合当地人文、自然景观、生态、环境资源及农林渔牧生产活动，以家庭副业方式经营，提供旅客乡野生活之住宿处所”，并且规定：经营规模以客房数 5 间以下，且客房总楼地板面积 150 平方公尺以下为原则，特色民宿以客房数 15 间以下，且客房总楼地板面积 200 平方公尺以下为原则。该定义突出了民宿的经营方式和主要功能。①

中国大陆的民宿具有狭义和广义两种概念。狭义民宿是指利用自有住宅空闲房间，以家庭副业的经营方式，结合当地的自然和文化资源，提供包括住宿、餐饮等服务的场所，强调产权的自有性和经营的副业性。广义民宿是指除了一般常见的饭店和旅舍，还包括其他具有独特吸引力的小型旅行住宿接待设施，如在线短租。在我国一般指的都是广义的民宿。

为使民宿业可持续发展，我国政府也陆续出台了一系列管理政策。

2013 年，《农家乐旅游服务质量等级划分》中提出农家乐是以农民家庭为接待单位，利用田园景观、自然生态、农村文化及农民生活等资源，以农业体验为特色的吃农家饭、住农家屋、干农家活、享农家乐的乡村旅游活动。

2016 年，《张家界市武陵源区发展乡村特色民宿（客栈）管理实施办法》中将乡村特色民宿（客栈）定义为利用乡村房屋，以田园风光、自然生态、特色景观、民俗风情、户外休闲、避暑度假和民俗文化等为游客提供住宿服务的场所或经营用房。同年，《浦东新区关于促进特色民宿业发展的意见（试行）》中，特色民宿指利用农村依法建设的闲置宅院，结合当地人文自然景观和生态资源，进行整体设计、修缮和改造，既保持传统乡村风貌，体现当地民居特色、生态环境，又为游客提供高品质住宿等特色服务的休闲、度假体验型经营性场所。

2017 年 10 月 1 日，国家旅游局（2018 年改为文化和旅游部）正式实施《旅游民宿基本要求与评价》行业标准，明确旅游民宿的定义是指利用当地闲置资源，民宿主人参与接待，为游客提供体验当地自然、文化与生产、生活方式的小型住宿设施。② 国内部分学者认为，民宿具体可表现为农家乐、家庭旅馆、民居客栈等形式，其中农家乐主要体现的是乡村气息和农家体验；③ 家庭旅馆主要表现为旅馆业主亲自管理，基本不会雇佣员工；④ 民居客栈的主要特征是具备主人的特质和对客服务的人性化。⑤

---

① 台湾“交通部观光局”. 民宿管理办法 [Z]. 2001.

② 国家旅游局. 旅游民宿基本要求与评价 [Z]. 2017.

③ 中华人民共和国商务部. 农家乐商务服务规范 [Z]. 2007.

④ 彭青，曾国军. 家庭旅馆成长路径研究：以世界文化遗产地丽江古城为例 [J]. 旅游学刊，2010，25（9）：58-64.

⑤ 龙肖毅. 民居客栈概念评述 [J]. 今日科苑，2009（14）：110-111.

二、民宿的内涵

从建造方式来看，民宿应该由民居改造而来。但在我国，随着民宿业不断升温，很多新建酒店也挂上民宿的头衔进行促销，其实不是真正意义上的民宿。

从经营方式来看，民宿是利用住宅空闲房间自营或者以投资租赁的方式经营。民宿的营销已经离不开互联网中间商代销及自媒体营销等多种方式的组合。

从民宿所处的位置来看，有位于城市的民宿，也有位于城郊的民宿，包括位于乡村的民宿。

从经营规模来看，民宿一般规模较小，建筑面积不超过 2000 平方米，客房数一般在 15 间以下。

从管理主体来看，有的由民宿主人自行管理，有的委托民宿集团进行管理，还有的乡村民宿甚至由乡镇政府或者旅游局协助管理。

从民宿设计、装饰风格来看，民宿在建筑设计、环境营造、装饰陈设以及服务上都更多体现当地文化，如院落建筑、民族风情、供住客欢聚分享的公共开放空间等。

综合起来，民宿的内涵包括：

（1）良好的居住环境。民宿不像酒店那样千篇一律，更加个性化、人性化。现在的许多民宿都注重与周围环境的结合，有自己的文化，同时又能显示当地的风格特色，让人足不出户就能享受美景。

（2）给人以家的感觉。有些民宿可以给游客提供生活配套设施，游客能自己做饭、洗衣，让人出门在外也有更多在家的自在、温暖和便利。

（3）能更近地体验当地生活。一般来说，传统民宿就是房东自己开的，他们对于当地的风土人情非常熟悉，住在民宿的游客有机会品尝当地人做的特色美食，甚至有些热情的老板还能成为导游。

（4）生命和安全可以得到保障。民宿由于规模小，很难形成规模经济，所以民宿的每一个游客都是民宿的宣传者，民宿的出名往往是靠口口相传。只有给游客留下好印象游客才能帮助宣传，确保民宿持续经营，因此，民宿经营者必须在卫生、安全方面下功夫。

三、民宿的特点

（一）以家居空间为核心

传统民宿建筑空间是以家居为核心，结合住宿空间、辅助空间，这是其和一般酒店、农家乐、旅馆等建筑的本质区别，因其建筑尺度更小，更容易让人产生亲切感。当然，以家庭居住空间为核心也成为限制民宿规模的重要因素。此外，每个人对生活美学都有着不同的理解，加之部分民宿为了迎合大众的需求，在改造的过程中融入了多种风格和主题空间情境建构，跨越了时间和地域上的限制，出现了诸如乡村、地中海、欧式、田园等不同风格。

（二）精致且富有体验性

民宿以原有民居所拥有的功能配置为基础，空间相对较小，可提供的房间数量也较少，为了保证经营，其经营模式与传统的酒店有着很大的不同，注重追求“质量”上的优势来吸引住客，以弥补“数量”上的不足。因此，一般民宿的主题或理念都是围绕着精致的空间营造来展开的，经营者会竭尽所能地打造空间品质，并赋予民宿某种情怀。体验性主要体现在民宿为了吸引住客，会结合自身的资源优势，加入诸如地方特色美食、农家生产生活体验、赏景度假、手工艺制作等多种体验活动。例如台湾的卓也小屋民宿，除了住宿基本功能外，住客还可以体验当地特色的蓝染工艺，亲手制作蓝染工艺品，在这个过程中加深对传统手工的理解。这种具有体验性的活动的加入，丰富了民宿的内涵。

（三）功能空间复合共享

功能空间的复合共享也是民宿的一个特点。民宿虽然规模较小，但为了增加其体验性和适应性，设置了丰富多样的功能，比如餐饮功能、文化娱乐功能、交往体验功能等。要做到小而精致地包含并融合这些功能，就需要将这些功能空间复合在一起。例如德清后坞生活民宿，为了满足不同的活动需求，原本作为餐厅的部分可以通过简单的家具移动变成会议室、影音室等，甚至手工艺制作也可在这里进行。

（四）改善邻里关系，与自然和谐相处

与其他类型的旅游度假住宿类酒店相比，民宿大多位于自然环境优美的乡村，为了加强同村民的联系，同时也能让住客更好地体验乡村生活，一些

民宿开始尝试再造邻里关系，比如在民宿中置入部分乡村公共空间。例如云夕·深澳里民宿，就是采用增加公共图书馆的方式来改善邻里关系，这个图书馆不仅住客可以使用，村民也可以使用。这种方式不仅丰富了整个民宿的文化特性，也成为沟通村民和民宿之间的桥梁。民宿主人知道游客之所以会来住民宿，和当地优美的自然环境是分不开的。因此，在改造设计时会尽可能在材料使用、外部空间设计等方面积极引入自然元素，营造人与自然和谐相处的空间氛围。

（五）地域文化的载体

作为一种根植地方的特殊旅游度假住宿类建筑，民宿可以称得上是地域文化的载体。地域文化不仅包含抽象的部分，如当地的风情民俗等，也包含实体的部分，如建筑的建造技艺、手工艺等。民宿一方面可以通过某种活动，让更多的人了解当地的特有文化习俗等，另一方面可以在民居改造成为民宿的过程中，保留原有的建造技艺、施工技术等，使其得以传承。

四、民宿的文化元素

尽管民宿与酒店都是为顾客提供食宿的设施，但是相对于酒店，民宿还具备一些特殊的文化元素，酒店的建设或许也会考虑这些元素，但民宿与这些元素的结合往往更能增加“家”的意蕴。

（一）民族风情元素

云南是中国少数民族种类最多、特有少数民族最多的省份，民族风情元素在云南尤为凸显。例如以昆明别墅店为代表的26Life族迹·云南民族创意客栈，每一个房间都风格迥异，不同的房间内呈现的是不同民族的特色装饰，向游客生动展示着云南26个民族的文化气息，向远道而来的顾客展现着它无限的魅力与精彩。

（二）古风元素

古风元素是一些民宿吸引顾客的法宝，例如南京云舍的民国风。南京的民国韵味至今仍不减当年，南京云舍就是最好的例证，民宿主人将小楼用清一色实木家具打造出民国风情，既贴合了自己的兴趣，又满足了顾客对南京独特的民国范儿的想象。来到这里的人，看着这民国风十足的小楼，想象着跨越时空回到民国，居他们所居、想他们所想，怀旧的情绪仿佛都能得到满足。

（三）私家博物馆

一间民宿隐藏着一个博物馆。浙江南浔古镇囊括了江南最精致的园林，住进南浔的民宿，一墙之隔就是浔古堂个人收藏馆。这是一座江南大宅，里面陈列了主人几十年精心收集的奇石、古玩、盆景等大量奇珍异宝，经历了岁月的洗涤，这些宝物依然完好如初。

（四）山水

山水是一些民宿的法宝，隐居山间，听啾啾鸟鸣，或宿于水间，享清风徐徐，是多少人向往的生活，临水或近山的民宿就有了独特的优势。中国台湾垦丁的民宿靠着一片大海，有宽敞的露台，能看到天蓝海蓝，躺在躺椅上吹着海风晒着太阳，时光仿佛变慢，甚是惬意。房间里有宽敞的落地窗，让人即使在室内，也能随时看到海景。

（五）特色植物

植物元素对于民宿来说是点睛之笔，给沉闷的宅院以生机勃勃之感。旅客看到满目的植物，顿时舒适放松。海南枷椗山居抓住了这一点，让整个民宿布满了当地特色植物，当旅客来到这里时，除了满目的湛蓝色海水还有红树林，这是怎样一种惊喜！

（六）动漫元素

自己居住的地方被动漫人物环绕是一种怎样的体验？在广东省广州市从化区鳌头镇西塘村，有一间独特的民宿，走进这里，仿佛走进了“张小盒”的世界。动漫形象的外墙、大大的立式模型、无处不在的墙贴，甚至房间里的所有床具也都印着“张小盒”的图案。这间独特的“张小盒星球”动漫民宿成为许多人向往的旅游居所。

（七）石元素

“山无石不奇，水无石不清，园无石不秀，室无石不雅。”除亭、台、楼、阁、小桥流水外，石头的运用也是民宿农庄造园的关键，沂蒙山舍对石元素的使用便是最好的例子。沂蒙山中，十里惊天河，飞瀑流泉，百年石屋立，钟灵毓秀。在这样一处独特的地方，势必有独特的事物。石屋改造的沂蒙山舍旁，积淀了千百年的壮阔山景和山顶的云雾缠绕，美不胜收。推门而入，一切都融入大山里，天朗气清时院中蕴起一片山明水秀，置身这里仿佛置身大自然的怀抱，天地人融为一体，无比惬意。

第二节　国内外民宿发展历史

对国内外民宿发展历史进行梳理，有助于我们从民宿发展的历程中借鉴发展的经验，促进我国民宿的高质量发展。

一、民宿的发展

民宿经过近百年的发展，无论是规模、经营管理还是接待范围都发生了很大的变化，尤其是互联网背景下，民宿的经营管理更是发生了质的变化，了解掌握民宿的发展演变对于民宿的经营管理有着重要的作用和意义。

（一）民宿经营主体的变化

欧洲早期民宿的经营者是房屋的所有者，他们主动为外来游客提供住宿服务，并不单纯是为了经济收入。中国台湾早期的民宿也是在当地主管部门的鼓励下，房屋所有者为了获取政府补贴而改造房屋并为游客提供住宿服务。而现在，很多民宿的经营者并非房屋的所有者而是租赁进行民宿经营的。

（二）民宿经营规模的变化

早期的民宿几乎都是家里空闲的房间，房东只是将自己闲置的空间进行出租，房间数量较少，经营规模小；而发展至今，已经出现了规模化、品牌化经营的民宿。民宿的价格也发生了变化，早期的民宿价格比较便宜，服务也不够规范，就是居家式的生活；如今的民宿能够提供接近酒店式的规范服务，也能具有居家式的舒适体验，价格不菲，旺季一房难求。

（三）民宿房客类型的变化

早期民宿接待的住宿者主要是欣赏乡村山水风光，解决基本的食宿需求。然而，随着旅游业的发展，游客的需求越来越多样化、个性化。例如，除了满足基本的食宿之外，对社交的需求也成为游客选择民宿的重要考虑因素。很多人选择民宿就是选择与自己爱好相同的人，以便在旅途中进行交流，丰富旅行体验。

二、欧美民宿发展历程

（一）英国民宿的发展

公元 43 年至 410 年，不列颠被罗马帝国统治时期，英国人就开始经营民宿，当时主要是为旅行的罗马帝国官兵提供“廉价但又欢快”的住宿场所。20世纪30年代，经济大萧条令大量英国家庭陷入困境，为了增加收入，很多人腾出自家的空余房间，采用“床和早餐”（Bed and Breakfast，B&B）的经营方式，做起了家庭式接待生意。

B&B在英国的真正普及是在二战后，当时滞留在英国的大批外国士兵需要住所，从而推动了英国民宿业的发展，并逐渐扩大到法国、德国等地。如今，民宿已经成为英国人引以为豪的“国家名片”，也是欧洲乡村普遍的旅游业态。

英国民宿的雏形被称为客栈，一般是指位于乡间或路边的、主要供过往顾客寄宿的小客店。早期的客栈，从设施上看，规模小、设备简陋，一般是一幢大房子内设几间房间和床铺，旅客往往挤在一起睡；从服务上看，仅仅提供过往旅客吃饭和睡觉的地点，价格也十分低廉；从经营上看，都是单家独户经营，顾客住宿的房舍往往就是家庭住宅的一部分，也无须专门的客栈管理人员。

二战结束后，仍在英国的美军士兵在等待回国时，纷纷走出军营，体验异国风情。当时的英国基础设施在残酷的战争中遭到严重破坏，根本没有合适的酒店来接待这些美军士兵。于是，一些英国家庭主妇将自家住宅内的部分房间收拾出来接待他们，并提供餐饮服务，有些英国人还领着身着军装的士兵在当地游玩，类似于如今的导游，而美军士兵则为这些服务支付酬劳。这一活动无形中催生了一种有别于酒店业的服务模式——英国近代意义的民宿业。

英国乡村的田园风光，不仅让美军士兵流连忘返，还吸引了不少美国人漂洋过海来此游玩。他们对剪羊毛与驯牧羊犬等家庭劳作活动颇感兴趣。尤其是城市周边的乡村小镇，宾客们蜂拥而至，以至于家中的羊都不够宾客们剪羊毛的。

美军撤离英国之后，英国民宿并没有衰落，而是继续蓬勃发展。

1960年，B&B热潮从伦敦周边逐渐向西南部及中部地区蔓延。10年之后，乡村旅游更是扩大至露营地、度假平房等，一时成为最热门的游客观光模式。一些有远见的经营者请求英国政府介入，使市场逐步被规范起来，而拥有产权的屋主，也可以通过预约代理商系统接受游客订房。1983年，英国出现了农场假日协会，协会制定了相关的规章条文，并得到政府观光局及农业部门的支持。一些具有悠久历史的民宅，因独特的人文景观以及为游客提供的优良服务，而获得较为理想的收益。例如英国布里特，那里的宅院可追溯至 17 世纪，已经被英国列为国家特别保护区，房价高达 400 英镑一晚，但游客仍然需要提前至少 6 个月预订。英国民宿协会的数据表明，英国大约有 2.5 万家民宿，年营业额约 20 亿英镑，已成为支撑英国旅游业的重要组成部分。英国政府规定，凡是对外经营的民宿必须取得政府的经营许可证，并且根据客容量设置了消防、卫生等各种准入标准和税收标准，一旦客容量超过 6 人则有严厉的准入标准和较重的税率，所以，一般经营者都将客容量控制在 6 人以下。

（二）法国民宿的发展

法国民宿在 18 世纪已经出现，但那时还不成规模。

在英国 B&B 热潮兴起的同时，法国随着二战后经济的逐渐恢复，旅游热也席卷了城市，同时农村人口急速外移到城市，空留许多农舍。一些农场主看到了机遇，将在战争中受损的谷仓与房屋进行维修改建，并出租给蜂拥而至的游客，农舍接待度假旅客的举动，正好迎合了城里人向往宁静田野度假生活又不愿支付昂贵旅馆费用的需求。

1951 年法国第一家农村民宿开张，1955 年法国民宿联合会成立。法国民宿联合会如今已成为世界最大民宿组织，雇用 600 名职员，负责监督、严格检查旅舍质量，并向 200 万绿色旅游爱好者推销这些民宿。法国民宿从简单的小农庄到设在文艺复兴城堡的可爱客房，应有尽有。远离城市，来到乡村，在湛蓝天空与绿色森林中休闲娱乐，成为很多法国人的选择。2000 年以后，法国政府修改了民宿管理办法，规定房间数最多为五间，申请设立必须符合消防、建筑及食品卫生等安全规范，同时必须为旅客办理保险。

（三）德国民宿的发展

德国民宿的发展，与英、法两国相比，时间上略晚。德国工业化发展的巨大成功，使得服务业尤其是旅游业获得快速发展。德国的乡村居民为吸引城市居民来度假，除利用家中多余房间外，还组织丰富多彩、具有乡村特色的活动来吸引游客。随着德国乡村旅游越来越热，1971 年，德国农业协会专门针对遍布全国各地的以家庭为主的民宿进行研究，并对德国各大城市居民进行抽样问卷调查。根据调查结果，德国农业协会向皇家供货条件委员会提出制定乡村旅游品质管理机制及度假农场与乡村度假评鉴制度。由此，尊重乡土特色、保护自然环境、融入当地生活、注重人文景观等要素第一次被系统性地提出。

德国民宿不仅依托完善的评级鉴定制度，而且十分注重民宿设计、民宿活动策划、民宿品牌营销等方面，通过从空间设计到策划营销的系统性服务，为游客提供丰富的乡土旅游体验。

（1）民宿设计层面。德国民宿住宅直接由民宿主人设计安排，房间大小一般在45~50平方米，配置全套家庭设施，装饰特色室内环境，提供当地食材以供烹饪；在民宿的外部环境设计中，德国民宿依照尊重乡土特色、保护自然环境的原则，通过增设活动步道、梳理庭院景观、局部修缮农庄等方式，保留民宿风貌特色，协调周边环境关系，营造独特的德国乡野体验。

（2）民宿活动策划层面。德国民宿主人通过邀请游客参与家庭活动的方式，让游客融入当地生活；此外，民宿主人还为游客制订出行计划、提供交通咨询，让其参与农场生产过程，体验别样德国乡土风情。

（3）民宿品牌营销层面。通过德国民宿评级鉴定制度认证的德国民宿登记在专业旅行网站上，实现了全国网站的民宿详细信息查询搜索。在宣传上，通过建立德国乡村竞赛制度，对民宿的建筑特色、生态保护、外部环境、文化创新进行评比，选出优秀的金牌德国民宿，一方面呼吁乡民积极参与民宿制度完善，另一方面也树立了德国民宿的旅游品牌。

（4）民宿文化层面。德国民宿十分重视民宿文化及人文历史与创新，通过普及教育、承办展览等多种方式，呼吁人们参与历史遗产保护，同时结合文化创意产品开发，增加文化的附加值，让游客在民宿中全方位地体验其文化魅力。

（四）美国民宿的发展

欧洲民宿的兴起，逐渐影响至美国。与欧洲相比，美国的民宿发展约晚了40年。一方面原因是美国发达的陆路交通运输促使便利的汽车旅馆与民宿竞争；另一方面原因是美国人偏爱标准化和规格化的服务。但从20世纪70年代开始，美国的旅游业转型为探寻历史文化、追求原生自然，此时具有浓厚家庭氛围的民宿开始崛起。在当时的美国，“自然”“原汁原味”的旅游观念深入人心，当地人文历史成为游客的主要兴趣点，他们愿意为此付出时间与金钱，于是，独具一格的民宿成为新宠。在美国，比较有特色的民宿为居家式民宿（Homestay）和青年旅舍（Hostel）。对于外国游客而言，在美国向当地家庭租用一个房间，既能体验到地道的美式生活，还能增强语言能力。

除了这两种比较常见的美式民宿，牧马场民宿也是比较有吸引力的美式民宿代表。那些身手敏捷、帅气的美国牛仔以及他们所拥有的自由生活令许多人羡慕。牧马场民宿多出现在美国西部，游客在这里除了享受自由生活以外，还能和乐于交朋友的美国人轻松建立起友谊。

2009 年，民宿在美国成为新兴的旅游业态中非常有特色的产业，催生了民宿租赁公司，吸引大量资金进入这一行业。利用互联网，美国在共享民宿方面取得极大的发展，将共享经济的理念引入民宿是其主要的贡献。总部设在美国旧金山市的 Airbnb 是 AirBed and Breakfast 的缩写，不管是公寓、别墅、城堡还是树屋，在这家服务型的网站上都能够选择。Airbnb 的出现改变了人们出游时住宿选择的习惯，提供了更加多样化、个性化的房屋类型，增强了游客的旅游体验，同时盘活了闲置资源，创造了社会财富。基于互联网+共享经济的共享民宿，已经突破了原有民宿的界限，使得民宿的概念泛化。这一时期的民宿不再仅局限于乡村，强调乡土景观，而是强调个性化、特色化，范围扩大到城市、景区，出现了专门的经营者，民宿的所有权和经营权发生了分离。为了保证服务质量，有效防控安全、卫生、交易等方面存在的隐患，由专业的短租平台作为中介机构来运营的民宿更大范围地满足了顾客多层次、个性化的需求。Airbnb 的出现引领了共享经济理念在住宿业的应用，世界范围内共享住宿业得到迅速的发展，短租平台如雨后春笋般出现，并且具有自己的经营特色，民宿因此成为旅游业中一个极为重要的组成部分。

三、亚洲民宿发展历程

（一）日本民宿的发展

日本是亚洲发展民宿最早、最为成熟的国家之一。20 世纪 20 年代末在日本滑雪胜地白马山麓，当地农民在为登山、滑雪爱好者充当山里向导的同时，也为他们提供住宿并收取一定的报酬，这被视为日本民宿的起源。之后，在海水浴场也出现了家庭旅馆形式的民宿，民宿从冬季滑雪度假区发展到夏季海滨度假区。二战期间受日本战时体制的影响，民宿被当局严格取缔，加之观光客锐减，日本民宿业发展一度停滞。20 世纪 50 年代，随着战后日本经济的复苏，人们的消费水平恢复到战前水平，日本民宿发展出现了回暖，数量稳健增加。20 世纪 70 年代，日本在亚洲率先进入工业时代，国民富足，这时出现了回归田园进行“心灵的丰富”的旅游热潮。伊豆半岛与白马山麓，因独特的自然景观与浓厚的日本人文特色，成为国民首选的旅游目的地。在20世纪70年代后，日本国内民宿达到惊人的2万余家的规模。为避免民宿泛滥，日本政府对民宿业态进行了严格的限定，比如经营规模不可超过10间客房，工作人员不得超过5人。1992年，日本农林水产省提出“都市与农渔山村共生、对流活动”的绿色旅游政策。该政策的实施，使得日本民宿进入快速发展阶段。20世纪90年代因日本泡沫经济的破灭，经济持续衰退，民宿业也一度没落，从巅峰期进入寒冬期。进入21世纪，随着经济的回温和2003年日本政府“观光立国”政策的提出，外国游客不断涌入，民宿业枯木逢春，再次迸发生机。为进一步发展和规范民宿业，2018年6月《住宅宿泊事业法》（即民宿新法）实施，全面解禁民宿，民宿经营正式合法化。

日本人多地少，并且人力成本极高。经营民宿的房租、配套设施成本及人工清扫费等成本，使民宿价格相对于酒店已经没有太多的优势。但是由于日本的酒店大多数是按人头收费，并不是按房型收费的，而且收取一定的清扫费，如果是家族出行或朋友结伴，民宿的房价和清扫费平均下来会便宜许多。寸土寸金的市中心酒店房间格局紧凑，房间极小，但是同等价位的民宿会很明显地在价格、面积、私密性、舒适度等方面略胜一筹。

不同于传统的酒店、旅馆，日本民宿没有高级奢华的设施，但它能让游客体验当地风情，感受民宿主人的热情。日本民宿经营重视法治、安全风险防控及环境的维护，采用许可制认证体系，由民宿协会审查通过的乡村民宿，则给予“体验民宿”称号的合法认证。即便是偏远地区的简易民宿也采取许可制，营业须先取得执照，禁止非法经营。

为进一步提高民宿质量，日本民宿在活动策划、设计装潢、管理服务等方面，依托自身的文化特色资源，为游客提供日式风格的系统服务。

（1）民宿活动策划层面。民宿主人提供特定体验“菜单”服务，体验项目均以特定农业或者地方生活技术及资源为主题；此外民宿主人会为游客提供日式的家庭用餐服务及特色温泉泡澡服务。通过让游客对日式传统的生活进行体验，增强他们对于日本民宿的认可。

（2）民宿设计装潢层面。日本民宿重视乡土原真性的表达。在室内设计上，尊重日式建筑传统，以简单明快的隔墙分隔，室内采用素雅的色彩，营造出日式乡村生活氛围；在室外设计上，注重植物四季变化，通过山林叠石的搭配，让游客置身于“移步易景”的自然环境中。

（3）民宿管理服务层面。依据管理主体的不同，日本民宿可分为洋式民宿（Pension）与农家民宿（Stay home on farm）。这两种形式的民宿，民宿管理者都需经过得到官方授权的财团法人的辅导、审核，通过认证、登记后才可营业，民宿从业者素质水平高、管理系统性强。

日本民宿最先出现的是洋式民宿，即民间具有一技之长的白领阶层转业投资，并采取全年性专业经营方式。其后，部分农场也以副业方式经营旅馆业形成农家民宿，突出农业生活体验。日本民宿以其完善的配套设施、暖心周到的服务、多样的主题文化、精致的日式美学设计等特色吸引着世界各国的旅游爱好者。

（二）中国民宿的发展

1. 台湾民宿的发展

1980 年，中国台湾地区经济发展迅速，居民可支配收入迅猛增加，带动了旅游业态的兴起。短时期内旅游人数的激增与有限的旅游住宿资源的不匹配，使得当地住宿问题难解。于是，当地主管部门允许在酒店客满的情况下，有空闲房屋的农家直接到车站招揽顾客。垦丁公园、阿里山、溪头等风景区逐渐有当地农户参与进来，此为台湾地区民宿业发展的初始。

1990 年，台湾地区农业主管部门出台了一系列发展休闲农业的规定，民宿业态进入快速发展期，并在农村及原住民乡村部落兴起。1991 年，当地管理部门辅导原住民充分利用当地与其他地区不同的环境特色，将闲置的房屋改造为特色民宿来吸引顾客，以提高当地民宿的入住率，从而增加原住民的经济收入。在非原住民地区，许多风景区、旅游观光景点，也有许多居民愿意将不使用或是空闲的房屋改建或是重新装修出租给旅客，从而有效地推动了地区经济的增长。2001 年，台湾地区正式出台“民宿管理办法”，针对民宿应注意的所有事项制定了严格的标准，将民宿业归为农、林、牧、渔业的附属产业，促进了民宿硬件以及软件质量的提高，使得台湾地区农业及旅游业得到了健康发展。2011 年，台湾地区开始实行双休制度，并且大陆游客开始到台湾旅游，因此民宿的需求量急剧增加。台湾将观光旅游定为重点产业，当局重视持续发展、保护生态环境及文化文物的保存，发布了关于旅游方面的一系列规定。台湾民宿逐渐向创意化、多样化、个性化的方向发展以适应时代的变化，打造出不同主题的特色民宿。台湾地区民宿协会采取各种措施奖励新颖、独特并符合当地自然、人文资源特点的民宿，并指导民宿经营者扩大经营项目，从单一的住宿向提供特色饮食、增加休闲设施等拓展。

为了进一步提升台湾地区民宿的服务品质，在活动策划、品牌营销等方面，民宿经营者积极寻求突破，弥补不足。

（1）民宿活动策划层面。依托独特的人文及自然资源，台湾地区开设了以艺术、运动、农家为主题的体验式民宿，以原住民部落、温泉、海滨为主题的乡野民宿，以及特色鲜明的以巧克力、怀旧复古、人文沙龙为主题的创意民宿。不同种类的民宿带给顾客多样的旅行体验，同时民宿之间形成差异化发展，最大限度地实现了民宿经营者的共赢。此外，台湾地区民宿利用乡土创意产品开发、乡土旅游等服务延伸民宿的活动链条，提高行业整体收益。

（2）民宿品牌营销层面。台湾地区民宿不仅依托传统媒介进行营销，而且利用新兴的网络技术，创办了同行业第一家民宿网站“旅宿网”。游客通过民宿网站可查询信息，并获取业主的 Facebook、Line 等社交媒体账号，直接与民宿主人沟通，实现线上与线下结合。

2. 大陆民宿的发展

中国大陆的民宿业，最初形成于 20 世纪 80 年代中期，发源于四川成都一带兴起的“农家乐”。远离喧闹都市，为游客提供当地餐饮及休闲娱乐方式，一时成为风尚，并逐渐扩散至周边省份。

2015 年 11 月，民宿业迎来了政策的春天。国务院正式提出“积极发展绿色民宿、主题民宿、客栈民宿、短租公寓、长租公寓、有机餐饮、快餐团餐、特色餐饮、农家乐等满足广大人民群众消费需求的细分业态”，“民宿”首次出现在官方正式文件中。2016 年 4 月中国民宿协会成立了客栈民宿委员会，意味着从政府层面正式承认了民宿的合法性。

2016 年 5 月 4 日，国务院常务会议确定了支持住房开展租赁业务、鼓励个人依法出租自有住房等住房租赁市场的举措。这意味着民宿将作为旅游住宿业中的一种特殊产品实行特定的准入标准。这项举措与国际普遍做法一致。

2019 年 7 月 3 日，中华人民共和国旅游行业标准《旅游民宿基本要求与评价》（LB/T 065-2019）由中华人民共和国文化和旅游部发布并实施，代替《旅游民宿基本要求与评价》（LB/T 065-2017）。这一行业标准将旅游民宿定义为利用当地民居等相关闲置资源，经营用房不超过 4 层、建筑面积不超过 800 平方米，主人参与接待，为游客提供体验当地自然、文化与生产生活方式的小型住宿设施；根据所处地域的不同可分为城镇民宿和乡村民宿。事实上，在我国大陆民宿业比较发达的地区，如德清、厦门等地，地方政府已经出台了民宿管理办法，由地方政府发放民宿经营许可证，将其纳入常规管理之中。

不过需要指出的是，上述地方管理办法大都仅应用于乡村地区的房屋建筑。

表 1-1　中国民宿行业的发展历程

	起步阶段（2011—2014 年）	快速发展阶段（2015—2019 年）	调整融合阶段（2020 年至今）
背景	互联网驱动下，共享经济崛起	经济高质量发展下，需求不断升级	需求持续升级，政策支持
形态	城乡闲置住房资源改造	数量快速增长，形成规模效应	房源总量持续增加，疫情加速出清低端民宿
	大型旅游城市+知名旅游景区	大型旅游城市+知名旅游景区	旅游景区+乡村区域
	游客聚集促进旅游配套民宿形成，以高性价比为主要吸引力	依托旅游资源吸引客流，个性化需求凸显	内容服务多样化，形成自有客源
渠道	大量民宿平台产生，海外巨头进入	平台并购整合，流量平台进入市场	海外巨头退出，梯队形成，存量竞争加剧
	连接供需两端，盘活闲置住房资源	房源争夺+定位差异化	流量争夺+运营模式转型
资本	少量资本，推动行业扩张	大量资本，推动行业升级	趋于理性，大额融资减少，加速集团化整合
需求	性价比、功能性	性价比需求延续+个性化需求凸显	个性化需求持续升级
人群	“穷游”人群	追求个性的年轻旅游人群	追求品位、品质的新中产人群
驱动要素	渠道驱动	渠道+需求驱动	需求驱动

第三节　民宿经营模式及类型

《中国民宿行业发展趋势分析与投资前景调研报告（2023—2030 年）》显示，民宿属于住宿业的新兴分支，以“非标准”为核心特征，也是共享经济的构成部分。从定义来看，民宿和个人业主的短租业务有重叠的部分，但是从两者定位来说，民宿更多面向旅游需求，因此也更注重地方特色的打造和舒适氛围的营造，是短租房的升级版。民宿行业的兴起，是诗意栖居与商业价值开发的完美结合。游客可以在民宿中体验当地生活，与当地居民交流，感受人文情怀。在旅游者个性化需求崛起背景下，行业发展一直向好。

表 1-2 标准化住宿与非标准化住宿的区别

标准化住宿	非标准化住宿
以酒店为主流选择	以民宿为偏好选择
基础功能需求主导，需求同质化	个性化需求主导，追求多元体验感
商业业态单一	商业业态多元
标准化产品主导	非标准化产品凸显

一、民宿的主要经营模式

民宿的经营模式是为了实现民宿经营者所确认的价值定位而采取某一类方式方法的总称。不同类型民宿的资产（房屋）所有权不同，经营资金来源不同，管理模式不同，经营方式也就不同。民宿主要的经营模式分为两类：一是传统乡村体验型民宿的经营模式，二是现代民宿的经营模式。每一类经营模式中又有具体的模式。

（一）传统乡村体验型民宿的经营模式

1. “农户+农户”模式

在乡村旅游发展早期，一些敢想敢做的农户或居民瞄准市场，率先开办民宿。随着旅游业的发展，一些经营成功的民宿就会形成辐射效应，带动其他民宿也加入进来。这种模式的优点是可以为游客提供真实的乡村旅游体验。但这种民宿模式通常难以形成产业，带有一定的市场自发性，服务标准难以规范且经营规模较小。

2. “公司（协会）+农户”模式

这种模式是一些有实力且看好投资地旅游业发展的企业，与当地政府达成协议，依托当地独特的资源，租赁当地富有特色的房屋，并将当地居民或房屋主人吸收进经营体系中，与当地居民签订合同，为农户提供统一培训、统一管理，鼓励当地居民积极参加旅游产业的经营，发挥他们对本地区资源文化充分了解的优势，为游客提供统一服务。而公司主要负责旅游地设施建设与维护，对外营销宣传，吸引游客。公司与农户互为依托，共同促进旅游业发展与当地文化的保护、经济增长。

3. “政府+农户”模式

由政府统一引导、大力支持当地居民参与旅游经营活动。当地居民直接利用或改造自家房屋，用于开发民宿。当地政府为民宿开发提供一定的基础保障，如建设基础设施等；同时制定民宿经营规范，进行市场监管、市场协调。农户独自经营或合户经营，不断开发新的旅游产品，形成自己特色，以增加就业机会、利用闲置资源、促进当地经济发展，以及传承当地特色资源与文化。

4. “政府+公司+社区+农户”模式

政府负责基础设施建设与维护，负责制定民宿经营规范与相关政策。旅游公司在获得当地政府授权后，与社区（如居委会）合作，动员居民参与旅游开发，由旅游公司统一管理，社区辅助管理。居民通过接受旅游公司的统一培训，学习一定的理论知识和技能，参与民宿经营与相关旅游活动，由旅游公司统一支付薪酬。

（二）现代民宿的经营模式

1. C2C 模式（个人共享房源）

C2C 模式是指个人通过线上共享住宿平台分享自己的家，即个人房屋所有者与房客之间通过平台进行直连，房客与房东在平台上完成预订、入住、评价等过程。平台自身不拥有房源，主要提供信息发布、身份认证、交易撮合、安全保障等相关服务。C2C 模式下，房东主要靠收取住宿费盈利，平台方收取交易佣金，比例在 5%至 15%不等。一些共享住宿平台正在积极探索“广告+交易佣金+增值服务”的多元化收益模式。目前以这种模式运营的典型企业有“小猪短租”和“榛果民宿”等。C2C 模式在整个市井型民宿发展模式中占比约 80%。

2. B2C 模式（机构收集分散房源、统一经营）

B2C 模式是指由平台或第三方企业通过收购、租赁等方式大量收集分散的房源，按照一定标准进行装修装饰、配置基本生活设施，并提供相对标准化的线下服务（寻找房源—签订长租合同—改造设计—线上+线下运营）。目前此模式以上海建业里项目和自如、有家等为代表。根据草根调研数据，B2C 模式经营的短租民宿年净收益率可达 7%，部分景区优质房源超过 10%，投资回报期最快 2 年，而经济型酒店一般在 5~6 年，高星级酒店则可能需要 15~20 年。

3. C2C+B2C 模式

有一类综合住宿服务共享平台企业，其经营模式既包含 C2C 模式，也包含 B2C 模式，以途家为代表。经过多次并购整合行业资源后，途家已成为目前民宿行业最大的平台企业。根据国泰君安的行研报告，民宿行业发展已呈现集中度提升的局面，行业集中度已达 70.5%。

二、民宿的主要类型

（一）景观度假型民宿

景观度假型民宿是指依托景区、旅游区，利用当地旅游景观以及闲置房屋，主人参与接待服务，为游客观光游览、休闲度假活动提供住宿接待服务的经营场所。这一类型的民宿借助优越的自然环境打造独特的居住环境，满足游客对“慢生活”的向往。景观度假型民宿包容性强，可以满足不同客源市场的需求，季节性虽然不明显，但暑期、黄金周需求更加旺盛。入住景观度假型民宿的游客以年轻中高端收入人群为主，他们多来自社会经济发展水平较高的省份，受教育程度普遍较高，其主要目的为观光和休闲度假，以 1~7 天的短期住宿需求为主，高性价比、环境优美、独具特色是他们考虑选择民宿的主要因素。景观度假型民宿还可以分为海滨度假型、温泉度假型、森林度假型、山岳度假型。

景观度假型民宿周边拥有独特的山川、河流、湖泊等自然景观，以自然景观与特色打造的人工景观相结合作为卖点，典型代表：大理慢屋·极目。

（二）乡村体验型民宿

乡村体验型民宿是指利用农村、农林场居民的合法住宅，以及集体用房、农林厂房等闲置资源，为游客体验乡村生活、观光游览、休闲度假等提供住宿接待服务的经营场所。乡村民宿主要分布在城郊接合部以及广大农村，环境幽静、卫生条件好、交通便利，具有比较浓厚的乡土气息。在结合当地的自然、人文景观的基础上，以独特的建筑风格、精美的客房装修以及民宿主人的热情和服务，为游客提供或浪漫温馨或古典庄重或异域风情等不同的感官体验。城市居民周末或节假日携家出游，除了观赏乡村景色，还能够参与体验诸如制作茶叶、农作物采收、挤牛奶等农业生产方面的活动，以了解农家生活。乡村民宿和其他民宿的区别之一是能够成为一个发现和讲述这个村庄以及周边地区特色文化资源的平台和窗口，同时还有可能变成一个当地特色农产品的展销平台。

乡村体验型民宿开发的基本原则包括：

1. 民宿外观与周围环境相协调

目前，我国的乡村民宿建筑有两个不好的现象：一是照搬国外的别墅建筑样式，全盘西洋化，没有一点乡村味儿；二是建筑简陋，生活设施传统老化，卫生条件差，游客住起来很不方便。这些都不符合乡村旅游的要求。民宿建筑应该结合当地的乡土文化、自然景观、周边环境资源，对原住宅进行精心设计、装修，切忌大拆大建，外部要保留乡村建筑的淳朴风貌并具有特色，与周围环境和谐一致，内部生活设施的建造宜采用本地材料，以方便舒适为目的，将传统建筑与现代化的生活设施进行完美结合。

2. 民宿餐饮本地化

餐饮是乡村旅游的重要环节，是乡村记忆的一个重要载体。乡村民宿提供的餐饮应当采用当地食材，且按当地的饮食方法进行烹饪，这样做出来的农家菜才能让游客产生独特的感受。但是，许多乡村民宿的农家菜，所谓的自家种植的蔬菜、自家养殖的家禽，其实来源不明，有的食材是从批发市场上采购而来，与游客在城市吃的已没有区别。国外的乡村民宿在餐饮方面有很多值得借鉴的经验，如瑞士提倡“消费本地产品”的饮食理念，瑞士的农场生产的农产品，除了自用之外，还提供给当地的居民和各大小餐厅；法国农会规定农家乐的餐饮必须使用当地生产的农产品，采用当地烹调法，呈现出本地乡土美食的特色。我国乡村民宿的餐饮也需要从食材到餐具都体现出当地的乡土特色，给都市游客的嗅觉和味觉留下深刻的印象。

3. 民宿服务人员本土化

乡村民宿的管家应为当地人，这既是游客体验乡土文化的需要，也为当地人提供就业致富的机会。乡村体验旅游，不光是住在具有怀旧感的房子里，吃着土生土长的食材就够了，最重要的是体验乡村的风俗文化和生活方式，以及获得热情、亲切、像家人一样的接待，而这些体验需要通过与当地人互动才能获得。因此，应鼓励当地人发展乡村民宿或聘请当地人来管理民宿，通过当地人与都市游客的互动，全方位地向游客展示传承在他们身上的乡土记忆、乡村手艺、乡村文化和乡村情感。

4. 民宿活动乡村化

乡村民宿不只是提供“住宿+餐饮”，还应兼具“修、养、劳”的功能，这在国外和我国台湾地区的乡村旅游中早已凸显。乡村民宿应利用并整合当地的自然和人文旅游资源，荟萃当地的乡村生活元素，提供一种原真性的乡村生活体验，创造一种原生态的乡村生活方式，如以徒步、自行车为代表的陆上活动，以垂钓、泛舟、漂流为代表的水上活动，以探险、攀岩为代表的体育运动，以访问历史遗迹、品尝地方美食为代表的文化活动，以健身训练、温泉疗养为代表的康体养生活动，以观察动物、写生、摄影为代表的休闲活动，以播种、收割、放牧、采摘、酿酒为代表的农业活动以及为儿童游客提供动物饲养、捕鱼、放风筝、陶艺制作等活动。让游客在活动中休闲放松、增进感情、了解自然、挑战自我，体验到温暖、充实、愉悦、自信、自豪，获得追寻人生理想、实现美好愿望的动力。

（三）民族风情型民宿

民族风情型民宿是在少数民族聚集区，以少数民族生活风貌为主题，从歌舞、饮食、服饰、习俗等民族风情入手，向游客展示少数民族乡土文化，如贵州的苗寨、广西的壮寨等。随着民宿业的快速发展，民族风情型民宿不仅仅局限在少数民族聚集区，在城市、繁华市井也可以展示少数民族风情，民族风情型民宿连锁化发展成为一种趋势，如云南的 26Life 族迹。

我国少数民族众多，有很多传统的少数民族村寨，少数民族独特的生活起居、生产劳动方式，婚嫁丧娶、节日庆典等民俗活动，对旅游者都具有很强的吸引力，成为民俗旅游发展的重要内容。利用少数民族风格独特的建筑物提供住宿服务也成为很多传统民族村寨发展旅游业的重要举措。民族风情型民宿除了具备民宿的基本特点之外，还具有少数民族的特点。

1. 少数民族原住民是基础

游客选择民族风情型民宿不仅是为了满足食宿的需要，更希望通过民宿消费体验少数民族的文化、习俗，因此，有原住民的少数民族古城、古镇、乡村才具有少数民族文化的真实性，也是民族风情型民宿的灵魂。例如：位于台湾宜兰县南澳乡碧候村的“星光碧后”民宿，民宿主人是泰雅人，民宿主人在族人们经常聚在一起话家常的广场，用竹子和杉木盖起一间泰雅部落传统的房子，取名“原民故事屋”，里面陈设了主人收藏的各式各样珍贵的泰雅文物，每一件都是一代传一代、实际使用过的生产、生活器具，每一件都有故事，俨然一座泰雅文物博物馆。在“原民故事屋”旁边的表演舞台，部落妇女常与游客自发地利用空闲时间一起练习、表演传统舞蹈。民宿内还有一间“原民手创工作坊”，专门展示当地原住民艺术家的传统手工技艺，出售原创工艺品。在这里，游客可以买到独一无二的、具有民族特色的原创作品。

2. 少数民族文化是核心

少数民族文化是民族风情型民宿的核心，文化的原真性是游客所追求的目标。云南澜沧景迈人家主题体验店，由原住傣家人精心打造，以庭院式风格，坐落在景迈山间，不仅保留了当地傣族的传统元素，还在傣家元素的基础上摆放了很多具有强烈艺术美感和更高舒适性的体现内部细节的饰品。往来的游客在享受景迈山之美的同时，还能够轻松品尝和购买地道的普洱茶。寨子里无论男女老少都能歌善舞，他们擅长芦笙舞、摆舞、无伴奏合声演唱，让身处其间的游客感受到少数民族的歌舞之美。

（四）康养型民宿

康养型民宿是指依托康养资源，为游客提供健康或养生服务的住宿设施。康养旅游资源是专指具有康体、恢复、延年益寿功效的资源，如有益于身心健康的空气资源、气候资源、山林资源、水资源、养生文化、养生民俗等。

康养型民宿主要分布在自然环境比较好、森林覆盖率比较高的地方，或者有特殊疗效的温泉附近，甚至会配备专业的养生设施，并由专业管家提供服务。日本的温泉民宿享誉世界，多位于日本各地区的旅游度假区或温泉地，传统的客房多为日式榻榻米房间。后来还开发出了很多特殊的温泉，比如说红酒温泉、牛奶温泉、柚子温泉、咖啡温泉、拉面温泉等。泰国的养生民宿、酒店以泰式按摩为主，配合药疗，为游客打造健康体魄。

康养文化在中国源远流长，《黄帝内经》奠定了中国中医文化和康养文化的理论基础，再加上道家、儒家、佛家都有其深厚的修养文化，皆可以运用于康养民宿的产品开发中。

康养民宿可以分为生态康养类、健康运动类、中医药保健类、饮食康养类、文化艺术康养类等。

（五）城市、城镇民宿

城市民宿指坐落于城市中心或附近的民宿，这类民宿或通过装饰、或通过附近城市文化的熏染而具有不同于其他种类民宿的特点。这类民宿房源空间分布较为集中。我国客栈民宿数量排前十名的城市分别为北京、丽江、厦门、大理、嘉兴、秦皇岛、成都、舟山、杭州、日照，北京市居首位。从各地数量规模上来看，超过 3000 家的只有北京与丽江两地，超过 2000 家的为厦门、大理、嘉兴三地。

丽江、大理、嘉兴等古城、古镇区域的民宿数量相对较多。古城、古镇本身所拥有的文化底蕴以及文艺气息，受到游客的青睐，也推动了民宿业的发展。这类城市、城镇民宿以公寓为主，均价在 350~400 元/日，性价比较高，可满足多种需求。

第四节　民宿发展现状及趋势

一、我国民宿发展现状

随着旅游消费升级，用户的消费水平和消费观念转变，民宿行业持续走热。

（一）民宿总量多，总体分布与旅游业发展基本吻合

目前，我国大陆客栈民宿主要集中于北京、浙江等东部地区，福建、广东等东南部地区以及云南、四川等西南部地区。西北地区以及东北地区数量偏少。这一分布特征与我国旅游业的整体发展现状相吻合——客栈民宿的分布集中于旅游业比较发达的区域。统计发现，丽江、大理、嘉兴等古城、古镇区域民宿客栈数量相对较多。

数据显示，目前我国大陆客栈民宿总数达 42658 家，11 个省份民宿客栈数量在 1000 家以上。我国各省份客栈民宿数量前十名分别为云南、浙江、北京、四川、山东、福建、河北、广东、广西、湖南；其中云南以 6466 家位居全国第一名，浙江和北京以 5669 家和 3587 家分别居于第二、第三位。

表 1-3　中国各省份民宿客栈数量排行　　单位：家

排名	省份	民宿客栈数量
1	云南	6466
2	浙江	5669
3	北京	3587
4	四川	3361
5	山东	2829
6	福建	2767
7	河北	2298
8	广东	2009
9	广西	1778

续表

排名	省份	民宿客栈数量
10	湖南	1615
11	江西	1103
12	江苏	996
13	安徽	900
14	海南	852
15	西藏	761
16	陕西	681
17	山西	593
18	上海	588
19	贵州	531
20	重庆	443
21	辽宁	428
22	天津	427
23	黑龙江	370
24	青海	358
24	甘肃	358
26	河南	292
27	内蒙古	277
28	湖北	186
29	吉林	137
30	新疆	42
31	宁夏	32

资料来源：前瞻产业研究院发布的《2018—2023年中国民宿行业市场前景预测与投资战略规划分析报告》。

（二）民宿呈现聚集趋势，旅游发达城市民宿数量多

我国重点城市民宿数量排行榜中共有11个城市超1000家，5个城市数量在2000家以上，北京和丽江两地民宿数量超3000家。其中，北京市居全国首位，民宿数量为3587家；丽江市以3002家排名第二；厦门市为2269家，排名第三位。

表 1-4 中国重点城市民宿数量 TOP20 单位：家

排名	省份	民宿客栈数量
1	北京	3587
2	丽江	3002
3	厦门	2269
4	大理	2261
5	嘉兴	2082
6	秦皇岛	1776
7	成都	1613
8	舟山	1321
9	杭州	1259
10	日照	1132
11	深圳	1004
12	桂林	964
13	上饶	819
14	烟台	809
15	三亚	799
16	黄山	791
17	湘西	763
18	阿坝	749
19	广州	746
20	苏州	715

资料来源：前瞻产业研究院发布的《2018—2023 年中国民宿行业市场前景预测与投资战略规划分析报告》。

（三）民宿与“互联网+”相结合，线上交易市场逐步完善

在各种鼓励民宿发展政策的持续利好下，中国民宿市场愈加繁荣。民宿行业顺应时代潮流，将业务与互联网相结合。截至 2016 年底，客栈民宿线上注册总数达到 50200 家，较 2015 年增加近 8000 家。数据显示，2015 年和 2016 年是在线民宿市场发展高峰期。2017 年民宿交易规模超过 120 亿元。由于市场发展不够成熟，没有制定完善的管理机制，造成恶性竞争，同时越来越多的民宿仓促进入市场，不利于长远发展，2018 年增速有所放缓，民宿市场交易规模约 190 亿元。

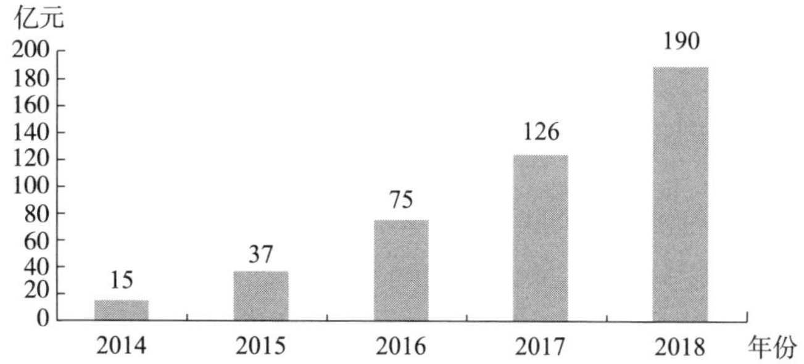

图 1-1　2014—2018 年中国在线民宿预订市场交易规模

资料来源：前瞻产业研究院发布的《2018—2023 年中国民宿行业市场前景预测与投资战略规划分析报告》。

（四）民宿短租深受年轻人的喜爱

民宿短租集聚旅游圈，用户集中于千禧一代，行业个体经营问题多，监管模式亟待创新。

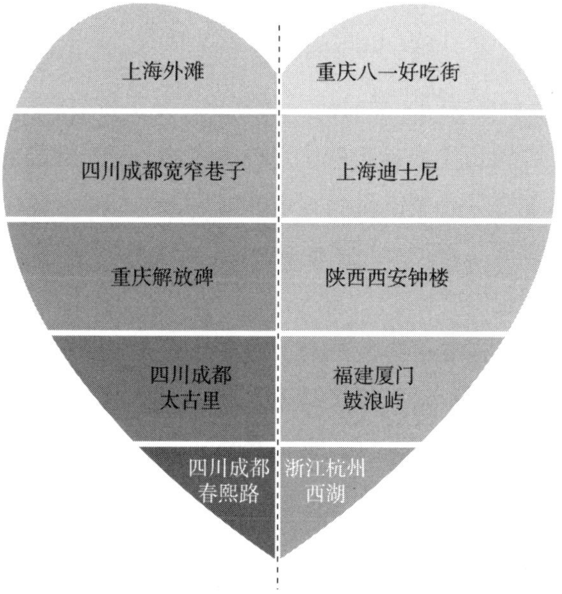

图 1-2　国内民宿最热门的“短租圈”TOP10

资料来源：前瞻产业研究院发布的《2018—2023 年中国民宿行业市场前景预测与投资战略规划分析报告》。

国家信息中心分享经济研究中心发布的《中国共享住宿发展报告 2018》指出，当前国内共享住宿的热点逐渐转向短租。国内民宿最热门的“短租圈”

前10名是四川成都春熙路、四川成都太古里、重庆解放碑、四川成都宽窄巷子、上海外滩、重庆八一好吃街、上海迪士尼、陕西西安钟楼、福建厦门鼓浪屿、浙江杭州西湖。这再次说明，与旅游行业结合的民宿更有潜力。

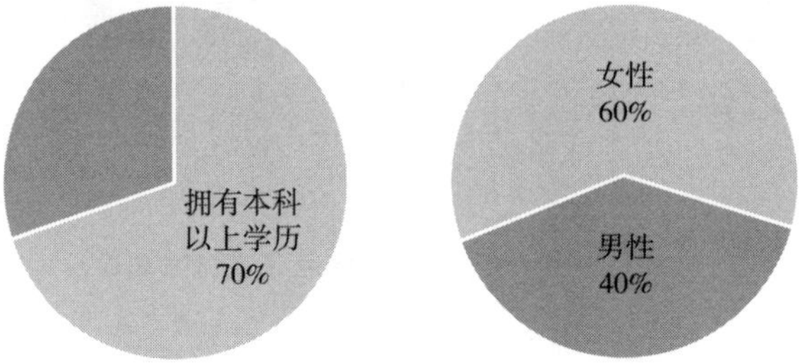

图1-3　房东接受教育程度及性别比

资料来源：前瞻产业研究院发布的《2018—2023年中国民宿行业市场前景预测与投资战略规划分析报告》。

由图1-3可以看出，参与共享住宿的房东具有年轻化、高学历等特点，房东平均年龄33岁，70%左右的房东拥有本科以上学历，女性房东占比大约六成。从房客方面来看，18~30岁的房客占全部房客的比例超过70%。①

（五）民宿尚未发展到成熟阶段，还存在许多亟待解决的问题

民宿正处于"初长成"的阶段，目前还存在一些问题，比如由于民宿大多为个人开办与经营，缺少严格的规章制度和管理条例，容易出现床单更换不及时、设施老化等问题。尤其在旅游旺季，一些民宿载荷量大、人手不足，很难为旅客提供满意的服务。

另外，民宿服务标准化有待提升，行业监管模式也亟待创新。民宿不能简单套用酒店旅馆业的标准与服务规范，而是要根据共享住宿的特性，推动实名认证、信用评价、预订入住、支付结算、安全卫生、房屋保养、服务培训等整个服务流程的标准化、规范化。

二、我国民宿发展趋势

2018年11月30日，全国发展乡村民宿推进全域旅游现场会在浙江安吉召开，文化和旅游部部长雒树刚在会议上指出，"乡村民宿作为文化和旅游消

① 前瞻产业研究院发布的《2018—2023年中国民宿行业市场前景预测与投资战略规划分析报告》。

费热点的重要途径，是深化旅游业供给侧结构性改革的必然选择。要充分认识乡村民宿的重要意义和牢牢把握工作推进的正确方向，明确乡村民宿方兴未艾，大有可为；如火如荼，大有作为”。

（一）国家政策重视

2013 年《中央城镇化工作会议》的会议文件“望得见山、看得见水、记得住乡愁”，为乡村民宿的发展奠定了坚实基础。2015 年国务院办公厅出台的《关于加快发展生活性服务业促进消费结构升级的指导意见》，强调“积极发展客栈民宿、短租公寓、长租公寓等细分业态”。同时，为促使民宿标准化、规范化发展，2017 年发布了行业标准《旅游民宿基本要求与评价》。2018 年 8 月《国家乡村振兴战略规划（2018—2022 年）》和 10 月《促进乡村旅游发展提质升级行动方案（2018—2020）》等文件的出台则为乡村民宿明确了战略意义和发展使命。继 2018 年中央一号文件指出，要“实施休闲农业和乡村旅游精品工程，建设一批设施完善、功能多样的休闲观光园区、森林人家、康养基地、乡村民宿、特色小镇”后，2019 年的中央一号文件继续明确，要“充分发挥乡村资源、生态和文化优势，发展适应城乡居民需要的休闲旅游、餐饮民宿、文化体验、健康养生、养老服务等产业”，为乡村民宿的深入发展提供了制度保障。

（二）民宿品质逐步提升

早期的民宿被视为酒店接待能力不足而产生的一种替代品，因此主要承袭了酒店的住宿和餐饮两大基本功能，满足游客出行的基本需求。而新时代背景下，我国经济发展水平不断提高，人们追求幸福生活的愿望日益强烈，越来越多人以享受“绿色”“生态”的生活方式作为生活质量提升的标准，原生态的乡村、无污染的环境、优质的空气和水都成为追逐的对象，人们不再满足于传统“农家乐”模式——只有好山好水好风光，而没有优质的住宿设施。这种需求的改变，迫使民宿朝着旅游度假目的地的方向发展。

（三）民宿向多元化、品牌化、规范化、专业化发展

随着产业规模的扩大和资本大量涌入，民宿将朝集群化、精品化、豪华化、高端化演进，不断延伸产业链，拓展出向导、特产销售、休闲娱乐等增值服务。当民宿发展到一定阶段，经营者将着手打造自身独特的民宿设计、经营管理品牌，实现连锁化经营。

（四）民宿绿色化发展

生态、绿色是当今时代的发展主题，也是民宿行业发展的必然趋势。

Airbnb 曾与 Pantone 在伦敦联合推出植物绿色主题民宿，即“把室外带回家”，为消费者带来不一样的体验。

民宿的地理位置大多在自然环境优美、生态禀赋优良的区域，而这些地方往往也是生态脆弱区，所以民宿要加强绿色功能设计，使配套基础设施绿色化；在日常运营过程中做到绿色管理，通过减少、回收和再利用来处置固体废弃物，以友善环境的方法处理生产、生活污水，符合环保要求。

第二章
民宿的创办与筹资

第一节　民宿的定位与选址

一、民宿的市场定位

民宿的市场定位是投入建设的前提，即明确所服务人群的需求。定位主要包含市场定位、产品定位、形象定位三方面。策划规划的精准定位、特色文化的准确呈现，可以确立项目的核心竞争力，发展成为未来民宿的品牌特色，并衍生出品牌精神、文化内涵。

民宿应根据自身情况设计并选择适合的目标市场，衡量目标市场是否有较强的消费需求、购买力和发展潜力。民宿针对目标市场，要能够有效地制定和实施营销计划。民宿的目标客户群体一般是城市居民，而民宿周边得天独厚的自然条件，能够为都市人提供不一样的乡村生活体验，勾起消费者的消费欲望。

（一）市场调查与行业信息收集

民宿客栈投资越来越火热，各种资本的介入使得民宿客栈的数量快速增长，同业竞争也在加剧。而民宿一般位于旅游目的地，淡旺季分明，淡季的供需不平衡更加突出。为了满足市场竞争的需要，应通过市场调研分析民宿所在区域的主要情况，找到区域内的竞争对手，分析对手有哪些方面做得好、核心竞争力是什么、存在哪些不足，通过对市场的产品及服务进行分析比较，找到自己的特点，制定差异化竞争方案，明确自己的目标市场。

（二）民宿档次定位

明确民宿要做低端市场、中端市场，还是高端市场。一家民宿不可能同时兼顾三种档次的顾客，必须要对自己的目标市场有明确定位，从而在民宿建设、经营、营销推广过程中做到有的放矢。

旅游度假类民宿。旅游度假类民宿或依山傍水，位于山野、海滨、湖畔、温泉附近；或体现都市田园风光，位于繁华城市区附近或农场、乡村区域；或体现人文历史，位于历史建筑及特色文化区域。

这类民宿的优势是结合了当地人文、自然景观，生态、环境资源及农林渔牧生产活动，集独特性与文化性于一体，让住宿与旅游结合得更加紧密，符合个性化消费的潮流，场景化更加明显，更具艺术性，让人真正做到身临其境。

相比酒店，这类民宿让游客可以根据兴趣爱好来选择自己喜欢的住宿风格，还可以认识更多的旅伴，备受年轻消费群体青睐。这类民宿单日能够达到的收益往往非常高，到了旅游旺季，一天的营业额能够达到长租半个月的营业额。

这类民宿的局限性在于，投资及消费门槛较高。除了房子本身的投入，还需要花心思打造其独特性，内部装修所花费的金钱和心血往往比较大。这类民宿的收益波动也很大，容易受到旅游淡旺季的影响。

经济住宿类民宿。经济住宿类民宿往往开在学校、工厂、公司、机场、火车站、展馆、体育馆等周边。

这类民宿投资、经营门槛较低，不管是公寓还是独立房屋，都可以转型做这类民宿，并且不是很受地域的限制，即使不在热门景点区域也没有问题。这类民宿不过分依赖旅游业，即使是在旅游淡季，依然可以保持比较平稳的收入。

这类民宿具有高性价比。对于商旅、探亲、文化交流的消费者来说，这类民宿相比酒店而言价格便宜，还有厨房可做饭，日用品较齐全，且形式多样，舒适感较高。

这类民宿的局限性在于，节假日期间受欢迎程度可能没有度假旅游类民宿高。

二、民宿的选址

决定一个民宿能否成功的因素有很多，建设和运营是后天因素，选址是先天因素，甚至是关键因素，一旦确定选址，民宿的市场方向基本也就确定了。民宿的选址主要有十大需要考虑的因素。

（一）气候

气候是一个重要的因素，也是最稳定的因素，长时段内不会发生剧烈变化。常年温度适中，光照及降水适度，不会出现长时段的极端天气，对大部分旅游者都是具有吸引力的。例如中国北方的大部分区域，属于季风性气候，夏天炎热，冬天寒冷；青藏高原地区，冬季寒冷甚至封山，适合营业的时段较为有限，都难以形成大规模客栈集群。

（二）建设成本

民宿作为一个投资项目，最大的一项成本支出是建设成本，因此，需要提前考察民宿建设地的建材成本、运输成本等。

（三）运营及管理成本

民宿建成后，是否易于运营，合适的工作人员是否容易获得，当地人工成本的高低，物价的高低，这些日常变动成本的考量也是非常重要的。

（四）交通通达性

民宿作为一个需要消费者到达现场进行消费的业态，交通的便利性及距离市场的远近决定了民宿潜在客群的规模。随着中国交通网络布点的完善，特别是高铁和机场建设的推进，时间距离成为和物理距离同样重要的、消费者决策的参考项。

（五）生态环境

因为民宿属于休闲旅游的范畴，消费群体大多来自城市，一定意义上，他们希望旅游是对日常生活的一种转换。民宿所处区域的生态环境好坏，是游客做出选择的重要参考项。空气、水体干净，周围环境无破坏、保持一种原生态是最理想的情况。

（六）区域政策风险

不同地区的政府对该行业所持的态度，运营证件办理的难易程度，投资时遇到政策性的利好或利空，都有可能对投资项目造成颠覆性的影响。

（七）区域客流稳定性（季节性）

大部分民宿规模小，运营灵活；但也存在规模不经济的状况，特别是一些高端民宿，配套人员较多，季节性的客流变动会对其收益造成较大的影响。一个区域要能形成民宿的集群，稳定的客流是重要的前提。

（八）区域景观独特性

一个区域民宿的顾客，很大一部分是旅行度假住宿群体。对民宿的选择其实就是游客对旅行度假的综合诉求。因此，民宿所处区域景观的独特性就显得尤为重要，其意味着能带来更大的客流量。

（九）区域文化氛围及民情

民宿除了具有投资属性，还带有文化属性。所在地的民风民情，是否让游客生活其中感到愉悦，不给游客旅行过程增加额外的负担，都是无形的衡量标准。

（十）区域基础配套条件

民宿体量较小，在布局上具备灵活性，可以与其他建筑功能区伴生，也可以作为独立的个体进行运营，但无论是伴生还是独立运营，作为经营主体所需要的水、电、排污、消防等配套设施都需要考虑。所在地如果基础配套不全面，就会导致整体的建设运营成本偏高。

第二节　民宿的投资及融资

一、民宿的投资

在民宿建设初期，投资收益的测算极为关键，要对市场进行调研预判，确保合适的规模、客房数量、定价标准及相关配套。通过对各项成本的测算及收益的预测，重点平衡建设规模及标准，评估项目的可行性，并采取合适的融资方式。

民宿成本包含建设期成本和运营期成本，建设期成本包括土地或房屋租金、设计咨询费用、房屋及相关配套建设装修成本；运营期成本包含营销成本、人员工资、维护维修支出、水电网费、日常消耗品费用等。对民宿收益影响最大的因素是入住率，入住率的预测需要对多因素进行综合分析，一般包括对周边住宿业态和市场类似住宿品类的调研类比、对地区消费水平的评估等。

二、民宿的融资

（一）银行

民宿贷款一般以个人贷或企业贷为主，需要抵押物。而大多数民宿都是通过租赁房屋来经营的，比较难得到银行和风控认可。

政府和机构的担保贷款对项目要求高，一般针对政府和文旅集团项目。另外某些地区银行还接受互保的模式，即某个区域几家民宿互相担保。银行自然是成本较低的融资途径，但是对于民宿而言贷款门槛较高。

（二）风投机构 VC

VC 是英语 Venture Capital 的缩写，翻译成中文为风险投资。风险投资是指投资人为初创企业提供财政支持，并获得公司相应的股份。由于风险投资存在诸多不确定性，投资者需承担巨大的风险，因此风险投资往往具有回报率高的特点。风险投资运用于民宿主要是股权投资，评估风险后通过并购和股权转让甚至后期上市的方式，再实现退出。2015 年、2016 年这类投资比较密集，到 2018 年、2019 年，投资机构因为看不到指数级别的价值增长，就基本不太做民宿类投资了。

（三）众筹

众筹，即大众筹资或群众筹资，是指以团购+预购的形式，向网友募集项目资金的模式。众筹利用互联网和 SNS（Social Networking Services）网站或媒体传播范围广的特性，让民宿筹款人向公众展示他们的创意，争取大家的关注和支持，进而获得所需要的资金援助。

SNS（即社会化网络服务）的网站或媒体，利用当前社会化网站或社会网络媒体，如在线社区、博客、论坛、贴吧、微博、微信、QQ 空间，以及问答、百科等协作平台，大量传播企业的产品或信息使其迅速被更多的人知道。

（1）产品众筹。产品众筹是指投资人将资金投给筹款人用以开发某种产品（或服务），待该产品（或服务）开始对外销售或已经具备对外销售的条件时，筹款人按照约定将开发的产品（或服务）以无偿或低于成本的方式提供给投资人的一种众筹方式。由于民宿产品和酒店一样具有有形产品和无形服务结合的特征，且民宿产品又更多地体现在服务上，不适合运用产品融资的方式，所以这种方式在民宿领域一般规模较小。

（2）收益权众筹。对公司进行投资后不持有股权，但有收益权。这种模式投资人可以轻松退出，筹资公司也不用担心股东过多而不能上市。比如有一家民宿估值 500 万元，通过众筹得到 300 万元，占了估值的 60%，由此参与者可以拿到未来客栈净利润的 60%。与股权众筹不同的是，收益权众筹是阶段性地把股权的收益拿出来让大家获利和消费。

（3）股权众筹。股权众筹，顾名思义是向大众或群众筹资，并以股权作为回报的方式。在传统投资行业，投资者在新股上市的时候去申购股票其实就是股权众筹的一种表现方式。股权众筹可分为两种：一种是创业公司的股权众筹，创业型特点给了这种模式以高风险性和高回报性。另一种是实体类项目的股权众筹，包括酒店、餐饮、民宿等，投资者可以以一个相对原始的投入价格拥有一家公司的股权并且参与公司的管理，更加吸引投资者参与投资。

（4）公益众筹。具有非营利性的筹资特点。这种模式下，筹资人没有义务给投资人以具体的回报，当然也可以按照自己的方式给参与者一定回报，或者是实物，或者是小额资金。

综合来看，民宿众筹的方式大多集中于收益权众筹和股权众筹。前者的操作难度和复杂程度明显低于后者。后者会要求设立公司，持有公司股份；而前者只会要求以合同的形式、按照投资份额约定未来收益比例。

（四）金融机构

从金融机构筹资一般是指通过股权质押、抵押经营权的方式筹资，综合年化利息为10%~15%，但一般都需要投资人自有资金达到30%以上。这对于有一定资金，并且对民宿项目很有信心的经营者来说也是可行的方式。但是如果经营出现重大的问题，金融机构可以拿走民宿的经营权。

（五）民间借贷

民间借贷基于个人信用，限制比较少，但是成本过高。民宿不宜采用这种方式，因为民宿投资回报率一般情况下很难覆盖它的年化利息。如果只是为了解燃眉之急，可以考虑这种方式。

综合以上列举的几种融资方式，我们会发现筹建民宿除了亲戚朋友出钱之外最快捷最适宜的方式就是“众筹”，它具有门槛低、来源多样和重视创意特色的特点，对初创的项目而言是非常友好的。

无论采用哪种方式融资，首要的是评估项目的实际盈利能力，如果项目本身就存在着隐患，难逃失败的命运。

第三节　民宿经营许可证办理

民宿的主要功能是提供住宿场所，所以，民宿也属于住宿业、旅馆业，国家对民宿的管理也被归于住宿业管理范畴。

民宿在开业以前，需要办理以下各种证照：首先要准备好自己的身份证件以及房产证或房屋租赁合同，到本地的工商局申报民宿的名称；其次要准备好房子的设计图纸以及平面图等供消防大队进行审核，并配合消防大队完成相关工作。取得营业执照之后，要到本地的卫生局去办理卫生许可证，以及去环保部门取得相关的证件。待这些部门都审批完成、手续办齐全后才能开始经营。

经营乡村民宿，须向所在地村级组织提出书面申请，并填报《农村民宿申请表》，经村级组织签署意见后提报乡镇或街道。

一、营业执照

1987 年 11 月 10 日，公安部发布《旅馆业治安管理办法》规定，开办旅馆，在向工商行政管理部门申请领取营业执照后，方准开业。

办理营业执照需要提交的材料：

（1）经营者身份证复印件。

（2）经营场所使用证明。

①自有房屋提供房产证，农村自有房屋提供所在村出具的该住宅合法建筑同意经营的证明。

②非自有房产需提供租房协议复印件。

（3）经营者一寸照片一张。

（4）工商登记相关表格。

①办理个体工商户营业执照，准备工商登记相关表格、名称核准文件等。

②办理公司制企业，准备工商登记相关表格、名称核准文件、企业章程等。

二、消防许可证

依据相关法律法规开办旅馆，其房屋建筑、消防设备、出入口和通道等，必须符合《中华人民共和国消防条例》等相关规定，并要具备必要的防盗安全设施。审批主要包括两方面：前期的建筑审核和装修完毕的验收。最初的 10 个工作日内，经营者需要准备好旅馆的设计图纸，包括平面图、立面图和剖面图，配合消防大队完成建筑审核。

三、卫生许可证

办理卫生许可证需要以下材料：

（1）工商营业执照。

（2）负责人身份证。

（3）从业人员健康证。

（4）租房合同（购房合同）。

（5）经营场所门头照和室内照。

所有材料一式两份。需要到辖区卫生局办理卫生许可证，卫生条件应符合 GB16153、GB14934、GB9663、GB/T17217 要求，卫生许可证也是后续办理特种行业许可证的必备材料之一。

四、餐饮经营许可证

办理餐饮经营许可证需要以下材料：

（1）经营者身份证复印件（外地人要提供暂住证复印件）。

（2）营业执照复印件。

（3）从业人员身份证复印件、健康体检合格证明原件及复印件。

（4）经营场所平面布局图。

（5）食品安全承诺书。

（6）《餐饮服务许可证申请书》。

五、环保许可证

在风景名胜区、自然保护区等区域经营民宿，环保许可证尤其重要。如果环保方面不过关，就会面临停业整顿的风险。所以，民宿老板有了初步选址意向后，先到环保分局办理登记手续，环保部门根据登记的内容进行实地审核，并根据国家水污染、大气污染和噪声污染的相关指标，对经营中的旅馆持续考核。如果考核通过，则发放排污许可证，反之，经营者会收到限改通知书。

六、特种行业许可证

2011 年 1 月 8 日经第 588 号国务院令公布，对《旅馆业治安管理办法》部分条款作出修改，规定设立旅馆应申领特种行业许可证。2017 年 2 月 13

日，公安部公布了《旅馆业治安管理条例（征求意见稿）》（下文简称《条例》），明确了设立旅馆取得工商行政管理部门颁发的营业执照后，应当向所在地县级以上人民政府公安机关申领特种行业许可证。2022 年，国务院决定对《旅馆业治安管理办法》的部分条款予以修改，自 2022 年 5 月 1 日起施行。

除了营业执照外，特种行业许可证是开一家民宿最关键的手续。符合相关治安和消防条件后，经公安部门验收，才会向民宿发放特种行业许可证。

申请旅馆特种行业许可证应当具备一定治安安全条件，包括安装旅馆业治安管理信息系统、居民身份证读取设备等住宿信息采集、上传设施，具备必要的防盗、视频监控等治安防范设施，有治安保卫机构或者治安保卫人员等。

公安机关受理申请后应当对材料进行审查，并现场核查旅馆的开办条件，于 20 日内作出决定。对符合条件的，应当作出书面许可决定，并在作出决定之日起 10 日内颁发特种行业许可证。

未依法取得特种行业许可证，或者特种行业许可证被吊销、撤销，擅自从事旅馆业经营的，由公安机关予以取缔，追缴违法所得并予以罚款。对直接负责的主管人员和其他直接责任人员，依照《中华人民共和国治安管理处罚法》的有关规定予以处罚。被撤销、吊销特种行业许可证的，三年内不受理原法定代表人、经营负责人申领特种行业许可证。

第三章
民宿设计及管理

第一节　民宿设计理念与管理

一、设计理念

（一）民宿设计理念与投资的关系

开发民宿本质是一个投资行为，投资的目的是追求回报。那要怎样投资决策，才是正确的？想要结果正确，就要有一个具体的目标和方向，这个目标和方向会推导出一个开发逻辑，称为设计理念。

设计理念是民宿的灵魂，赋予民宿意义，给民宿一个明确的开发方向。设计理念可以指导民宿从市场定位到项目运营，开发过程不偏离民宿的运营诉求，使其朝着理想的方向开发。

投资决策立足于民宿设计理念，设计理念影响投资决策。一个设计理念有时会因为经营环境的变化而失效，所以在做投资决策前，一定要对设计理念进行反复推敲、反复论证。

设计理念指导民宿发展方向，有了设计理念，才有具体的设计方案和运营思路。

（二）民宿设计理念与运营的关系

民宿运营的核心是盈利，要想盈利，就要有计划、有目标地投入，以盈利结果为导向，确定清晰的理念。民宿设计理念对于运营来说，具有现实指导意义，应基于民宿设计理念，以具体的框架和原则，对民宿项目进行把控，使其不至于在后期运营中偏离预期目标。

可以做一个比较。假设有两家民宿，一家有设计理念，一家没有设计理念，其结果会是什么？其实这样的案例在现实经营环境中非常常见。有设计理念的一定做成了民宿品牌，整齐、有序、标准化程度高、口碑好。没有设计理念的民宿，则随着环境变化和民宿管理者心情随机变化，民宿经营一下欧式，一下日式，来一个新管家，就买一盆花，看似用心，但结果一定是混乱不堪，增加很多不必要的经营支出，用户口碑也差。在现实经营环境中，也有把“乱”作为理念，把混乱做到极致的成功案例，比如有的民宿主会把自己的个人喜好，无限在民宿里堆积，凸显个人品位，由于堆积得够多，最终形成了个性化的理念，也把民宿运营得很好，但这也存在一个问题，就是由于个人色彩太重，项目无法复制和标准化，甚至无法搭建民宿管理层。

因此，民宿的设计理念是其运营成功的重要基础，有理念，哪怕“乱”的理念，也能把民宿运营成功，没有理念，只会无效地增加经营投入。

Aitken Spence 集团旗下斯里兰卡五家遗产酒店，其中最为突出的是努瓦拉埃利亚茶厂酒店（Heritance Tea Factory）。酒店位于斯里兰卡努瓦拉-埃利亚（Nuwara-Eliya）地区，海拔 1800 米，周围环绕着 150 亩的茶园，是全球最具代表性的酒店之一。按照斯里兰卡的交通，该酒店的位置类似于国内远离县级城市的山村，但是由于其突出的设计理念，即还原了斯里兰卡“工业红茶”的复古气质，成为全球最负盛名的茶园酒店。

酒店是由一个老的制茶厂改建而来。从酒店内部巨大的蒸汽排风扇到前厅的锡兰红茶品鉴，到室内的锡兰茶饮陈设，再到户外的茶园采摘制作体验，外观、视觉、陈设、服务、餐饮、体验项目，全部都围绕工业红茶展开，真正做到了设计理念从设计到运营的一致性。

之所以在民宿的案例中放这么一个类似度假酒店的项目，原因在于该项目值得民宿运营的从业者认真学习。不管从理念到运营，从区位到产品形态，该项目都和我们今天很多民宿项目体量和规模类似。

云南丽江品心集民宿，是一个景区配套型民宿，也是国内最常见的民宿形式。项目位于世界非物质文化遗产地丽江大研古城旁，在丽江传统院落基础上，改造出了一家极具本地特色，又受年轻人喜欢的民宿，全年入住率达95%以上，被多家旅游媒体评为中国好民宿。其以“治愈”为设计理念，致力于让每一位顾客睡好觉，休息好，度好假，在旅行中治愈自己。该民宿有个巨大的院子，保留了一棵古树和很多会开花的树，一年四季，院子里都充满怡人的花香，并且借鉴丽江古城，开凿了一条小溪穿过客房，入住这家民宿，能听到潺潺的溪水声、鸟鸣声，闻到缕缕花香。设计师把每个房间和公共景观交叉设计，室内和室外空间充分融合，在室内仿佛置身于室外，但又绝对地独立、私密。房间的颜色和室内的香气都给人轻松治愈的感觉，整个民宿就是一个治愈的花园。

品心集民宿一致的设计和经营理念，使得民宿不仅入住率高，顾客推荐度也极高，成功在众多的民宿经营环境中得到市场的高度认可，并在一个不具备景观优势的区位，实现盈利。

二、文化设计

（一）民宿的文化设计

可以把民宿的文化设计理解为民宿的内容营销。文化就像是民宿运营的发动机，没有文化，民宿很难获得好的运营效果。没有文化设计，民宿在长期运营中就容易失去市场竞争力，逐渐被市场所淘汰。

文化设计可以大致分为：地域文化打造、红色文化打造、民族文化打造、历史文化打造、人文文化打造、饮食文化打造、艺术文化打造、自然文化打造、农业文化打造、工业文化打造、科技文化打造等。每种类型都可以对应一种营销策略，让民宿有故事、有内容。

文化设计就是民宿的话题，民宿的话题必须能够有效持续输出。

文化设计也是民宿的活化剂，可以说是除了管理外，最重要的软件部分，软件用好了，项目才会事半功倍。文化设计必须和理念设计结合在一起，这样从项目前期定位到后期运营才会获得好的效果。

（二）文化设计与运营的关系

文化设计是民宿运营的核心壁垒，使民宿更加个性化、专业化、鲜明化，更能体现民宿创办的价值意义。通过文化设计与顾客建立共同的情感联系，从精神层面引导顾客更深层次地了解民宿，顾客才会喜爱上民宿。

类比酒店业的发展，在同一区域内，只要有比原先酒店更好的设施、设计的酒店开业，原先酒店经营业绩就会下滑。民宿也是一个竞争非常激烈的行业，如果要拼硬实力，一定有投资更大、区位更好、设计更新颖的民宿不断出现。所以说，最难超越的是软实力，是民宿的文化、历史、运营，这也是最难被复制的。

不丹安缦·喀拉（Amankora）全球首创将同一家酒店散落在不丹的 5 个区位，从冰封雪盖的高峰，到密林披覆的山谷，再到巨石遍布的河流，将不丹的自然景观和人文景观完美串联，打造了一个文化标杆性的旅行度假酒店。与其说不丹安缦·喀拉是一家酒店，不如说是一场文化之旅。

安缦作为全球顶级度假酒店，可谓酒店文化设计的祖师爷，不管是在度假酒店领域，还是在民宿领域，都是绕不开的经典案例。对于安缦的很多顾客来说，不一定会为了一个旅游目的地去旅行，但是会因为那里有安缦而去旅行。安缦在全球的33家店，分布于不同的国家和地区，并没有用统一的风格和文化让它们一模一样，而是将每个地区的不同文化要素无限放大。安缦品牌的成功，源自对文化的重视，发现独特的文化，强化独特的文化，在文化的势能里快速成为酒店所在区位的行业标杆。我们一般在分析安缦案例时，最容易被其品牌理念里的“和平、安静”元素所吸引，往往忽略了安缦是文化设计大师。北京的颐和安缦酒店，距颐和园东宫门数步之遥，入住期间拥有入园专享通道，近赏皇家庭院里的花草树木，以多重视角感知古都北京。丽江大研安缦完美糅合在丽江古城之中，依山而建，秉承安缦因地制宜的建筑理念，以纳西民居为设计灵感，古朴的建筑群环抱宁静的院落，并与周边环境完美融合。比当地人更懂得当地的美，这就是安缦品牌在文化设计上的高明之处。

松赞度假酒店打造的云南大香格里拉地区环线至拉萨的民宿酒店，集酒店度假、文化体验、自然旅行于一体，在文化设计上堪称最近几年国内民宿酒店的成功案例。松赞系列酒店借鉴了安缦在不丹的模式，以藏区文化体验为主线，将分散在藏区的酒店民宿连成一条完整的文化之旅。不管是酒店的外观、陈设，还是服务的细节，充分与藏文化融合，让用户想到藏区旅行，就会想到松赞系列酒店，想到松赞，就知道能体验到藏区文化。松赞所有酒店选址都在藏区最值得体验的景区，通过与藏文化充分融合的设计，把一个普通的酒店提升到了一个文化的高度。

民宿一定要拥抱文化，文化才是母体，文化才是民宿的灵魂，有文化设计的民宿比没有文化设计的民宿，市场竞争力强，更容易被用户传播。当民宿设计充分运用文化时，文化也会为民宿赋能，这样在民宿运营阶段才有生命力。

文化设计要比理念设计更难，因为文化特征往往同质化，且很难被挖掘出来，也很难呈现以及传播。文化设计如果做得好，不仅能够指导理念设计，还能指导经营，是民宿设计差异化的核心。

第二节 民宿景观设计与管理

民宿的意义不仅仅是为游客提供住宿，更是在展示当地文化内涵与魅力。因此，民宿景观的设计就变得非常重要，因为它是游客第一眼看到的东西，对游客有很强的吸引力。

景观设计就是最大化利用环境打造属于民宿自己的景观形式。

一、民宿景观内容

民宿景观包括户外公共区域、庭院、大门、户外休息区、停车场等一切客房及功能用房以外的公共空间。从建筑专业角度，只要是室外都是景观区域。但是在民宿中有大量的半室内公共空间，比如架空层公共区域、连廊等建筑灰空间也存在大量景观，在各功能空间之间起到非常好的缓冲及连接作用。因此，在民宿里，只要有景观介入的空间，都应该是景观空间。甚至不是自己打造的部分，比如窗外的雪山、门口的湖泊，也都是景观空间。在民宿设计里，借景往往比造景更重要。

所以，从运营角度，一切和运营有关联的景观空间都属于民宿景观。

二、民宿景观设计与运营的关系

景观设计是民宿设计中最重要的部分。游客之所以不住宾馆或者商务酒店，选择住民宿，就是民宿提供了独特的景观体验。

根据区域位置特征，城市民宿和乡村民宿的景观设计重点又有不同。城市民宿是在城市公寓里经营的民宿，没有办法自己打造景观，靠的就是借城市景观，这样的民宿几乎没有需要运营和管理的景观设计，只要选址好就行。乡村民宿是农户自己经营的体验式民宿或者在景区周围有独立庭院的客栈，这样的民宿既要借周围的景，也要打造自己独有的公共空间（如农家小院），更需要进行景观管理和维护。

景观设计往往是民宿最重要的部分，好的景观设计能给游客留下极好的第一印象，景观设计里的亮点，往往是游客选择民宿的理由。比如，在房间里就能看到整个景区、公共区域有游泳池、景观打造很有艺术性等都能引发游客的关注。

景观设计的好坏与民宿运营有着紧密的关系，是整个民宿能否得到快速传播的关键，景观优越、设计突出的民宿更容易传播。需要注意的是，当民宿因为景观设计好而火的时候，一定要维护好民宿景观和客房，否则，民宿越火，差评越多。

三、民宿景观管理维护

在进行民宿景观设计时就应考虑到是否容易打扫、便于维护，水电线路是否容易检修，排水是否通畅，植被生长是否正常，景观能否调节微气候等要素，不仅要做到美观，同时还要利于维护，这是民宿景观设计的基本原则。

在民宿各个硬件中，景观往往属于重要不紧急部分，因为景观问题通常不至于让民宿无法经营，景观部分的检修和维护可选择在中午游客退房后，这样对游客的干扰最小。

景观管理与维护可以通过以下表格进行量化。

表 3-1　景观管理及维护表

维护范围		能否正常使用		是否干净		维护内容及进度	签名
		能（√）	不能（×）	是（√）	否（×）		
外部景观	大门						
	院墙						
	停车场						
	外部道路						
	外部照明						
	外部指示牌						
	苗木						
	草地						
	水体						
	景观装置						
内部景观	苗木						
	草地						
	水体						
	泳池						
	景墙						
	景观装置艺术（1~n 号）						

续表

维护范围		能否正常使用		是否干净		维护内容及进度	签名
		能（√）	不能（×）	是（√）	否（×）		
内部景观	景观摆设（1~n号）						
	景观盆栽（1~n号）						
	公共座椅（1~n号）						
	公共桌子（1~n号）						
	公共遮阳伞（1~n号）						
	景观照明设施（1~n号）						
	指示牌（1~n号）						
	卫生设施（1~n号）						
	安全设施（1~n号）						
	网络设备（1~n号）						
	音响设备（1~n号）						

由于各民宿景观配套差异，具体可根据民宿实际情况，定制管理维护表。

四、民宿景观管理常见问题

1. 落叶

落叶是最常见的景观维护问题，落叶通常对水体及景观道路影响最大，因为落叶腐败后会导致水体水质恶化，景观水发臭。落叶在硬质地面腐败后，会导致硬化地面出现印迹。因此，落叶必须及时清理，或者在设计阶段就考虑乔木落叶问题，减少后期维护成本和维护时间。乔木作为庭院景观中的重要组成部分，可以调节庭院四季微气候，比如乔木落叶前，在夏天起到遮阳的作用，冬天叶落后，又可以增加庭院日照。在景观设计时，应尽量避免在水体上方种植树木，或者树下有足够草地作为落叶缓冲带。管理上，要加强清扫和维护。

2. 水体维护

民宿景观水体最容易出现的问题是藻类滋生，只要自然水体受到日照就会滋生藻类，气温高的情况下则会出现藻类暴发，藻类会使景观水体变混浊、发臭，影响整体景观效果。通常处理办法是不要养鱼，定期在水体中投放含氯药剂，同时增设水循环系统。如果一定要养鱼，也要在设计阶段做好水体过滤循环系统，减轻日常运营维护换水的成本。

如果是泳池，需要在设计阶段考虑消毒过滤水循环设备，以免泳池滋生细菌，危及游客健康。若有条件可以直接采购专业净化设备，没有条件的也可在建设阶段，考虑循环过滤池，直接复制专业设备的净化逻辑，同时留出维修和消毒操作的空间。

3. 草地维护

空间开阔的民宿，周围都会用大面积草地进行景观打造，打造草地景观的优点是视野开阔，可以用作活动场地，缺点是日常维护工作量大。草地需要日常浇水和长期修剪，修剪会产生噪声，这类问题在东南亚和热带地区的酒店尤为明显，割草机噪声常常持续不断。因此，在民宿景观设计前期应考虑将草地景观布置在远离客房的位置，或者选用易维护的草种。

4. 尘土

尘土是民宿景观设计中需要考虑的重要因素，主要取决于民宿周围的自然环境。尘土控制不住产生的最大问题就是会直接增加客房打扫成本，绝大多数民宿，特别是乡村民宿主要维护时间都花在打扫尘土上。在民宿景观设计时，可以考虑设置一个高压冲水系统，这样利于景观维护和景观尘埃清理。

5. 景观照明故障

在民宿里，景观照明是故障率最高的设施。因为通常景观照明都布置在户外，日晒雨淋导致设施冷热收缩，容易出故障。另外，顾客休息时间没有规律，民宿深夜服务时长高于酒店，为了保持最佳的夜景状态，民宿景观照明通常要超负荷工作，这也是民宿景观照明故障率高的一个原因。在进行民宿景观照明设计时，尽可能把回路拆分，有利于灯具的更换和维修。能用分布式配电，就不要选用集中配电，尽可能减少线路。

6. 庭院景观排水

中国地域分布跨越了六个气候带，降雨量和降雨时长差异极大，雨水对于民宿设计来说，是最大的随机变量，往往在设计时会对排水量预估不足，大多数民宿的公共景观都有排水问题。在设计阶段需要加大排水坡度，增加溢水口，加大排水管径，尽可能利用地形优势排水。如果地形平坦，就要考虑接入抽排水设备，或者加高庭院基础高度。在运营阶段，应定期检查排水口，及时疏通，保证排水系统能够正常运行。

在民宿景观设计阶段，还应当充分了解当地环境气候特征，选择恰当的植物景观搭配，原则上要利于管理和维护。除此之外，还应融入地方特色元素，秉持绿色环保原则，做到审美性和功能性的充分结合。

第三节 民宿建筑设计与运营

民宿建筑设计的目的就是使民宿建筑既保留其文化内涵，还原历史建筑的真实性，又完善其功能需求，符合现代人的使用习惯和审美。因此，在设计时不仅要预见到民宿建筑物存在的和可能发生的各种问题，而且要充分满足使用者和社会期望。

一、民宿建筑内容

民宿建筑是一个完整的系统，像一个生命体，由骨骼、肌肉、皮肤、五官、血管和各个功能器官组成。骨骼就是民宿的框架轮廓，负责结构强度、建筑抗震。肌肉就是民宿墙体和结构填充部分，负责隔音、防火。皮肤就是建筑的外立面，负责形象外表、抵御风雨日晒。五官就是民宿门窗系统，负责建筑与外界的交流。血管就是民宿的水电，负责民宿的正常运行。各个功能器官就是民宿的各个功能用房，包括大堂、前厅、客房、厨房、商店等，负责民宿的整体功能完整。也就是说，一切和运营有关联的建筑系统都属于民宿建筑。

二、民宿建筑设计与运营的关系

民宿是经营性场所，虽然属于民用建筑范畴，但大多数民宿都是改建或者加建的民房，没有经过相关机构的建筑安全审图。民宿的经营者和设计者更应该注重建筑设计的规范性和安全性。除了满足建筑最基本的文化性、审美以外，抗震、防火等安全方面，应当高于国家标准进行设计，在建筑系统配套上甚至要有备用方案，才能保证民宿运营的安全。下面，我们从民宿建筑两大板块——建筑安全和建筑水电，来看建筑设计和民宿运营的关系。

（一）建筑安全与运营

保证安全运营是对民宿建筑最基本的要求。缺乏安全设施的区域，往往是民宿开发的最佳选址，我们要吸取各类事故经验，在民宿遇到自然灾害时，一定要有应对措施，保证运营安全。建筑与建筑之间直接做好防护隔离设计，保证扑救间距，民宿要自建微型消防设施，在地质结构复杂区域，适当加大建筑结构强度，在滑坡区域做好排水、挡墙设计，在设计阶段充分重视安全问题。

运营阶段，注意对民宿管理者进行消防培训，日常检查电路设备，配置简单的医疗急救设备，安全指示标注清晰，定期清理排除安全隐患。建筑是民宿的核心资产，民宿安全事故是民宿运营的最大风险。

案例：2014 年 1 月 11 日凌晨，因一家民宿内加热设备短路，导致有着 1300 多年历史的香格里拉独克宗古城三分之二建筑化为灰烬，造成了不可估量的经济损失，几乎使香格里拉旅游业一蹶不振。这次事故核心原因有三点：一是古城 95%以上为传统土木结构建筑，一旦发生火灾，扩散速度极快，建筑与建筑之间没有足够的消防间距和隔离措施。二是市政消防设施落后于古城的发展速度，在关键时候无法发挥作用。三是民宿内电线存在安全隐患，没有按照安全标准设计。

2021 年 2 月 14 日晚，云南省沧源佤族自治县勐角民族乡翁丁村老寨发生严重火灾，烧毁房屋 104 间。翁丁村老寨是中国保存最为完整的佤族村落，被《国家地理》杂志誉为“中国最后一个原始部落”。2005 年以来，在县级有关部门帮扶下，翁丁村开始发展旅游业。此次火灾将整个村落夷为平地，对当地旅游业造成了巨大打击。

现在很多民宿都远离公共安全设施，比如很多乡村民宿，一旦失火，消防车可能要在 2 小时后才能到达现场。

这些还都是火灾案例，还有台风、地震、雷暴、洪水等一系列自然灾害。

（二）建筑水电与运营

民宿建筑的水电系统，通常被看作民宿运营的命脉，水电正常是民宿能够正常经营的前提。

设计阶段，应当充分考虑水电的荷载，尽可能预留备用线路，便于检修更换。水泥、电线、管道这些都会老化，只要设备在运行，只要建筑在经受环境的风吹雨打，只要民宿有人住，就会有损耗，并且使用率越高，损耗越大。应尽量避免“建筑坏，水电也坏”的情况，在设计阶段一定要充分考虑水电设备的耐用性和维修难易程度。

根据 OTA 平台的民宿评价，服务差评问题最多，其次就是水电问题。也就是说，民宿只要改善水电设施，就能提升顾客满意度。参照国际酒店的设计标准：五星级酒店通常要求热水出水温度不低于 50C°，出水速度在 2 秒，出水压力不低于 0. 2 兆帕。这是一个什么概念？我们一般小区供水的压力在 0. 1~0. 15 兆帕，也就是每平方厘米不小于 1~1. 5 千克的出水压力。我们今天很多民宿都做到了五星级酒店的出水标准，但是与此同时带来的是电力成本的剧烈攀升。如何既降低运营成本，又给顾客提供高质量的服务？根据对民宿顾客的跟踪调查数据，通常入住民宿的顾客能够忍耐的热水出水速度最多不超过 8 秒，出水压力不低于 0. 15 兆帕，出水温度不低于 45C°，按照这个数据配置出水参数，可以大幅降低顾客差评率。这样民宿的热水设备就不用对标五星级标准，也能给顾客提供更好的服务。

排水是民宿比较容易出现差评的因素。由于民宿、酒店的给水量大，其排水系统就不能参照家用住宅的排水逻辑来设计，一定要加大排水口和排水速度。再者就是用电问题，最基本的就是要做到不短路、不跳闸，设计足够大的空开，既要保证峰值电路的用电安全，也要做到峰值用电时的运行正常。

作为民宿运营者，也不必过分为水电问题焦虑，只要做到在设计阶段预留足够大，思考相对深入，同时考虑预备方案；在运营阶段，做到日常检查，出现问题与顾客沟通，及时修理，就算在设计阶段有不合理的地方，根据实际运营及时调整，也能保证民宿的顺畅运行。

三、 管理维护民宿建筑

民宿建筑是民宿运营的物业载体，在做民宿建筑的管理维护前，一定要熟悉建筑各功能及系统的原理和运行逻辑，备份建筑图纸，以便在民宿运营发生问题时，能够快速找到原因，解决问题。实际情况下，大多数民宿是没有完整的设计图纸的，就算有，因为存在建设过程中的修改，也不一定有完工图。一般民宿的建筑单体体量都不大，系统的复杂程度有限。掌握建筑部分的水电线路运行逻辑，做到日常检查、交接到位即可。建筑部分可以通过以下表格进行量化管理。

表 3-2　建筑量化管理表

维护范围		能否正常使用		是否干净		维护内容及进度	签名
		能（√）	不能（×）	是（√）	否（×）		
建筑主体	梁（1~n 号）						
	柱（1~n 号）						
	外墙面（1~n 号）						
	公区内墙面（1~n 号）						
	公区顶面（1~n 号）						
	公区外墙（1~n 号）						
	装饰构筑物（1~n 号）						
门窗系统	公区门（1~n 号）						
	公区窗（1~n 号）						
	客房门（1~n 号）						
	客房窗（1~n 号）						
基础水电系统	公区冷水（1~n 号）						
	公区热水（1~n 号）						
	公区排水（1~n 号）						
	公区供电（1~n 号）						
	房间冷水（1~n 号）						
	房间热水（1~n 号）						
	房间排水（1~n 号）						
	房间供电（1~n 号）						
照明系统	公区照明（1~n 号）						
	房间照明（1~n 号）						
	设备用房照明						
供热系统	公区供热（1~n 号）						
	房间供热（1~n 号）						
制冷系统	公区供冷（1~n 号）						
	房间供冷（1~n 号）						
排污系统	房间排污（1~n 号）						
	公区排污（1~n 号）						
	厨房排污（1~n 号）						

续表

维护范围		能否正常使用		是否干净		维护内容及进度	签名
		能（√）	不能（×）	是（√）	否（×）		
安全指示及应急照明	公区指示牌（1~n 号）						
	走道、楼梯指示牌（1~n 号）						
	公区应急照明（1~n 号）						
	走道、楼梯应急照明（1~n 号）						
监控网络系统	公区监控网络（1~n 号）						
	房间监控网络（1~n 号）						

由于各民宿建筑配套存在差异性，具体可根据民宿实际情况，定制管理维护表。

四、民宿建筑常见问题解析

1. 房间漏水、渗水

漏水问题可谓是建筑的慢性病，如果前期预防措施不当，漏水、渗水等问题就会频出，屋顶、地板、墙面、厨房、卫生间等都是需要特别注意的地方。针对屋顶漏水，民宿在前期设计施工阶段应着重注意，从设计角度，可以增大屋顶坡面，加大屋顶挑檐深度，优化屋面和墙面间的接缝处理，增加排水槽，加大屋面排水管道口径，对防水施工等方面进行优化改进。卫生间要做好防水层处理（防水层标准厚度≥1.5 毫米）。采用专业防水技术抗渗堵漏，特别是江南水乡民宿，对防水要求要更高才行。从运营角度，要及时排除屋面杂质，避免排水管道堵塞，减少人员上屋顶走动，避免破坏屋面防水或瓦面结构，定期检查，如出现漏水问题，及时修复。

2. 墙体门窗隔音差

这是民宿建筑最常见的问题。针对隔音问题，从物理设计角度，尽可能加大门与门之间的距离，减少过道，并在过道进行吸音处理，门框侧面、门底增加隔音条，尽可能采用隔音门（门扇厚度应确保在 60 毫米左右），加强各个收口节点的吸音处理。窗户尽量设计为双窗格或多窗格，进一步降低声音传播频率，削弱声音传播力度。墙体则可用石膏板、吸音棉等材料做降噪处理。在运营阶段，避开顾客休息时间打扫房间。定期检查门框隔音条是否有变形、老化的情况，如发现问题，及时更换修复。

3. 电路故障

绝大多数电路故障都是由电压荷载过大引起短路和跳闸，这是由于前期设计规划时，没有留足峰值电压或是该区域本身变压器容量过小导致的。一些偏远地区的民宿，受自然气候影响较大，很容易出现停电现象。因此，在民宿选址和前期电压规划中，一定要设计备用电源，发电机或者其他备用电源对于民宿运营来说是至关重要的配置。

4. 供水问题

房间供水主要分冷水供水和热水供水。冷水供水通常遇到的问题是水箱杂质导致的出水口堵塞，发现房间冷水出水量小时，应及时打开龙头前的滤网、三角阀进行清理。热水供水在任何酒店和民宿里，都是一套复杂的系统。在进行热水供水设计前，一定要检测该区域的水质是否含有较高的钙镁离子，当水中钙镁离子过高时，只要加热至50℃，便会出现水垢，钙镁离子含量越高，堵塞越严重，经常会导致整个民宿的热水系统瘫痪。这个时候就需要配置软水过滤设备，配置设备后，需要人工日常维护，维护不到位也会导致热水设备无法正常使用。在民宿供热系统中，分体供热使用效率及供应稳定性优于集中供热，其成本更低，维护更方便。

5. 排水问题

民宿排水分三个部分：一是雨水排水，二是污水排水，三是空调管排水。这三部分的排水都很容易出现漏水、堵塞问题。在设计阶段，应该保证三管独立，不要并用，适当加大排水管径，增加排污检修井，污水一定要入化粪池。遇到堵塞请专业公司及时清理。

6. 卫生间返臭

这是民宿运营中最常见的问题，设计阶段应该增加卫生间通风设计，排污口增加屋顶抽气口，使用防臭地漏。运营阶段出现卫生间返臭问题，一般是由于房间排水口长时间未使用，排污管里的存水弯缺水，导致化粪池气味返入房间，这个时候在存水弯内补水，就可以解决。还有一种情况是设计缺陷导致卫生间返臭，这个时候除改装返臭地漏外，还应在卫生间放置香氛及除臭剂，保持房间通风。

7. 门窗漏雨

门窗漏雨问题多是门窗变形导致，民宿通常会选用木质门窗，但是木质材料的收缩率高，极不稳定，经常会出现变形，导致漏水问题。在设计阶段可以选用仿木材质铝合金解决，在造价允许的情况下，也可选择竹钢作为主要门窗材料，避免门窗变形。在运营阶段出现门窗漏雨问题，一是及时修理，二是增加门窗上方防水设施，减少雨水对门窗的破坏。

8. 卫生间下水道噪声

这是民宿建筑较常见的问题，特别是在老建筑基础上改建的民宿，最容易出现这个问题。在设计阶段，一定要做卫生间降板处理，把上一楼层的下水管布置在上一层的卫生间地下。如果没有条件做降板处理，就要在吊顶内增加隔音设施。在运营阶段，最好的处理办法同样是在吊顶内增加隔音棉，再通过密闭设计形成吊顶内的隔音盒，将噪声降到最小。

9. 失火

失火是民宿运营中比较容易出现的问题，在建筑阶段有两种策略来解决。

策略一：防范在先。

防范在先，指建筑设计一定要符合甚至超出建筑防火设计规范。预留疏散通道，增加扑火设施，有条件的要安装防烟防火报警系统。

策略二：隔烟、隔火、及时扑救。

在设计阶段尽可能减少可燃物的使用，做到合理的隔烟设计，比如防火门和防火窗的运用。在消防规范中，有很多要求其实和设计美观及实用性有着很大冲突，这对设计师是个巨大考验。

民宿建筑大部分失火都由电路短路导致，在运营阶段，应当定期检查民宿电路安全。定期举行防火演习，对店内员工进行防火知识培训。

10. 网络系统故障

民宿的网络系统由无线网络和有线网络组成，主要包括监控、公安系统连接、店内无线网络覆盖、客房前台的有线网络等，网络已经成为民宿的基础服务。网络系统故障通常为断网和内线电话不通。断网除了市政线路接入故障外，一般是店内无线接收器断电或者浸水导致。要在运营阶段做到及时检修和维护，在设计阶段尽可能用无线传递替代有线传递，无线传输比有线传输稳定性更高。

11. 墙面开裂

该问题由多种原因造成，比如地基沉降、建筑主体框架变形、墙面腻子受潮后收缩、物体碰撞等。在民宿中，墙面开裂往往带来的是陈旧感和廉价感，这就是大多数五星级以上酒店都采用墙纸或者贴面材料装饰室内墙面的原因，目的是更好维护墙面。对于民宿来说，在设计阶段应该考虑耐用易维护的材料，在运营阶段做到卫生干净，及时清理墙面污染物。

12. 门窗变形

门窗变形也是民宿建筑运营过程中最容易出现的问题，门窗变形要么是门窗质量问题，要么是主体结构变形导致。在设计阶段要充分考虑变形问题，在门窗位置增强结构框架强度，同时选用耐用门窗材料；在运营阶段做到及时检修。

13. 房间通风差

房间通风问题是一个经典的建筑问题，也是民宿中最常见的投诉问题。很多民宿投诉都有房间通风差这一条。在设计阶段，最简单的方法就是增大开窗面积，增加房间的空气对流设计。在运营阶段，可以通过安装新风换气系统来解决，但这样有可能产生噪声并影响美观。所以通风问题一定要在设计阶段予以充分考虑和足够重视。

14. 供热系统故障

民宿的供热系统通常指热水系统和地暖，这是民宿里重要的基础设施。住酒店、民宿最重要的两件大事就是睡好觉、洗好澡。热水问题要么是水不热、要么是水流小。在设计阶段不仅要设计合理的热水系统，还要考虑运营的经济性。民宿不是酒店，无论空间分布还是功能分布，都和酒店有着本质的差别，供热系统按照酒店设计往往会带来巨大的能耗代价。在民宿设计阶段，能采用分体式供热就不要考虑集中供热，一定要采用复合清洁能源的方式设计供热系统。在设计前还应充分研究水源水质，保证供热管道不被钙镁离子堵塞，若水质有问题，还应配置软水设备。供热系统问题要在设计阶段就进行全面的考虑。

15. 制冷系统故障

制冷系统就是我们通常说的空调系统。中央空调运用于民宿，通常会增加运营成本，也较难维护，会由于水质过硬导致空调管堵塞，或者制冷效果不佳。大多数民宿都在用分体空调系统，分体空调最容易出现的问题是排水管由于灰尘堵塞，导致冷凝水流入室内或侵蚀墙体，在运营过程中需要定期清理灰尘，在设计阶段一定要设计好排水管。分体机在安装时要避开床的位置，保证游客休息舒适度，还可以在分体机上加一个外壳装饰，既美观又便于风向控制。

第四节　民宿室内设计与运营

从功能上来说，民宿室内部分包括各功能用房及客房。从运营角度来说，公区及客房室内的装修、家具、摆件、器皿、用品等，都属于室内运营管理范畴。

公区室内装修包括墙、地、顶、照明系统。公区室内家具包括沙发、茶几、餐桌椅、酒吧、茶桌、电器设备等。公区若有专项功能，比如商店、健身房、SPA 间等，则包括功能用房所有室内装修、家具、电器设备。另外，室内的摆件、器皿、配合装修风格的艺术品、插花、室内盆栽等，均属于民宿室内管理范畴。

客房室内包括客房内的装修，墙、地、顶，同时包括客房内电器、插座、照明设备，客房内的所有家具、摆件、器皿、窗帘、布草、洗护用品等。

一、民宿室内设计与运营关系

（一）公共区域设计与运营的关系

如果说文化是民宿的灵魂，建筑是民宿的外表，那么室内就是民宿灵魂的内在呈现。这个内在是能够体现出灵魂的内在，不是仅仅满足使用功能的内在。好的民宿室内设计能够承载和展示民宿的文化。整体风格样式、装饰材料的选择、灯光的运用、家具陈设的搭配，特别是公共区域，完全都是为民宿的文化在服务。

（二）公共区域各功能区布置与运营的关系

在民宿室内设计的开始，一定要对各功能区的设计做深入的思考，紧扣运营定位和运营思路。民宿不像星级酒店，很多功能都不是标准配置，比如商务中心、游客中心、健身中心，民宿不一定需要完整的功能区域，往往是和文化相关的功能更为重要，需要个性化的设计。比如以茶马古道文化为背景的民宿，在民宿功能空间设计上，体现和体验茶马文化的区域就是设计的重点。

民宿按照规模和地理分布状况，有一些基础功能是必不可少的。前台、早餐厅、厨房、布草间、公共卫生间是刚需功能区；商店、茶室、咖啡台、酒吧、儿童设施、中餐厅、演艺区、文化体验区属于提升性功能区；会议室、SPA水疗、影院、文化娱乐中心、宴会厅、商务中心则属于延展功能区，可根据民宿的运营条件配置。由于民宿的客房数量一般不足以支撑过大的公共功能运营，因此在设计时，首要考虑刚需功能区，其次选择性配置提升性功能区，延展功能区根据运营模式和条件进行配置。

（三）公共区域装饰风格选择与运营的关系

公共区域的装饰风格要依托民宿文化进行设计，体现什么文化就采用什么风格。民宿大多是主人文化，以个人喜好为运营导向，很少会考虑文化与运营的关系。个性化的民宿文化有一定的局限性，不能保证产品足够差异化，在风格设计上，还应考虑深度的文化打造。民宿文化运用好了，民宿运营事半功倍，文化本身就是最好的运营载体，要想做成品牌民宿，一定要在文化运营上下功夫。

（四）公共区域装饰材料选择与运营的关系

装饰材料的选择与文化性有着密切联系，风格决定材料，材料又强化风格，往往好设计都会遵循就地取材原则。比如藏区的夯土墙、江南的青砖灰瓦、丽江的木屋瓦顶、广西北海民居里的珊瑚墙壁、陕北的窑洞，这些在地性很强的材料，往往是最具文化特征的材料。当代设计不是要照搬过去的材料，而是要在过去材料运用的基础上加以提升和利用，借文化的特征，打造符合当代审美和功能的新材料。过去很多材料有着很多技术缺陷，比如木材的运用，木材很能体现传统，也是一种有温度的材料，但是木材特性极不稳定，非常容易变形，要是运用在门窗上，门窗就会变形。丽江安缦酒店是一个成功案例，其所有的门窗都采用了一种叫竹钢的新型材料，这样的材料既有木材天然的肌理和温度，在装修使用上给民宿保留了丽江老建筑的韵味，又在运营上保证了门窗的稳定性，不会产生变形。把装修材料和运营结合好，是对设计师的考验，也是对运营者的考验。材料的选择除了要突出文化性以外，还要做到耐用、耐脏、易维护，否则在使用过程中反复维修，也会给民宿经营带来不小的影响。

（五）公共区域家具陈设搭配与运营的关系

在确定了风格、选择好了材料之后，家具和陈设就是文化最直观的体现，墙、地、顶、材料、颜色，一切环境的设计营造，只为突出其中的主角——“家具陈设”。好的室内设计绝对不会孤立考虑家具和陈设，一定是在设计架构清晰以后，把家具和陈设作为场景的重点来设计。一切环境的打造都只是为了烘托家具陈设的文化性，因为顾客很难通过装修材料感受到文化，而家具和陈设最容易使顾客感受到民宿文化。

（六）公共区域灯光照明运用与运营的关系

灯光照明运用，也包括自然光运用，是室内设计的核心。光的设计对室内设计起到点石成金的作用。往往高明的室内设计师，都是运用光的高手。在设计时，让想给观者看的物体更亮，让不想观者看到的地方更暗，专业术语叫集中照明。照明的运用决定了装修的氛围，人在环境中的感受主要由照明决定。室内设计往往会采用很多种照明策略，满足不同环境下的氛围要求。公区照明在不同阶段有着不同的诉求，比如白天，照明是为了营造局部氛围；夜里，则既要满足氛围需要，也要满足刚性照明需求；到深夜，只要考虑过道和大厅的基础照明就可以。不同时段，对照明控制都应该有相应的管理规定，这样才能保持良好的氛围呈现。

公共区域我们大致可以分为以下部分进行量化管理：

表 3-3　公共区域量化管理表

维护范围		能否正常使用		是否干净		维护内容及进度	签名
		能（√）	不能（×）	是（√）	否（×）		
装修部分	墙（1~n 号）						
	地（1~n 号）						
	顶（1~n 号）						
	玻璃（1~n 号）						
	收口线条（1~n 号）						
开关插座	开关（1~n 号）						
	插座（1~n 号）						
照明系统	灯（1~n 号）						
电器	电器（1~n 号）						
安防设施	设施（1~n 号）						
家具	家具（1~n 号）						
摆设	摆设（1~n 号）						
窗帘	窗帘（1~n 号）						

该表格在实际使用中，可以根据各个功能区划分制定。

二、客房设计与运营的关系

（一）客房内各功能区布置和民宿运营的关系

民宿客房通常包括床区、休息区、卫生间、行李区、茶水台、梳妆台这六部分刚需功能区，有的民宿会设置迷你吧、儿童区、户外庭院、户外泡池区、会客厅等延展功能区。这里着重谈刚需功能区与运营的关系。刚需功能区是民宿运营的基本配置，也是住酒店、民宿的基本需求。在设计时，卫生间的空间占比要够大，至少占客房比例的三分之一，才能满足基本的舒适性，卫生间大小也是衡量一家民宿品质好坏的标准之一。其余功能区占整个客房比例的三分之二。民宿客房应具备休憩基本功能，才能满足民宿基本运营要求，在此基础上，增加其他个性化、专业化、人性化的客房服务功能区，以提高顾客满意度。

（二）客房内装饰风格选择和民宿运营的关系

民宿的文化性主要由公共区域来承载，客房部分的装饰风格不要和公共区域的文化性产生过大的冲突。客房由于空间较小，文化性可以通过细节，比如杯子、器皿、装饰、家具来体现。细节的设计在设计初始阶段往往容易被忽视，越小的空间越难设计，但往往顾客在相对较小的空间内活动时，最容易聚焦到的就是客房内这些细节的设计。比如，民宿的风格是一种极简的现代风格，可以运用一些在地性很强的老照片、老物件，快速提升用户对民宿文化的感受。但如果民宿的风格是新中式风格，在细节的选择上却采用了后现代主义风格的装饰物进行搭配，则会给顾客造成不小的失衡感。室内装饰的风格应力求和谐，可以做加分的布置，千万不要做减分的布置。

（三）客房内装饰材料选择和民宿运营的关系

客房内的装饰材料，除了满足风格设计的要求外，有且只有一个重要条件，就是“耐用”。民宿的客房材料的磨损率远远高于家里，墙面、地面、顶面、收口条等装修材料非常容易破损，大多数民宿长期维修的部分，除了水电外，最多的就是室内装修。装修材料的选择是民宿设计最需要重视的地方，直接关乎民宿的运营成本，民宿一旦出现需要维修的情况，不仅耗时耗力，还影响正常经营。

（四）客房内家具陈设搭配和民宿运营的关系

客房内的家具和陈设搭配最容易凸显民宿文化特色，也是游客在民宿中，除了卫生间外，接触最多的部分。家具搭配陈设主要分两种，一是满足刚需，具有一定的功能性；二是满足精神需求，这方面对于美学要求较高，追求品位、品质、价值，考虑客房内物品的文化底蕴、观赏性。家具陈设能直接传递民宿人的态度、能力及品位，是民宿里最考验设计和运营的地方。

客房里的家具和陈设不需多，但必须精。比如陈设的选择，形体越复杂，就越容易积累灰尘，越影响打扫客房的效率。对于家具，要选择容易维护的材质。在管理阶段，需要花大量的时间标准化家具陈设打扫流程和操作细节，保证客房呈现最佳经营状态。

（五）客房内器皿配置和民宿运营的关系

客房内的器皿通常要按照功能区来划分，不同功能区对器皿需求不一样，刚需的三个区域分别是洗手台、淋浴间、茶水台。洗手台基本配置有：漱口杯、牙具、洗手液、托盘、洗护用品等；淋浴间基本配置有：沐浴液瓶、洗发水瓶、润肤露瓶；茶水台基本配置有：水瓶、茶杯、茶壶、烧水壶、存茶罐、水杯、酒杯。另外有迷你吧的话，迷你吧基本配置有：冰柜、果盘、小吃、茶点、咖啡、茶叶、酒水、饮料、开瓶器等。这个部分考虑得越细致，越需要预留足够空间来承载。刚需区域是运营必须具备的条件，延展区域的器皿可根据民宿品质定位，适当安排。民宿品质定位越高，在器皿的选择上就越需考究。

（六）客房内灯光照明运用和民宿运营的关系

民宿客房的照明系统通常分为三组：

第一组：全局照明，满足行李收拾，打扫客房用，需要一定的亮度，以中性光为最佳，冷光会破坏整体的氛围。

第二组：局部照明，只为营造客房氛围，让需要亮的地方亮，比如桌子、茶水台及有重点装饰和陈设的部位，其余地方暗。

第三组：夜灯，游客在客房休息和起夜用的灯，亮度要足够低。

在运营方面，由于客房的照明复杂，需要给客房灯开关贴上或者定制上对应功能标注，以方便游客使用。

（七）客房内开关插座和民宿运营的关系

客房开关插座设计对运营有着极大的帮助，开关插座的合理设置，往往可以大幅提升游客满意度。看似简单的开关插座选择，不仅仅关系着民宿电器的使用寿命，更关系着游客的安全。比如床头插板就可以为游客的手机充电提供方便，烧水区插板往往要多设置，出门住酒店不比家里，需要携带大量充电设备，插座越多，对游客来说越方便。民宿客房插座除了方便，同时还要保证安全，电源开关离地面一般在 1.2~1.4 米，插座不应该设于离卫生间或其他水源较近的地方，一般没有特殊要求的电源插座距离地面 0.3 米即可。

（八）客房内电器设备和民宿运营的关系

民宿客房通常需要配置的基础电器有：烧水器、空调、吹风机、蓝牙音箱；延展电器有：电视、电话、加湿器、抽湿器、小型冰柜、扩香器。在民宿里尽可能配置性能稳定的常用电器，有利于管理和维护。前期设计要考虑好电器的摆放位置，预留足够多的插座位置。民宿如果配置有独立厨房，还要考虑采用利于维护的厨房设备。

三、民宿室内维护保养

管理民宿室内，要把公共区域与客房部分分开。公共区域做到整洁干净，家具陈设及可移动物品按照摆放标准放置。装修部分如出现破损，及时修补维护。客房部分的日常管理维护相对复杂，不仅需要符合严格的管理标准、客房卫生标准，还需要日常检修，保证所有设施正常运行。通过制定管理表格，能够较好地进行量化管理。

表 3-4 客房量化管理表

维护范围		能否正常使用		是否干净		维护内容及进度	签名
		能（√）	不能（×）	是（√）	否（×）		
装修部分	卫生间墙面						
	卫生间地面						
	卫生间顶面						
	客房墙面						
	客房地面						
	客房顶面						
	房间玻璃（1~n 号）						
	收口线条（1~n 号）						

续表

维护范围		能否正常使用		是否干净		维护内容及进度	签名
		能（√）	不能（×）	是（√）	否（×）		
开关插座	开关（1~n号）						
	插座（1~n号）						
照明系统	灯（1~n号）						
电器	电器（1~n号）						
安防设施	设施（1~n号）						
家具	家具（1~n号）						
摆设	摆设（1~n号）						
窗帘	窗帘（1~n号）						
地毯	地毯（1~n号）						
茶水台	设施（1~n号）						
床区	设施（1~n号）						
行李区	设施（1~n号）						
梳妆台	设施（1~n号）						
休息区	设施（1~n号）						
卫生间部分	洗手台（1~n号）						
	淋浴间						
	马桶						
	浴缸						
	一次性用品（1~n号）						

该表格在实际使用中，可以根据各个房间摆放标准不同制定。

四、民宿公共区域常见问题

1. 前台办理区摆放杂乱

一方面，民宿经常会有公安、消防、工商、卫生等部门发放的通知、告示要求展示，这样的临时性展示，随机性强，对民宿整体形象有影响，需要在设计阶段就考虑到专门的展示区。另一方面，民宿有时会出现管理疏忽，影响游客对民宿整体品质的感受。

改善方法：①在设计前期考虑留足通知、告示的空位，尽可能集中。②民宿准备一些亚克力或者木质相框，用于放置临时性纸质告示，并集中摆放。③一般前台只保留电话、电脑、笔筒、POS 机等办公必需用品，其他则一律放在抽屉里。

2. 摆设被随意放置

公区摆设被随意放置的首要原因是，游客会改变陈设或者家具的摆放以满足临时需要。民宿里很多功能空间是混合使用的，比如吧台可能是临时接待前台，休息区的桌子可能要兼顾早餐、晚餐，还要兼顾酒吧、夜宵的功能，这在民宿里非常常见。带来的问题就是公区杂乱，物品若不及时归位，就会破坏公区给游客的整体感受。

改善方法：①在设计初期，一定要考虑餐酒问题，设置专门的区域和桌子。②公区陈设追求精而不追求多，便于归置。③制定管理细则，量化到位置、卫生标准、归位时间等，用管理标准化解决问题。

3. 公共区域卫生没有及时维护

公共区域代表民宿的形象，公区卫生一旦打理不好，就会给游客带来不好的印象。比如公共卫生间，卫生间管理人员容易忽视，最容易出现问题。

改善方法：①在设计阶段尽可能考虑垃圾回收问题，既要给游客提供方便，也要给管理人员提供方便，既要做到好用，还要保证美观。②为公共卫生间提供足够亮的光线，墙、地、顶使用耐污染材料，便于打扫，增加高压冲水设施，增设香氛扩香器，可以参照海底捞的公共卫生间标准。③一定要加强公共区域卫生管理标准制定，培训到位，执行到位。

五、客房常见问题

1. 墙壁污染、破损

墙壁，是民宿和酒店维护翻新最频繁的部位。酒店设计往往会在墙面上下很大的功夫，例如以耐污染墙纸与木饰面包裹墙面，或是直接采用石材铺贴。民宿往往在设计阶段最容易忽视客房墙面问题，应借鉴酒店设计，采用酒店逻辑考虑墙面的耐久性。另外就是要加强管理，配置好各式各样的清洁剂，应对墙面污染问题。破损需要及时修复。

2. 地面污染、破损

地面污染、破损问题主要出现在木地板、地砖或者特种材料地面上，设计师很容易选择木地板，但是民宿的打扫强度往往高于家庭打扫强度，因此要选择耐用的材料，并考虑维护成本。

3. 吊顶发霉

吊顶发霉往往出现在湿度很高的环境中，比如中国大部分南方城市，或者屋面防水没有处理到位的民宿，在雨季很容易出现吊顶发霉问题。这是民宿特别常见的问题，一定要在设计时妥当考虑屋顶防水、防潮问题，选择容易清理和维护的吊顶材料。在管理上，除了打扫客房地面外，要定期对客房顶面进行除尘、去污处理。湿度较大区域，需要配置抽湿设备，在游客入住前打开空调，保证房间的干湿平衡。

4. 拖鞋脏

民宿运营时，为了给游客提供人性化服务，会提供防滑拖鞋，但是防滑拖鞋的卫生往往在客房打扫时最容易被忽视，给游客使用时带来不好的体验。在不能保证拖鞋有消毒和清洗标准的前提下，不要轻易在客房配置防滑拖鞋，尽量配置一次性拖鞋和拖鞋托盘。在设计上，可以在淋浴间区域采用防滑地板材料。

5. 杯子脏

这是民宿室内器皿最容易出现问题的地方，通常没有消毒流程，客房打扫时也很容易忽视。在设计时应当选用杯口较大的杯型，便于客房打扫的时候清洗。材料上选用加厚玻璃或者更耐用的材料，避免选择亚克力或塑料材质。在客房管理上明确杯子清洗和消毒流程，保证客房杯子可以得到有效及时的更换和清洁。

6. 陈设物缺乏维护

陈设物不维护也是民宿客房的常见问题，特别容易出现在客房摆设复杂的房间，比如客房陈设物积累灰尘、桌子边角损耗、沙发座椅磨损严重、电器设备无法正常使用等，这些陈设物都是游客目光所及、直接接触到的，是会直接影响用户体验的。若做不到标准化管理，陈设物在房间不仅起不到氛围提升的作用，反而容易产生差评甚至投诉。在民宿客房陈设物的维护上，应做到定期检修客房内电器设备和家具，乡村或是老宅民宿还要注意除湿，以保护好木制家具或用品。

7. 室内容易加入临时物品

在民宿里，管理人员由于没有标准化的意识，经常会在客房内增加例如盆栽一类的物品，让客房内陈设混乱。在设计阶段就应该认真推敲、反复论证客房物品清单。到运营阶段，需要增强民宿管理人员标准化意识，在优化房间物品时，听取设计意见。按照民宿客房陈设要求摆放平时物品，并保持物品统一标准。

8. 室内异味

室内异味往往因为通风问题和装饰材料选择不当所致。在设计阶段一定要把通风作为民宿客房的重点来设计，再好的机械排风设备都不如自然的物理换气。在装饰材料的选择上，一定要选择环保无毒的装饰材料，家具或装饰物要避免采用软包类的吸味材质。客房异味还有可能是游客制造的，比如吸烟。在设计时，应考虑加入香氛或者除味剂，并做到美观实用，不要因为增加香味器皿导致整体布局混乱。

9. 洗手台死角发霉

洗手台死角发霉也是民宿客房常见的问题，设计阶段，民宿应该充分借鉴酒店洗手台设计方法，做到围边、收口、排水一体成型，减少和避免发霉死角的产生。材料上一定要选用耐腐蚀材料，因为洗手台的清理，往往需要大量清洁剂，清洁剂会对材料形成腐蚀。洗手台是客房维护中的重中之重，一定要认真制定打扫规范和流程，合理使用清洁剂。

10. 踢脚线脱落

这是民宿室内容易出现的细节问题，踢脚线要么脱胶、要么污染。在设计阶段，一定要采用利于打扫和维护的材质。在管理阶段，要定期检查踢脚线和各种收口线条的卫生状况，制定打扫标准。

第四章
民宿营销与预订管理

随着民宿业的发展，民宿市场规模不断扩大，形式更加多样，内涵越来越丰富。市场营销对民宿吸引顾客起着重要作用，而预订管理是市场营销取得成效并具体落实的重要手段。

第一节　民宿营销管理

民宿是情怀与商业结合的产物。作为一种产品，它需要被民宿主人推广出去；作为一种精神理念，它渴望游客认同民宿主人的生活方式。二者相互依存，缺一不可。

一、民宿市场营销基础

市场是商品交换的场所和领域，民宿作为一种商品，同样需要通过市场进行交换，客源是民宿赖以生存的关键。

民宿市场必须具备四个要素，即民宿顾客（人口）、购买力、购买欲望和购买权利。

（一）人口

人口是市场构成的第一要素，没有人就没有市场，没有经济。市场是由有购买欲望，同时又有支付能力的人组成的。人口因素包括人口总量、人口的地理分布、人口的年龄构成、人口的性别结构、职业与文化水平、家庭结构和民族与宗教等几个方面。2019 年国内旅游人数达 60.06 亿人次，入境旅游人数 1.45 亿人次。① 2023 年春节假期全国国内旅游出游 3.08 亿人次，同比增长 23.1%，恢复至 2019 年同期的 88.6%。实现国内旅游收入 3758.43 亿

① 新华社，https：//baijiahao. baidu. com/s？ id = 1660778135552966068&wfr = spider&for = pc.

元，同比增长30%，恢复至2019年同期的73.1%。[①] 民宿拥有一个庞大的市场人口基数。

（二）购买力

民宿市场的大小受人们购买力大小的影响。购买力是指人们支付货币购买商品或劳务的能力。购买力是由一个人的收入水平，特别是可自由支配收入水平决定的。一个人的可自由支配收入越高，进行民宿活动的可能性就越大。所以说，一个国家或地区的人均可支配收入是产生民宿需求的前提。2019年，中国GDP 99.09万亿元，全国居民人均可支配收入30733元，居民的购买力不断提升。[②]

（三）购买欲望

人们的购买欲望也影响着民宿市场。购买欲望是指顾客购买商品的动机、欲望或要求，它是由顾客的生理需要和心理需要引起的。购买欲望是顾客把潜在的购买力变成现实购买力的重要条件，因而也是构成市场的基本要素。具体到民宿市场，购买民宿产品的欲望是一种主观愿望，是驱使人们进行民宿活动的动因。随着用户消费水平和消费观念的转变，民宿行业独具的共享住宿、旅游社交等特色使其在近几年持续走热，获得顾客的青睐，市场规模不断提升。

（四）购买权利

这主要指民宿国际市场往往受目的地国或客源国政策限制，如不发给签证或限制出境等，即使人们有购买欲望、有钱，也会由于权利受阻，从而无法实现到民宿所在地入住。

以上四个要素是密切联系、缺一不可的。其中人口和购买力是前提，没有人口就没有民宿市场，人口多、收入高的国家是真正具有潜力的市场；有了人口和收入，还必须使民宿产品符合民宿顾客的消费需求，引发顾客的购买欲望，并在具备购买权利的情况下，使潜在的民宿市场变为现实的民宿市场。

二、民宿目标市场

（一）民宿市场细分

民宿市场细分是按照顾客欲望与需求把整个民宿市场划分为若干个具有共同特征的民宿子市场的过程。民宿市场细分既有利于发掘民宿市场机会，

---

① 中国新闻网，https：//baijiahao.baidu.com/s？id=1756174215052676915&wfr=spider&for=pc.

② 统计局网，https：//www.gov.cn/xinwen/2020-02/28/content_5484361.htm.

开拓新的民宿市场，又有利于合理配置民宿资源，获得最佳营销效果，还有利于民宿制定和调整营销组合策略，增强企业应变能力，并有利于民宿确定经营方向，取得有利的竞争地位。

民宿的顾客大体可分为两大类：假期旅游度假人群和周末休闲人群。如以大理、丽江为代表的旅游目的地顾客一般是旅游度假休闲人群，而莫干山、杭州的民宿市场，顾客一般是来自长三角地区的周末休闲人群。

在旅游度假人群中，又可以细分为几大类。从国籍划分，可以分为中国旅游人群及外国旅游人群。从出行目的划分，可以分为毕业旅行、蜜月旅行、假日旅行、商务旅行、周末游玩等。从出行人群划分，可以分为情侣、闺蜜、夫妻、朋友、家庭、个人、团体。从出行方式划分，可以分为自驾、高铁出行、汽车团等。从出行时间划分，可以分为假期游（寒暑假、国庆、春节、公司假期等）、周末游等。

（二）民宿目标市场定位

1. 民宿目标市场的概念

目标市场是指在市场细分的基础上，民宿决定要进入并准备为之服务的市场，即民宿的主要经营对象是某一类消费者群体，民宿的主要经营任务也是满足这一群体的消费需求。

目标市场定位的目的，就是通过市场细分，选择适合自己条件的目标市场，制定有效的市场战略，集中优势，赢得目标市场。目标市场是民宿制定营销战略的基础，民宿的营销活动都是围绕目标市场制订的。

2. 民宿目标市场定位方法

（1）地域定位

地域定位中，有大地域定位和小区域定位两种。大地域定位就是某一个省份、城市、县镇、乡村的定位。小区域定位就是对这些大地域里的某一个区域的定位。如以浙江为例，选择浙江就是大地域定位；选择德清、丽水、台州这些区域，就是小区域定位。

（2）档次定位

对客户市场的细分有了清晰明确定位，才能在客栈民宿建设、经营、营销推广过程中做到有的放矢。民宿市场一般可分为低端市场、中端市场和高端市场，以裸心谷、法国山居为代表的民宿属于高端市场，而花间堂、禾肚里等可称为中端市场，还有很多类似农家乐的中小民宿则主要是针对低端市场。

（3）目标客户定位

目标客户定位是对市场的精准定位，在细分市场里找蓝海，能够精确知道目标顾客是谁，以及这一类顾客有什么特征和消费习惯。

如主题类民宿，这类民宿的目标客户是一群喜欢各种主题的人群，包括动漫主题、茶文化主题、摄影主题、禅文化主题等。例如河南登封少林寺附近的禅心居，由少林寺的一位师父建造经营，客房都是按照禅文化设计的，以安静吸引顾客，主要目标客户就是对禅文化感兴趣或想要来此“静心”的顾客。

（4）房型定位

明确了目标客户后，设置什么样的房型及各类房型比例就比较清楚了。如总房间数多少，大床、标间、家庭房比例多少，以哪类房型为主。

民宿房型一般包括：大床、圆床（适合情侣、夫妻等）、标间（适合朋友、团客）、家庭房（适合家庭人群出行）、亲子房（父母带小孩人群）、套房（适合两个家庭）。如果以接待团体客人为主，那么房型设置以标间为主；如果主打亲子型，就以亲子房型为主。

（5）价格定位

在确定了目标客户后，要对其经济基础进行一定分析，对客户的心理预期做出评判。在此基础上，对价格进行定位，制定出一个价格系统。

3. 民宿目标市场营销策略

当民宿选定目标市场后，要经营好目标市场，可以按照以下策略进行。

（1）无差异性市场营销策略

无差异性市场营销策略是指民宿不进行市场细分，而是把整个市场作为自己的经营对象。民宿只推出一种产品、一种价格、一种促销方法提供给市场，就能满足市场上所有顾客的需求。如美国可口可乐公司在20世纪60年代以前相当长的时间内，实行无差异性营销策略，以单一口味的品种、单一标准的瓶装和统一的广告宣传用语，长期占据世界饮料市场相当大的份额。

对于绝大多数民宿来说，无差异性营销策略并不一定合适。民宿最大的特色就是个性化，而且民宿消费者的需求也是多种多样并不断变化的，只采用一种产品模式很容易被竞争者模仿。无差异性营销策略已不适应现代民宿的发展要求。

（2）差异性市场营销策略

差异性市场营销策略是指民宿将整体市场划分为若干细分市场，选择两个或两个以上的细分市场作为目标市场，针对每一细分市场制定一套独立的营销策略。如宝洁公司靠 11 种品牌的洗衣粉取得了远远高于单一品牌的洗衣粉所能取得的市场份额。

差异性营销策略的优点在于小批量多品种的经营，能使民宿产品满足不同市场消费者的需求，有利于民宿扩大销售，降低经营风险，提高市场占有率。

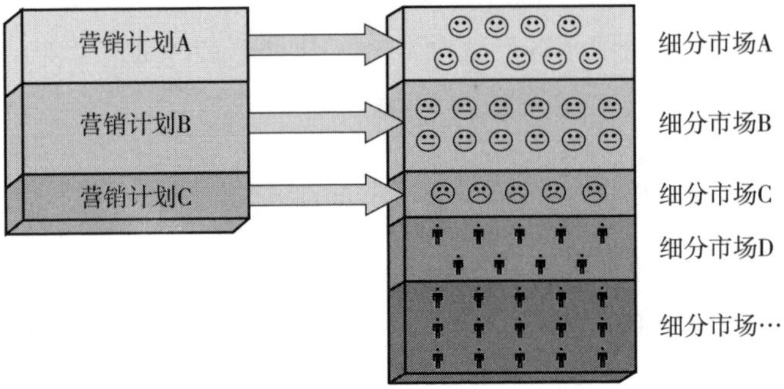

图 4-1　差异性营销图

（3）集中性营销策略

集中性营销策略是指民宿使用某种特定的营销组合来满足某个单一目标市场，并将民宿的所有力量（人、财、物）集中于这一目标市场，该策略适合资源有限的中小型民宿。民宿实行这一策略，不是为了追求在一个大市场上的角逐，而是力求在一个或几个子市场上占有较大份额。例如斯泰纳光学公司控制了世界军用眼镜市场的 80%，克罗诺斯公司掌握了全球给瓶子贴标签机器市场的 70%，由于这些公司占领了比较狭小的商品市场的大部分份额，可以把精力集中到设计、质量、服务等方面，扩大了自身的优势。

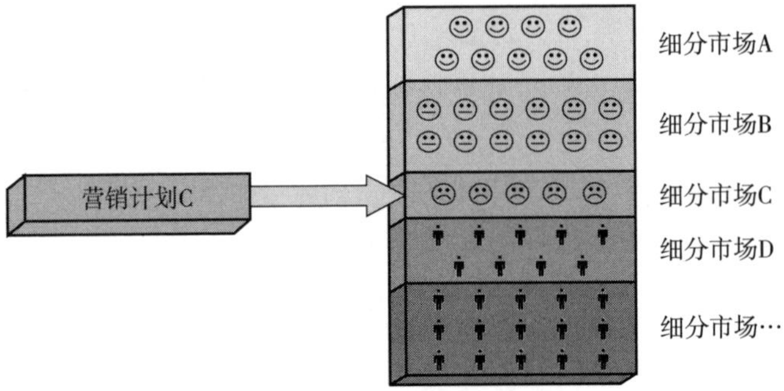

图 4-2　集中性营销图

三、民宿营销渠道及推广策略

营销渠道是连接顾客与民宿的通道，是民宿的生命线。建设好营销渠道并对营销渠道进行推广，民宿才有可能获取更多的客流。民宿营销渠道可分为线上渠道、线下渠道及口碑渠道。

（一）线上渠道

顾名思义，线上渠道是依托于互联网的营销方式，顾客可以在线上渠道完成预订、支付、点评。线上渠道可以分为两大类，第一类是专业的预订平台，第二类是社区门户平台。相比较而言，第一类专业预订平台能够迅速增加民宿产品的曝光率，直接提高成交订单量，同时起到一定的品牌推广作用。而第二类社区门户平台在起到品牌推广和宣传作用的同时，也能够促进预订量提升。

线上渠道可以按以下方式分类：

1. 按平台分

（1）直销平台（零佣金）。包括米途、微客栈、自有网站、微信公众号、微信小程序等。

（2）分销平台（收取一定比例佣金）。包括携程、去哪儿、艺龙、同程、去啊、Agoda、Booking、马蜂窝、驴妈妈、途家等。

（3）团购网站。包括美团、糯米等。

2. 按整合程度分

（1）综合性平台。各大 OTA 平台及团购平台，包括酒店、客栈民宿、短租公寓、青年旅舍等，客栈民宿只是其中一个板块。

（2）专一性平台。专业的客栈民宿平台，如 Airbnb、途家网、小猪短租、木鸟短租等。

（二）线下渠道

线下渠道包括散客、旅行社、团客、固定客户等。通过上门询问，或者通过电话、微信等方式进行预订。

（三）口碑渠道

口碑渠道是通过顾客的口碑介绍促进顾客预订入住。口碑营销不是一朝一夕的事情，需要长时间的积累，有三个关键点：①优质的入住体验；②良好的客户维护；③贴心的会员体系。以上三点仅仅是口碑营销的基础，想要做好口碑营销还需要站在用户的角度，以用户思维来考虑如何经营民宿。

1. 细节营销

通过小细节、小物件来展示民宿主人的品位、人生价值观以及民宿的个性理念。不同于酒店标准化的布置和服务，高端民宿往往将硬件和服务的细节做到极致。细节成就完美，小到一个枕头一张床垫，大到整体格局，既是住客最直接最基本的体验，也一定程度决定了民宿主题特色，体现出对文化及自然资源的极致表现与利用。例如：夏天，为新入住的顾客准备一个果盘；临近节日，为住客准备一些节日小礼品，如端午节送上几个粽子、中秋节准备几块月饼等。另外，在房间内准备一些应急用品，例如：预防天气变化，可以放一些雨伞、雨衣等；在外难免磕碰受伤，可以在房间准备一个小医药箱等；而房间里准备一些湿巾、针线盒等，会让女性房客对民宿的好感度直线上升。

2. 互动营销

民宿的品牌形象仅依靠自身传播是有限的，必须开放传播体系，让顾客参与进去，和民宿共同完成传播。

人们消费理念发生变化，体现在功能式消费—品牌式消费—体验式消费—参与式消费的变化过程中，使顾客由单纯的住宿，到体验民宿生活，再到乐于参与民宿建设、规划、制定、运营等。顾客在入住期间有良好的入住体验，就会很愿意参与民宿网上传播。在此基础上，可以通过一些活动刺激顾客的参与，比如在微博、微信发图片可获赠礼物，秒杀购买促销等。

3. 情感营销

在新一代消费者眼里，传统的五星级酒店不再是首选，“星级”背后所代表的身份对于他们来说似乎并没有那么重要了。相反，设计美学、品牌背后的故事以及其所宣扬的生活方式才是他们所看重的。在这个情怀营销的时代，具有情怀的故事才能够让产品具有独特性，达到更好的传播效果。对于民宿来说，讲故事应当围绕民宿的感性体验，突出具有自身特点的细节，创造出富有想象空间的高品质风格、格调，吸引观者主动了解和自愿传播。例如褚时健的褚橙，就充分借助褚时健的人生励志故事来进行营销，通过褚时健本人的传奇故事，迅速积聚一大批粉丝。褚橙的粉丝们除了需要高品质的产品外，更需要一种精神上的慰藉，而褚老的故事正好给了他们精神上的鼓励。

4. “家”的感觉

“家人”是客户关系最好的状态。住民宿，就是“回家了”，放松怡然，轻松自在。民宿与酒店本质区别在于民宿彰显的是“民”，而酒店的主角是“客”。民宿的主人，营造的首先是“宾至如归”的家园感，蕴含一种精神境界，追求的是个体个性的和谐和自我；其次是能够体现当地文化，如当地的风土人情，居于此不是单纯为宿而宿，而是在“宿”的时光中，尽情享受现实生活体验不到的精神愉悦。

5. 社区+圈层营销

民宿因为经营规模小，存在销售渠道的局限。要接触目标客户，品牌和口碑是最重要的渠道，“社群+圈层营销”不失为一个有效方法。民宿彼此的分享及连接将带来更大的价值，这是民宿主人在经营民宿时应具备的心态。同时，在民宿地点的选择上，也应注意与周边环境结合起来，选择具有成熟民宿环境的社区，以便于解决除了客源之外很多实际的问题，比如供水供电安全等，经营也会取得事半功倍的效果。例如浙江莫干山，目前共有在营民宿 730 家，床位近 10000 个，其中精品民宿 150 家，县级精品民宿 24 家，省级金宿 4 家，省级银宿 6 家。2018 年接待游客 260 万人次，其中民宿接待游客 210 万人次，实现营业收入 20.5 亿元。

6. “三感五觉”营销

“三感五觉”营销是指利用人体的感觉器官，开展“以色悦人、以声动人、以味诱人、以情感人”的情景体验。三感指尊重感、安全感、舒适感。五觉指触觉、味觉、嗅觉、听觉、视觉。

调查研究显示，人类通过五感所获取的信息中，有 80%来自视觉，10%来自听觉，剩下 10%来自其他几种感觉。

（1）视觉

视觉影响着顾客对民宿的第一印象，包括民宿环境、卫生、员工状态等。

良好的视觉感知要求民宿前台、公共场所干净整洁，无垃圾、无杂物堆放。客房内床品干净，无污渍毛发。客房内空间、装修色调、用具摆放、灯光组合合理。

员工着装整洁，仪容仪表合乎规范，精神状态饱满。如果一个顾客进入后，看到员工低头玩手机，前台东西杂乱堆放；办理入住时，员工精神萎靡，连连出错，比如安排错了房间或者发错了房卡，即使客房再好，其对客栈民宿的第一印象也会大打折扣。环境、卫生是基础性的，通过人的视觉形成关键的加分或者减分项。

（2）嗅觉

在人的五种感觉中，嗅觉最为灵敏，也与情感、记忆联系最为紧密。民宿要善于利用气味营销，从而刺激顾客的嗅觉。如在公共空间配置香薰系统。对于一些高端精品客栈民宿，可以开发个性化专属香味，作为客栈民宿的新名片，以提高市场识别度。

客房内，可以添置一些药香枕头，如决明子枕头，能够散发出青草的香味，顾客闻着香味入眠，犹如睡在青草丛中；也可以放置一些诸如百合、康乃馨的鲜花，一部分放在房间，一部分放在洗手间。

（3）听觉

悦耳轻快的背景音乐，总是能够带给人一份好心情，轻音乐、古典音乐都是不错的选择。忌放一些沉重、悲伤的音乐。

房间内可以配置音响系统或者放置 mini 音响，方便顾客播放自己喜欢的音乐。

工作人员的音量、语气、语速都要控制好。和顾客微信联系时如果用语音形式，要做到礼貌、亲切、热情。和顾客电话联系时，语气要温和，语速要适中，音量也要适中。

（4）味觉

民宿内提供的可口美味的餐饮、当地应季的水果、具有当地特色的菜肴，不仅能够激发消费者的消费欲望，满足旅游者的消费需求，还能够帮助自身拓展市场。

（5）触觉

顾客身体接触的东西绝大部分是来自客房内的易耗品，如床品、拖鞋、浴室用品等。床品柔软舒适、枕头高低搭配，洗浴用品使用起来舒适、无刺激，这些都能够带给顾客良好的触觉感受。

（四）推广策略

1. 互联网

（1）民宿网站

民宿网站是民宿进行信息发布的重要渠道，可以与公众进行双向信息交流，也便于网络营销广告发布与线下营销活动相结合。民宿网站有民宿预订平台运营的网站，可以查询和预订多家民宿；也有各品牌民宿自建的网站，仅为该民宿服务。

（2）搜索引擎

搜索引擎是根据一定的策略、运用特定的计算机程序从互联网上搜集信息，在对信息进行组织和处理后，为用户提供检索服务，将用户检索的相关信息展示给用户的系统。利用搜索引擎进行营销宣传是根据用户使用搜索引擎的方式，利用用户检索信息的机会尽可能将产品信息传递给目标用户。在利用搜索引擎时可锁定受众，进行精准广告宣传。搜索引擎的排名先后会受到支付费用的影响。

2. 社交媒体

随着新媒体的快速发展，"双微一抖"吸引了大量年轻的用户，很多商家瞄准势头纷纷入驻，通过新媒体营销赢得了巨大的流量，进而为商家带来实际的利益。

（1）微博

微博，即微博客（MicroBlog）的简称，是一个用户分享、传播以及获取信息的平台。微博的操作方法简单，能够使文字、图片等迅速传播并互动分享，且传播的价格成本十分低廉。在网络大环境下，微博的转发和留言回复等功能打破了新闻时间和空间的局限性，对新闻热点事件的传播力度非常强。

目前微博的主要平台有三家，新浪微博、腾讯微博和网易微博。其中新浪微博的使用人数最多，已有 3 亿多用户。民宿要想利用微博营销，新浪微博是首选，其明星、网红多，流量大，被用户发现的机会也大。通过微博，民宿不仅可获取一批目标受众粉丝，还可与目标受众进行一对一沟通、交流、反馈，提升民宿影响力，塑造民宿品牌。例如途家民宿的微博粉丝有 178 万人，成为民宿预订、公众交流和营销宣传的重要平台。

微博的用户群体广泛，传播成本十分低廉，利用微博平台进行民宿的房型介绍、宣传等是最好的推广方法之一。只要民宿把优惠活动、特色房型、节假日价格等上传到微博平台，关注了民宿官方微博的用户便能第一时间获取到最新的优惠信息，其他搜索该民宿的用户也能及时了解到民宿的情况，并且有不清楚的地方还可以在线留言或者通过民宿官方微博账号答疑解惑，这种传播手段性价比和时效性都非常高。

（2）微信

微信是一款集文字、语音、图片、视频等沟通方式于一体的移动互联交互通信工具，截至 2019 年底，微信全球用户超过了 11 亿。手机用户通过微信就可以了解各种资讯，其传播速度快、传播范围广的特点，使得微信营销成为民宿重要的推广工具。尤其是“微信公众平台”的推出，更有助于民宿用户在微信平台上推送内容与凝聚影响力。

民宿微信公众平台可将自身特色、周边景区特色以及粉丝或客户个性需求相结合，丰富推送信息，使公众平台上的信息更加有趣，更容易吸引客户注意力。民宿设计微信公众平台界面时要突出自身特征，使客户能够准确辨别出该民宿的微信公众号。如宛若故里、诗莉莉泛蜜月旅行、大乐之野等都是民宿品牌公众号运营较为成功的案例。

（3）抖音

抖音成为继微博、微信之后的第三大互联网流量入口，全球月度活跃用户数超过了 7 亿，它主要以短视频的形式来记录美好生活，形式多样，内容生动。抖音对于优化消费体验、提高顾客满意度、促进民宿营销推广具有重要意义。一条抖音，可以让一位无名的街边卖唱歌手一夜爆红，万人追捧；一条抖音，可以让一杯毫无品牌知名度的奶茶瞬间人气暴增，门前排起长龙；一条抖音，甚至还可以让淘宝常见的摊饼锅卖到断货。由此可见，抖音宣传力度之大、效果之显著。例如四川阿坝州浮云牧场，海拔 2000 多米，在那里可仰望蓝天，抚摸云朵，仿佛置身于仙境。火遍抖音之后，不少人慕名而来，民宿房间供不应求，都要提前预订。再如 2018 年上半年，重庆“穿楼轻轨”“洪崖洞夜景”的视频先后在抖音上走红，成为唯一一个相关视频播放量破百亿的网红城市。重庆民宿数量也随之增长，据途家数据，2017 年底，重庆民宿只有 5000 家，到 2018 年底，超过 33000 家，猛涨 5 倍不止。

抖音营销重点在于发表的内容，因而内容的质量是营销成败的决定性因素。在这个信息化时代，每人每天会看到成千上万的宣传内容，大量重复内容会使消费者产生厌烦情绪，甚至会降低民宿在消费者心中的地位和形象。因此，只有追求内容的唯一性和新颖性，才能得到抖音用户的认可。

第二节　民宿公关活动

洛克菲勒曾说：“公共关系是无价之宝，我愿牺牲太阳底下所有财富去获取它。”公共关系是民宿生存发展的一剂良药，它能帮助民宿树立良好的形象，提升知名度和美誉度，让顾客在“爱上”民宿之后，选择购买民宿的“产品”。

一、民宿公关活动概述

（一）公共关系的内涵

一个公关人士曾经用一个形象的比喻说明什么是公共关系：公关好比一个年轻人追求伴侣，可以用很多方法。大献殷勤是一种，但这不算公共关系，而是推销；努力修饰自己的外表，讲究谈吐，这也是吸引别人的方法，不过这也不是公共关系，而是广告；如果这个年轻人经过周密的研究思考，制订个人计划，而且埋头苦干，以成绩来获得他人的称赞，然后通过他人之口将对自己的优良评价传播出去，这就是公共关系。

民宿公共关系具有服务性、营销性、全员性、情感性、复杂性和长远性等特点。

（二）民宿公共关系的作用

1. 增强民宿营销实效

增强民宿营销实效是指公共关系对民宿起到营销产品、推广形象的作用。民宿可以通过有效的公共关系活动，让公众了解民宿、支持民宿。通过传播引导，在潜在顾客心中树立民宿的良好形象，促使这部分人转变为民宿产品的实际购买者。

2. 提高民宿服务水平

公共关系在提高民宿服务水平方面能够发挥特殊的作用，主要体现在公共关系工作为民宿服务的精益求精、尽善尽美提供了动力支持和监督机制。公共关系能够促进民宿服务水平的提高。公共关系的一项基本内容就是对全体员工的公关培训，使民宿员工在各自的工作岗位上更加注重形象意识和服务意识。

3. 协调关系、沟通理解

协调是指在传播沟通的基础上，经过调整达到组织与公众互惠互利的和谐关系。一方面，通过主动开展公共关系相关工作使组织与公众之间的关系同步和谐化，以求得团结合作和共同发展。另一方面，组织与公众之间出现不协调甚至发生矛盾时，需要运用公共关系的策略和方法做好了解、沟通、联络、协调等工作，使组织顺利、及时地摆脱公关危机。

民宿公共关系的协调主要是通过信息沟通实现的。信息沟通是公共关系最基本的职能之一，具体分为外部信息沟通与内部信息沟通。在民宿公共关系中，信息沟通不仅要完成“告诉公众什么”的使命，同时还要实现同公众之间的情感联系，使民宿与公众之间通过沟通，达到相互理解、相互信任。

4. 传播信息，推广塑造形象、赢得声誉

民宿的竞争激烈，各家民宿经营运转模式相差不大，但在知名度和美誉度上却差异很大。因此，拓宽各类宣传渠道、抓住宣传机会，增强组织的知名度和美誉度是民宿经营的一个关键性问题，公共关系在这方面发挥了不可替代的作用。

每个民宿都有自己的设计特点，由外观形象和内在气质两方面构成。塑造良好的民宿形象是公共关系的最终目标，也是公共关系战略的核心内容。通过一套科学的、系统的公共关系策略，使组织的各种活动协调起来，使组织形象得到更加完美的展现，赢得声誉。

二、民宿公共关系传播

民宿公共关系传播是指民宿借助一定的载体和途径，将信息有计划地传递给公众并与之进行交流和沟通的活动。

（一）民宿公共关系传播的种类

民宿公共关系传播包括自身传播、人际传播和大众传播等。

1. 自身传播

自身传播，也叫人的内向交流，即传播的“双方”集于一身，在内部进行交流。这种传播是主我（I）与宾我（Me）之间的内向沟通。如个人自我反省、回忆思考、自言自语、自我发泄、自我安慰、自我陶醉、思想斗争、内心冲突等。凡是心智健全的人，都存在着自传现象。通过自传，可使人在受到外界的各种冲击时，调节自我的心理状态，达到和谐自洽。自身传播是人类一切传播行为的基础。

2. 人际传播

人际传播，指的是个体与个体之间的沟通交流。它是一种最常见、最广泛的传播方式。其表现形式分为面对面传播和非面对面传播两种。前者一般通过语言、动作和表情等媒介进行；后者主要通过电话、电报和书信等媒介进行。

3. 大众传播

大众传播，指职业的传播者通过传播媒介将信息大量复制传递给分散的大众的传播方式。

大众传播的优点是，随着现代网络技术的发展、5G 时代的来临，能够在最短的时间内获得最大的传播面；由于职业新闻工作者作为“把关人”，大众传播媒介具有“过滤性”，所以传播的信息权威性大，说服力强；个人情感因素介入较少，有高度的公开性。大众传播的缺点是信息反馈缓慢、零散，评价传播效果的工作量较大。

鉴于大众传播量大、面广、影响力强，对迅速建立组织形象、扩大组织的知名度有重要的作用，因此是公共关系传播的主要手段。

（二）民宿公共关系传播的媒介

民宿公共关系传播媒介大致可分为以下几类。

1. 大众传播媒介

（1）印刷媒介

印刷媒介是指将文字、图片等书面语言、符号印刷在纸张上以传播信息的大众传播媒介。报纸、刊物是主要的印刷媒介。报纸以刊载新闻为主，刊物则只有一部分内容是新闻性的。

印刷媒介价格低廉、选择性强，且信息量大，适合深度报道，权威性强，储存性好。但是，因为印刷媒介需要经过排版、印刷、发售等过程，传递信息速度相对较慢，以文字和图片为主，缺乏一定生动性，要求读者有相当的文化水平，再加上网络传播媒介的兴起，印刷媒介不断受到冲击。此种情况下，为了适应时代发展，印刷媒介也纷纷推出公众号、App 客户端等，因其传递信息的权威性，赢得了一部分受众的认可。例如《中国旅游报》，作为业界最具权威性的报纸，民宿如在上面获得宣传，将会极大地提升民宿的知名度和美誉度。

（2）电子媒介

电子媒介是使用电子技术，通过无线电波或导线发出声音、图像，受众要借助手机、电脑等接收信息的大众传播媒介。

1）广播

广播是以声音作为传播的媒介，通过语言、音乐、音响三种形式构成多种多样的节目。截至 2018 年底，全国广播综合人口覆盖率为 98.94%。

广播覆盖面广，传播速度快，纪实性强，具有感染力，并便于携带，现在智能手机都可收听广播节目。但是广播节目不便于保存检索，形象性不如电视，深刻性不如报纸。随着一些视听App的兴起，例如喜马拉雅等，广播也受到冲击。不过随着中国汽车保有量的不断增长，自驾游客也不断增长，驾驶途中收听广播成了很多人的首选，广播仍是民宿公关宣传的常用媒介之一。

2）电视

电视是运用各类视听符号，音像并茂，具有最强的写实性与表现力，为各类人群所喜爱，进行公关传播的重要媒介。

电视传播速度快，覆盖面广，截至2018年底，全国电视综合人口覆盖率为99.25%。电视传递信息真实、生动，具有感染力，既可速报，形成新闻简讯，也可深入分析新闻事件，权威性强，影响力大。例如中国中央电视台已有45个频道在全球多个国家可观看，还有各个省级卫视，收视率也很高，即使在大数据网络盛行的今天，电视仍是公众最喜爱的媒介之一。

2. 网络传播媒介

网络是民宿目前最为重要的公关宣传媒介。截至2018年底，我国网民数量达到8.29亿，手机网民规模达8.17亿，4G基站总规模超过370万个，网络覆盖率已超全国人口的98%。2019年6月，我国正式进入5G时代。

（三）民宿公关新闻策划

公关新闻策划是指根据组织公关工作的需要，为引起公众的注意而开展的一些具有新闻价值的活动，从而使新闻媒介对此进行报道，通过大众传播，达到组织公关工作的目标。在媒介上刊登新闻，由第三者为民宿宣传，具有较高的可信度和有效性，可以提升民宿的知名度和美誉度。

比如2020年新冠疫情期间，酒店行业受到很大影响，很多民宿都处于关门停业的状态，但是也有很多民宿积极投身到抗击疫情工作中。例如浙江省杭州市富阳区洞桥镇的横洞山庄民宿，因地处山顶，位置又相对独立，且门前空旷通风，被作为隔离酒店使用。他们用贴心的服务，让隔离者心安，同时也赢得了知名度和美誉度。隔离点人员每天都会在朋友圈分享“隔离日记”，有好友评论“向往你在浙江的隔离生活”。

环境优美、远离闹市、设施齐全，这样的特质使民宿不仅适合作为隔离点，更适合成为逆行者们战“疫”归来的疗愈地。浙江莫干山是中国四大避暑胜地之一，2020年1月28日，多名德清民宿主在全国率先发出了《致敬一线医务工作者的倡议书》，承诺在疫情过后，一线医务工作者与家人们可以免费入住莫干山民宿、游玩德清景区。这一倡议在国内民宿业掀起了传递爱的风潮，从云南丽江到黑龙江哈尔滨，无数民宿主纷纷向医务工作者发出了免费入住的邀请。仅在浙江，德清有300余家民宿参与活动，免费提供3000多间客房；衢州市开展医护人员“百千万”免费游活动，提供千家民宿的5000间（次）客房；湖州市长兴县水口乡整合近千家民宿及酒店的力量，向全国各地所有战斗在疫情一线的医护人员提供3万余间客房免费入住。

这些事件都在报纸、微信、微博、抖音等进行了广泛宣传，民宿的贴心服务和暖心行为既体现了民宿的社会担当，同时也为民宿赢得了口碑。

（四）民宿公共关系广告

广告是利用大众传播媒介或其他户外展示形式向公众介绍民宿产品、服务或观念的一种宣传方式。

1. 民宿广告分类

广告主要分为两类，即商业性广告和非商业性广告。商业性广告内容以推销商品和服务为主，目的是获取经济效益。非商业性广告又分为公共关系广告和社会性广告两种。

民宿公共关系广告又称间接广告，主要是为了宣传塑造民宿良好形象，建立民宿信誉，促进公众对民宿的了解，沟通公众与民宿的感情。

（1）广告定位

广告定位就是确定广告的宣传主题。主要有以下三种：

①宣传民宿价值观念的广告。如“裸心谷——心向自然，返璞归真”。体现了裸心提倡的生活方式，即住在豪华舒适的住所，沉浸在环境的清幽、静谧里，适时适当强健及调理身体，重拾身心的平衡，找回自我。放下一切，把自己交给自然！

②介绍民宿情况的广告。如“俄界藏式民宿——甘南首家红色民宿，您想要的诗与远方都在这里”。介绍了藏式民宿以传统民居为范本，围绕“红色记忆”，体现简单朴实的装修风格，还原藏区建筑风格，同时融入现代元素，给人的视觉、身心带来放松感。

③贺谢广告。贺谢广告有两种：一种是自贺性的，如为民宿获奖、民宿成立纪念日等刊发的广告；另一种是在其他民宿喜庆之际，单独或与其他单位联合刊登祝贺广告，可增进民宿间的友谊，同时增加在媒介上出现的次数、频率，塑造自身美好形象。

（2）民宿广告活动

民宿广告活动就是通过广告组织公众自愿参加的活动，从而间接达到宣传民宿的目的。

①征集广告。包括向社会广泛征集组织名称、商标设计、民宿宣传语等，吸引公众参与，扩大知名度。如2017年“莲·舍精品民宿”举办的形象标识（Logo）、宣传语（Slogan）征集大赛。

②竞猜广告。由民宿刊登广告，组织有奖活动等。例如在疫情期间，民宿开展“云直播”，设置抽奖环节，赠送免费入住券等。

③连带服务广告。组织与民宿有关的社会服务活动，如组织培训、美食节活动等。

④馈赠广告。为民宿举办、赞助的社会公益性活动而做的宣传。如借助民宿网络平台帮助周边村民售卖滞销农产品，提升民宿美誉度。

2. 民宿公关广告策划

针对公众心理，在策划民宿公关广告时要注意以下几个方面：

（1）能吸引公众注意

随着5G时代的来临，信息爆炸，公众每天接收到海量的信息，要吸引他们的注意，首先要立足于公众的需求或心理需要，找到共鸣点，打动他们；其次是广告的立意、形式要新颖、独特。

（2）通俗易懂

民宿广告要易于理解，但不能庸俗。

（3）真挚坦诚

公关广告要以事实为依据，用事实说话，不能欺瞒，尤其在数字化的今天，信息公开透明是必须恪守的生存之道。

最近崛起的文案新秀——芒果台综艺文案真的值得一看！每一句，都在撩人去住民宿。

《亲爱的客栈》

我们应该学会
安静聆听
我们应该学会
用心交谈
人们，在哪丢失了自己
不断重复的模板瞬间

越来越快的单调节奏
你有没有问过
这一切
是你的全部吗
如果不是
慢下来，去生活

这是一种新的切入角度。从以往的民宿是用来放松的，有空了才去，变成“慢下来，去生活”，暗含民宿是生活的一部分，是不能缺少的，给人一个来住民宿的理由。

《亲爱的客栈》微博内容也经常更新：

我亲爱的热烈，
我亲爱的冷漠；
我亲爱的快乐，
我亲爱的悲伤；
我亲爱的成熟，
我亲爱的稚嫩；
我亲爱的客栈，
我亲爱的所有一切故事，
终于等到亲爱的你。

另外如：

原谅不等于遗忘
铭记过去
也是铭记自己

三、民宿公共关系危机管理

（一）民宿公共关系危机的相关概念

1. 危机的概念

根据《辞海》，“危机”一词有三个释义：一是指潜伏的祸机，如危机四伏；二是指生死成败的紧要关头，如战争危机、信任危机等；三是专指经济危机。危机既是一个不稳定的时期，又是一个新局面的开始，是一个转折点。

2. 民宿公共关系危机的概念

民宿公共关系危机可简称为民宿公关危机，严格讲应是危机公关，专指灾难或危机中的民宿公共关系，是民宿公共关系在危机中的开发和应用，是处理灾难或危机过程中的民宿公共关系。

（二）民宿公共关系危机的特点

一般来讲，民宿公共关系危机具有六个方面的特点。

1. 突发性

公关危机事件是一种突发性事件，大多是在人们毫无察觉或准备的情况下偶然发生的，让人们既感到意外、吃惊，又感到恐惧、害怕，并给组织带来一定程度的混乱。如2003年春夏之际的SARS暴发与传播、2008年上半年的冰冻雨雪灾害和汶川大地震、2020年的新型冠状病毒疫情等都具有突发性这一鲜明特点。

2. 难以预测性

难以预测性又称潜伏性，是指公关危机中包含许多未知因素，这些因素平时潜伏着，在正常情况下难以预料。特别是那些由于组织之外原因造成的危机，不但始料不及，而且难以抗拒，因而具有难以预测的特点。

3. 危害的严重性

危机不仅会扰乱组织的正常经营秩序，使组织陷入混乱，而且还会给组织未来的经营和发展带来较大的影响。从社会角度看，组织危机会给社会公众带来惊慌，有时还会给社会带来直接的物质损失，或造成不可逆转的破坏。火热的民宿市场背后，也隐藏着种种问题与危机，如变态有精神问题的房东、混乱不堪的管理服务、刷单恐吓住客的职业管家、扰民群居的二房东民宿等，“民宿”成了“民诉”，对民宿业的发展造成了极坏的影响。

4. 舆论的关注性

在传媒业十分发达的今天，组织危机事件常常成为社会舆论关注的焦点和热点，成为新闻媒介捕捉的最佳新闻素材和报道线索，尤其是在自媒体传播越来越广的情况下，媒介的传播影响力是巨大的，一旦造成影响很难挽回。2019年重庆一游客因在网上看到丽江某客栈的评分较高，因而入住，半夜被蚊虫叮咬无法入睡，向前台反映问题时，工作人员竟对其调侃蚊子是客栈养的宠物，熏死一只要赔100元。后消协调查发现该客栈存在“刷单炒信，自己写好评，差评随意删”等不正当竞争行为，引起行业的“信任危机”，一时间成为舆论的焦点，引发消费者的强烈不满。

5. 危机发生的普遍性

危机的发生带有普遍性，大到一个国家，小到一个企业，都可能遭遇到危机事件。世界上许多跨国公司诸如雀巢、可口可乐、百事可乐、强生、三星以及快餐业巨头麦当劳等，在其发展的过程中都遇到过性质不同、形式各异的危机。美国莱克西肯传播公司对美国主要企业领导人的一项调查表明：89%的领导人认为“企业发生危机如同死亡和税收一样，是不可避免的”。德国奔驰公司董事长埃沙德·路透的办公室里挂着一幅巨大的恐龙照片，照片下面写着：“在地球上消失了的、不会适应变化的庞然大物比比皆是。”松下幸之助先生在总结其企业的成功经验时，提出了重要的一点：“长久不懈的危机意识是使企业立于不败之地的基础。”戴尔电脑创始人迈克尔·戴尔说：“有的时候我会半夜惊醒，一想起某些事情就害怕。可如果不这样的话，很快就会被别人超越。”

6. 危机处理的复杂性

危机公关处理有比较显著的复杂性。这种复杂性，不仅表现在它的构成因素与关系复杂，对其进行分析与预测十分困难；也表现在危机一旦发生，无论是对其进行处理和控制，还是协调与其有关的方方面面都非常复杂，需要投入的人、财、物都比平时更多。

（三）民宿公共关系危机处理

1. 民宿公共关系危机处理的5S原则

（1）承担责任原则（Shoulder the Matter）

危机发生后，公众会关心三方面的问题。第一是利益问题，利益是公众关注的焦点，因此无论谁是谁非，组织应该承担责任。第二是感情问题，公众很在意组织是否在意自己的感受，因此组织应该站在受害者的立场上表示同情和安慰。组织决不能选择对抗，否则即便是赢了道理也会输了顾客。第三是态度问题，危机发生的第一时刻，组织应及时通过传播媒介向公众表示歉意，从而赢得理解及信任。

2017年8月25日，《法制晚报》的报道《记者暗访海底捞后厨：老鼠爬进食品柜，漏勺掏下水道》在网络呈刷屏之势，海底捞陷入食品安全危机。海底捞在处理危机的过程中，坦然承认错误，在舆论面前竭力保全员工，这种被舆论称为“这锅我背，这错我改，员工我养”的态度，赢得了多数网民的好感。

（2）真诚沟通原则（Sincerity）

遇到危机时，管理者绝对不可以掩盖事实，应主动与新闻媒体联系，尽快与公众沟通，说明事实真相，促使双方互相理解，消除公众的疑虑与不安。

沟通第一要有诚意，危机发生第一时间，组织需要通过新闻媒介向大众说明情况并致歉。第二要诚恳，不掩饰、不规避，要公开向媒体及消费者说明组织危机处理进展情况。第三要诚实，只有诚实，才可能得到公众的谅解，而说谎只会令事情更糟糕。

例如海底捞在舆情处置中，始终保持诚恳、认真、负责的态度，不断传递正面积极的信息，勇敢承认错误，真诚道歉。除了言语方面，海底捞在行动方面也迅速做出了处理、应对和反馈，如发表处理细则、明确相关责任人、公开监督电话等，一连串动作都彰显了海底捞痛改前非的决心，有利于公司信誉的重建。

（3）速度第一原则（Speed）

及时、准确地把危机事件的真相告诉公众和媒体，以最快的速度做出反应，掌握处理危机事件的主动权，这样才能在第一时间赢得公众的理解和支持。危机公关有著名的 72 小时理论，即 72 小时是组织危机公关的黄金时期。

危机发生时，组织的一举一动都是外界评判组织如何处理这次危机的主要根据。媒体、公众及政府都密切关注组织发出的第一份声明。对于组织在处理危机方面的做法，舆论赞成与否往往都会立刻见于传媒报道。因此组织必须当机立断，快速反应，果决行动，与媒体和公众进行积极沟通。

海底捞快速处置化解危机，是对“速度第一原则”的一次佐证。2017 年 8 月 25 日 11 时，《法制晚报》报道揭发海底捞的食品卫生问题，并且信息扩散呈现铺天盖地之势。面对严峻局面，海底捞在最短的时间内明确问题并采取实际行动，在事发后 3 小时内即进行了首次回应，以道歉为主旨，成为迅速止损的第一步。紧接着又在 20 分钟后发布了处理方案，面面俱到地详细罗列了七条后续举措，为危机处置搭起了整体框架，其速度不可谓不快。

（4）系统运行原则（System）

处理危机事件的过程中，管理者要按照应对计划全面、有序地开展工作，绝不可顾此失彼，只有这样才能化害为利。

海底捞训练有素、自成章法的应对，正是其危机公关机制系统性运作的结果。在信息发布方面，三封通报依次为道歉信、处理通报、整改声明，先是态度上认错，再是问题纠正，最后是制度完善，遵循了舆情处置规律。在实际处置方面，海底捞接连公布了一系列整改措施，从新技术的运用到门店设计，再到社会监督方式等，并且注重从细节入手提升可操作性，如公布了整改具体负责人的职位、姓名甚至联系电话，让一场浮于表面的“危机公关”变为有章可循的“公关管理”。整体来看，海底捞应对危机时的系统部署和周密策划，不仅稳住了阵脚，也增强了公众的信赖感。

（5）权威证实原则（Standard）

危机发生后，要尽力争取政府主管部门、独立的专家或权威机构、媒体消费者代表的支持，让他们作为第三方权威在前台为自己说话。“王婆卖瓜、自卖自夸”是无法取得消费者信赖的。

海底捞危机处理中，多次提及“聘请第三方公司在卫生死角排查除鼠”“与第三方虫害治理公司合作”等，表示对暴露问题的处理决心。海底捞还充分利用第三方权威表明积极处理危机的态度，比如表示将主动向政府主管机关汇报，与政府和媒体积极配合，增强了公司的公信力和影响力。此外，海底捞还善于利用媒体为己宣传，在其发布公开声明与处理方案之后，便有大量正面新闻跟进报道，一时之间，《三小时内火线回应，海底捞危机公关高在哪里?》《为什么那么多人选择原谅海底捞》等文章纷纷被刊出，公众视线也随之转向海底捞的公关措施。

2. 民宿公共关系危机处理的程序

（1）赶赴现场，了解情况。迅速控制公关危机的不利局面，及时、全面、深入地了解事实。

（2）分析情况，确立对策。在信息交流、意义沟通、价值劝说三个层面逐步铺开，给公众和传播媒体一个交代。

（3）危机小组，统一口径。成立危机处理小组，确立危机“发言人”，统一发言内容，统一口径。

（4）安抚公众，缓和对抗。安抚受害公众，真心诚意地取得他们的谅解，积极创造化解危机的可能和最佳结果。

（5）联络媒体，主导舆论。应委派“发言人”与媒体联络，掌握舆论主导权。

（6）正面宣传，矫正形象。多借助传播媒介传递正面信息，矫正受损害形象。

（7）积极跟进，平息影响。积极跟进舆论走向，采取多种措施平息负面报道和舆论。

(8) 多方沟通，迅速化解。争取与其他公众、社团、权威机构合作，让其协助自己解决危机。

(9) 寻找机会，创造转机。成功的危机处理不仅能消除危险，而且还能创造机遇，迅速获得公众的理解和谅解，进一步加强和优化公众关系。

第三节　民宿预订管理

预订工作是民宿营销的重要渠道之一，预订工作越详细，订房量越大，客房的入住率越高，民宿获得的利益就越大。预订业务还可以帮助民宿提早为顾客预备好房间，提供令顾客满意的个性化服务。预订做得好的民宿，可以与顾客建立良好的关系，提高顾客对民宿的满意度。

一、民宿预订的含义

预订是指顾客在抵店前要求民宿为其保留客房的预先约定并与民宿达成租住协议的过程。顾客可以通过电话、传真、信函、网络等各种方式与民宿联系预约客房。预订一经民宿确认，民宿与顾客之间便达成了具有法律效力的预期使用客房的合同关系，民宿有义务按照事先约定的条件为顾客提供客房，尤其是在旅游旺季期间，双方都有保障。

二、民宿预订方式和种类

(一) 预订方式

民宿的预订方式主要分为电话预订、面谈预订、合同订房和网络预订等。

1. 电话预订

电话预订的优点是顾客能够直接、迅速、方便地与民宿沟通，便于民宿快速获得顾客的预订信息和偏好。其缺点是通过电话与顾客进行沟通可能会出现人为错误而导致顾客预订出现偏差。因此，一方面民宿主人要注意电话礼仪，另一方面在电话结束前要与顾客核对预订内容，确保信息不出错。

2. 面谈预订

这种预订方式指顾客直接来到民宿与民宿主人进行面对面的交谈，当面预订客房。这种方式能够让民宿主人有机会更详尽地了解顾客的需求，当面回答顾客提出的问题，或者带领顾客参观民宿，增强顾客住宿信心，提高入住率。

3. 合同订房

合同订房是指民宿与旅行社或企业之间签订订房合同，顾客达到合同期间优惠使用客房的目的，可为民宿带来较为稳定的客源。

4. 网络预订

网络预订是指顾客通过网络向民宿预订服务的过程，是民宿订房最主要、最常用的方式。

2017 年，中国在线民宿市场交易规模达到 66.9 亿元人民币，同比增长 26.6%。2018 年，民宿住宿用户中，通过在线平台预订的已经达到 84%。虽然携程、美团等综合型平台崛起早，但途家、木鸟等专业民宿预订平台，以优质产品和服务，借用垂直经营平台的优势，以良好的用户体验，迅速拓展市场。

用户主要依靠互联网渠道来获取信息。其中通过搜索引擎/App 方式获取住宿信息的人群有 47%，亲朋好友推荐的占 31.1%。在预订住宿的渠道方面，通过综合住宿预订平台网站/App 和垂直类民宿平台网站/App 预订的人数占比分别达到 61.6%和 23.2%。

（二）预订种类

民宿预订的种类一般分为临时类预订、确认类预订、保证类预订及等待类预订。

1. 临时类预订

临时类预订是指顾客在临近入住时才向民宿联系预订，有时甚至在抵达民宿当天才联系订房。

2. 确认类预订

确认类预订是指顾客的订房要求已被民宿接受，民宿与顾客就房价、付款方式、取消条款等方面达成协议，并以书面、邮件形式或手机短信等方式确认预订。

3. 保证类预订

保证类预订是指顾客通过使用信用卡、预付定金、订立合同等方法进行预订，以确保民宿应有的收入。

4. 等待类预订

等待类预订是指民宿在客房已经订满，或者顾客想要的某一房型已经订满而顾客又有预订要求的情况下，将此类顾客列入等候名单。如果有顾客取消订房或提前离开，民宿通知等待类预订顾客。

三、民宿第三方在线预订平台

随着互联网科技的发展，OTA 平台已经成为最简单、直接、有效的预订渠道。

目前最常见的 OTA 平台有携程、艺龙、去哪儿、美团、同程、驴妈妈、途牛、飞猪等，尤其还有专门针对民宿的 OTA 平台 Airbnb、小猪等，都能为民宿带来大量的订单。此外，一些攻略类平台，对民宿入住率的提升也有显著的效果。

目前，国内短租平台商业模式大抵分为两类：一类是 Airbnb、小猪短租、木鸟短租这类 C2C 模式，企业提供平台撮合房主和房客之间交易，并从每笔交易中收取固定比例的佣金；另一类则是与开发商合作，以托管、控制房源为主，提供酒店式住宿服务的 B2C 平台，途家是这类模式的代表，企业通过对线下房源的集中发掘、统一管理，按一定比例与房东分成。

1. Airbnb：出境游首选民宿预订

口号：让爱彼此相迎。

Airbnb 成立于 2008 年 8 月，总部设在美国加州旧金山市。Airbnb 是一个旅行房屋租赁社区，用户可通过网络或手机应用程序发布、搜索度假房屋租赁信息并完成在线预订。据其官网显示及媒体报道，其社区平台在 191 个国家、65000 个城市为旅行者们提供数以百万计的独特入住选择，不管是公寓、别墅、城堡还是树屋。Airbnb 被时代周刊称为“住房中的 EBay”。

Airbnb 2015 年正式进入中国，目前境内外房源 600 万套，国内房源 15 万套。Airbnb 提供的最新数据显示，在 2018 年，通过 Airbnb 出境游和入住中国国内房源人次的增长率分别达到了 110%和 250%。

2. 途家网：高端群体民宿预订首选

口号：旅途中的家。

途家网全球公寓民宿预订平台，于 2011 年 12 月 1 日正式上线。作为中国民宅分享的引领者，途家致力于为房客提供丰富优质、更具家庭氛围的出行住宿体验，也为房东提供高收益且有保障的闲置房屋分享平台。

2016 年 10 月，途家并购携程、去哪儿公寓民宿业务，2018 年 1 月，大鱼自助游加入途家，正式形成“携程民宿、去哪儿民宿、途家、蚂蚁短租、大鱼自助游的民宿短租入口”五大平台的矩阵，形成新途家集团。凭借五大平台的海量用户入口，途家为房东和房客提供高效运营及贴心的服务；通过最简便高效的“途家管家”，使房东在免费发布房屋信息、轻松赚钱的同时，还可与来自世界各地的房客相互交流。

目前，途家已经覆盖国内400个城市和海外1037个目的地，在线房源超过230万套，包含民宿、公寓、别墅等住宿产品及延展服务，可满足以“多人、多天、个性化、高覆盖”为特征的出行住宿需求。

3. 小猪短租：商旅出游民宿预订首选

口号：酒店之外，就住小猪。

小猪于2012年8月正式上线，是国内知名短租民宿预订平台。截至2019年5月，小猪全球房源已覆盖国内400多座城市，以及海外252个目的地，拥有超过5000万活跃用户，在全国超过20座城市设有运营中心。小猪的房源既包括普通民宿，也有隐于都市的四合院、花园洋房、百年老建筑，还有绿皮火车房、森林木屋、星空房等。同时新上线了商旅、乡村、海外等创新业务场景，正成为住宿生活方式变革的引领者。

4. 木鸟短租：年轻用户民宿预订首选

口号：木鸟民宿，挑你喜欢的住。

木鸟短租是北京爱游易科技有限公司旗下独立运营的短租房、日租房在线预订平台，于2012年5月正式上线。目前平台房源数量超过90万套，覆盖境内外396个城市。2013年1月1日，木鸟短租正式发布iPhone和Android短租房客户端，成为全球首个同时在iPhone和Android双平台上提供找房、电话订房渠道的短租平台。

近几年，木鸟民宿将人群定位转移到年轻用户群体中，希望民宿带给用户的是个性化十足的别样住宿体验。其口号“挑你喜欢的住”，符合年轻用户选择兴趣偏好，平台主打的网红民宿也是为了迎合年轻人的喜好。

5. 蚂蚁短租：家庭游民宿预订首选

口号：蚂蚁短租，家庭出游新选择。

依托赶集网流量发展起来的蚂蚁短租成立于2011年11月，是国内第一家民宿预订平台，同时也是赶集网试水O2O模式的一次尝试。从口号不难看出，其主打家庭出游群体。公开数据显示，蚂蚁短租在中国300多个城市及旅游目的地拥有 30 多万套房源。

6. 一家民宿：华人民宿预订首选

口号：全球华人民宿预订平台。

一家民宿成立于 2015 年，主打海外民宿预订，为出境游的中国用户提供一站式中文预订民宿服务。现已覆盖 50 多个国家、200 多个城市，房源超过 10 万套。

7. 美团（榛果）民宿：学生首选民宿预订

口号：住得不一样。

榛果民宿成立于 2017 年 4 月，是美团旗下的民宿预订平台，背靠美团的大流量，同时也决定了受众人群以学生为主。目前房源覆盖超 300 个城市，数量达 70 万套。

榛果主打“住得不一样”。平台上各种音乐节，以及大力度的优惠等，都是针对学生群体展开的。榛果在符合年轻人审美的同时，大力度补贴，以超高性价比俘获学生群体。

8. 熊猫短租：一个人出差旅行民宿预订

口号：出差旅行，就选熊猫短租。

从口号可以看出熊猫短租的用户定位，是为一个人出差或者旅游的用户提供温馨港湾。熊猫短租提供的房间，设施齐全，让一个人的生活不将就。

这是一个很小众的用户群体，根据这个用户群体来看，平台的房间种类相对比较单一，以公寓为主，属于垂直细分领域，更有针对性。

9. 爱家民宿：高端民宿预订首选

口号：你的私人订制酒店。

虽然爱家民宿的口号是“你的私人订制酒店”，但主要房源还是民宿，意在让民宿用户感受酒店般的服务。平台经营房源，统一管理，结合民宿和酒店的优点，用酒店的标准管理民宿，为用户提供丰富优质的具有家庭氛围的住宿选择，适合经济宽裕的高端人士使用。

四、民宿自有网络预订平台

通过第三方平台预订一般都会收取 5%~20%的平台管理费，大部分在 10%左右，有的高于 20%，同时还涉及竞价排名、价格战、涨佣金等种种问题，因此很多民宿业主减少对 OTA 的依赖，增加直销预订量，塑造自己的品牌，利用民宿自有网络平台如官网、微信公众号、小程序、微博等开展预订。

1. 民宿官网

民宿官网是民宿宣传、预订的平台，很多品牌民宿都有自己建设、运营得很好的官网，大多数忠实顾客都会选择通过官方网站预订房间，因此民宿官方网站的设计显得尤为重要。只是网站建设维护也是一笔不小的花费，对于一些小型民宿来说无法承担高昂的建设维护费用。

2. 民宿微信公众号

微信公众号民宿预订系统是基于微信服务号开发，实现房价优惠活动查看、会员申请、会员绑定、房间预订等功能。

微信公众号民宿预订系统优势：

（1）微信公众号订房系统支持微信支付，办理入住、退房等更方便快捷，民宿高峰时期效率倍增，有效降低店内人力成本。

（2）让顾客关注公众号订房，体验感好，方便顾客。微信订房系统作为民宿微门户，可以轻松实现在线选房订房、在线支付、自助入住、微信开门等高科技体验。

（3）省去与第三方 OTA 合作支付的佣金，降低成本。

（4）微信公众号订房系统可以自主在节假日和特定的时间进行促销活动，增强会员忠诚度。

（5）民宿主随时掌握订单情况、方便管理。无论民宿主身在何处，只需一部手机登录微信公众号订房系统，民宿预订及营业入住情况一目了然。

3. 民宿小程序

民宿小程序的主要功能有：客房预订、在线预约、订单查询和管理、客户信息的收集与管理、优惠券、限时秒杀、线上商城、在线客服等。

小程序作为民宿主自己的 OTA 预订平台，首先要满足顾客流畅便捷的预订体验。其次民宿相对于酒店，具有更强的个性化特色，所以民宿小程序不能像酒店小程序一样，仅仅是一个预订工具，还应该是能展示民宿特色和风格的自主平台。

民宿小程序需具备完善的会员管理系统。特别是对于公寓及城市民宿来说，回头客及长住顾客是重要的客户群体，最适合发展为自有直销流量群体，因此，小程序具备会员体系及优惠券类功能尤其重要。

民宿小程序还应自带记忆功能，消费者消费过后可留存用户信息。会员体系及优惠券管理功能既可引流锁定用户群体，增加顾客与民宿之间的黏性，也可提升顾客体验感。

4. 民宿微博

2018 年，中国微博用户规模为 3.37 亿，在整体网民数量中占比达到 42.3%。微博也可成为民宿的预订平台。民宿通过微博提供咨询、订房、订餐等服务，在为客户节省时间的同时，客户订房率也会提高。只是微博预订可能会造成顾客预订信息的公开，民宿要注意保护顾客隐私。

五、预订纠纷的处理

民宿的预订一旦经过民宿确认之后就形成了民宿与顾客之间一种约定，但有时预订内容不准确或其他信息有错误，会导致民宿和顾客之间产生一定的纠纷。

若纠纷的责任在于民宿，民宿主应该积极调查纠纷原因，在最短的时间内帮助顾客解决并给予满意的答复。若纠纷的责任在于顾客，那么民宿主就需要与之协商。若纠纷的责任在于第三方预订平台，民宿主应积极协助顾客与平台联系，提供相应的证据资料，维护顾客权益，帮助解决问题。

在解决预订纠纷的时候，民宿既要维护自身的合法权益，又要站在顾客的角度，帮助顾客解决问题。

第五章
民宿客房、餐饮服务与管理

客房和餐饮是民宿为顾客提供的两大基本功能，是民宿服务、管理的核心工作。有的民宿也许没有餐饮功能，但一定有客房供顾客住宿。

第一节　民宿接待服务与管理

民宿的接待服务是指顾客联系民宿以及到达民宿办理入住相关手续这一过程中所提供的服务。接待服务的过程是顾客了解民宿的重要环节，因此，接待服务质量、水平的高低可能会影响到顾客的决策行为。

不同于一般酒店办理入住手续时顾客都是站在柜台前办理，民宿的大堂指民宿的公共空间，不再是一种标准化的前台，不仅有酒店大堂所注重的咨询与接待服务，更重要的是提供顾客与主人交流互动、赏景、休憩、娱乐等各种功能，营造出民宿特有的氛围。例如台湾“缓慢金瓜石”管家从顾客一进门就开始服务了。管家会请顾客到大厅稍坐，喝杯自创的手工花草茶品，然后拿出三种不同香味的手工芳疗沐浴组和一钵泡澡用的沐浴盐，请顾客自己挑选喜欢的香氛类别。这位专属的管家会一直负责顾客的饮食起居，直到顾客退房离开。每一个细节无不显示出对顾客无微不至的关怀，满足顾客个性化的需求。

一、入住前的接待服务

入住前，选择民宿作为旅游目的地住宿方式的顾客往往会根据已有的经验、互联网、亲朋好友的推荐，结合自己的行程安排、经费预算以及自己对民宿的偏好等通过网络查阅、电话咨询等方式对目的地民宿进行深入的了解。在这一过程中，作为民宿的经营管理者和服务者要及时为顾客提供充足的信息，最大程度地让顾客对民宿有全方位的了解。

（一）对线上预订顾客的接待

如果客房采用的是线上营销方式，入住前顾客通常会浏览 Airbnb、Booking、携程、小猪民宿网等网站，也有的民宿是自己有专门的预订网页。民宿经营者要根据自己民宿所依托的平台或者自己的网站精准提供接待服务，预约时亲切的邮件往来、图文并茂的交通及旅游信息介绍、温馨的中英文物品使用说明、贴心的各种生活提醒都是必不可少的。

1. 关注预订平台上的预订信息

民宿经营者要时刻关注预订平台的信息，当客房在一个平台上被预订之后，要立即关闭在其他平台上的这一客房，避免重复预订。这就要求经营管理者要掌握民宿所有客房的状态，保证在顾客预订的时间能够提供指定的客房。

2. 完善预订平台上民宿的信息

民宿经营者要在所依托的预订平台或者自己的网站上尽可能地完善民宿的相关信息，例如：民宿的区位条件、周边的交通情况，购物、娱乐场所设施，客房的基本情况（如房间的位置、朝向、景观、采光、通风、面积大小以及房间里的设施、设备），交易结算方式等。

3. 做好预订记录

登录民宿预订系统，做好客房预订记录，包括顾客姓名、联系方式、人数、预订时间及房间数等信息，一方面可以起到提醒作用，避免民宿客房被重复预订；另一方面，民宿经营管理者以此记录住房用户信息，当客户再次到来时，民宿人员可很快说出其姓氏，并热情服务，增强客户归属感，从而提高回住率。

民宿经营者在选取网络平台时，可有针对性地选择大众比较熟悉的网络平台，同时比较平台所收取的费用，因为平台费用太高，会增加运营的成本，通常 OTA 的成本占总体营业额的 18%~20%。如果选择的平台过多会导致以下问题：通过每个平台订房的人数都不多，民宿在每个平台上的评分都不会很高，即使评分高，但评论的人数少也会让大家觉得民宿的入住率不高；而且平台过多，就需要民宿经营管理者在多个平台不停地查看订房情况，耗费精力过大，容易出现一房多卖的情况，流失客群和出现低评分。

平台一般倾向于客房数量较大的店家，如果因担心出现一房多卖或者房源在某一个平台全部卖光而不得不手动撤掉在另外一个平台的客房数，那么民宿在另外一个平台上的总体评分就会相应降低。因此，为了尽可能地减少民宿对平台的依赖，在顾客入住时，前台就要向顾客有效传递和推荐顾客得积分免费入住或者其他的奖励政策。

对于团体顾客，需要和旅行社对接洽谈，尽可能地通过旅行社接团，提高入住率。民宿的入住率主要通过五类渠道来实现，即网络平台预订、线下朋友推荐、旅行社带团、散客、长租客。所以，民宿要全方位营销，提高知名度，而不是仅依靠一种或两种方式来提高入住率，否则很难在回收期内收回投资。

（二）对电话预订顾客的接待

由于传统民宿规模不大，为了节约运营成本，主要靠口碑相传来进行营销，而电话预订是经常采用的方法。采用电话预订的民宿在顾客入住前要做好专人负责工作，并对预订相关信息进行准确记录，在交接班时进行台账的交接。

首先，要注意用语规范。

常用的预订规范用语有六种：

（1）询问要求。这里是××民宿，请问有什么可以帮您？

（2）询问姓名。请问您要用什么名字预订？

（3）询问日期。您是要预订什么时候的呢？

（4）询问房型。您要预订什么类型的房间？

（5）告知价格。房价是××元/晚。

（6）联系方式。麻烦您留一下联系方式。

其次，要注意说话的语气。

接听电话时语气要亲和，注意保持微笑；声音自然，音调不宜过于响亮或叫喊，但也不能有气无力，让顾客无法听清楚；不急不缓，语速适中地陈述。

最后，预订流程不能混乱。

标准的预订接待流程为：

（1）电话铃响三声，接听电话。

（2）问候顾客，自报家门。您好！这里是××民宿。

（3）聆听要求，查清房态。

（4）询问姓名、入住日期、入住房型、房间数。

（5）告知价格，留下联系方式。

（6）询问顾客抵达的时间，说明保留客房的要求。

（7）复述顾客预订内容，最后向顾客致谢。

（8）致谢后，做好预订记录。

电话预约方式是现代生活中最常见的预订方式，快捷且高效，但电话预订也存在局限性。其中包括：

（1）顾客要求可能因为嘈杂环境影响而无法听清，而顾客又快速挂断电话。对于此类问题，民宿预订人员在记录顾客信息时应首先询问其姓名和联系方式，以方便补充后续信息。

（2）电话预订时，顾客看不见电话接待人员面容，只能靠声音和语气评判通话人员的态度，若民宿电话预订人员因长期工作单调或个人心情差出现语气语调低沉的情况，必定会影响顾客入住，让民宿顾客流失率大大增加。对于此类问题，民宿管理人员应加大对服务人员的服务技能培训，设立各种提升服务热情的机制，比如薪资奖励、休假旅游等。

以中国台湾为代表的大多数民宿都采取预约制订房，不接待临时投宿的顾客。一方面是因客房数有限，另一方面为了维持服务品质，需在接受预约时尽可能地收集房客的相关信息，例如房客的习惯和特殊要求、住宿的目的等，以便利用现有资源，为房客创造惊喜，提供有针对性的、个性化的服务。

（三）对到店预订顾客的接待

到店预订一般是顾客到店进行预订，对于技术快速发展的今天来说，这种方式比较少。到店预订一般与即时入住同时发生，最考验预订服务人员的服务态度和专业性，其预订流程主要是：

（1）见到顾客，礼貌问好。

（2）询问顾客想要预订的民宿客房类型，告知价格等信息，并查看客房出售情况。

（3）预订人员向顾客核对预订信息，再次复述预订内容。

（4）预订完成后，向顾客致谢，并目送其离开。

（5）完善预订系统记录。

到店预订顾客对民宿的第一印象来自预订时所接触到的人和物。到店预订也使顾客能够在实际环境中直接观看到民宿的内外环境，甚至直接参观房间，从而做出是否入住的决定。因此，做好到店预订服务也是提高民宿入住率和声誉的重要手段。

二、入住时的接待服务

入住时的接待服务主要指顾客到达民宿之后，办理入住客房的相关服务。具体分为两种情况：一种是顾客自助入住，另一种是房东或者管家接待入住，这两种入住方式决定了接待服务的差异。

1. 自助入住

顾名思义，自助入住是房客自己通过密码入住客房。这种方式相对简单，适合不愿意与房东有过多交流的房客。顾客在抵达民宿之前会通过电话、微信、短信或 E-mail 与房东联系，获取房间密码锁的密码，也有的民宿在大门口设置密码盒，房客通过获取的密码，打开密码盒即可拿到客房的钥匙。因此，自助入住对于房东和房客都是非常方便的，节省了双方大量的时间。

自助入住的顾客往往都是通过网上预订，因此，房东必须在核实了入住顾客的真实身份，比如上传的相关身份证明材料之后，才能将密码给到顾客，以保证对客房的有效管理。

2. 接待入住

接待入住即民宿主人或民宿管家引领顾客办理相关入住手续后入住的方式。这种民宿往往有十多间客房，房东可能同住并自己管理，也有可能是请管家负责管理。民宿接待服务的一般程序如下：

（1）识别顾客是否有预订。如果顾客已经订了房，应该迅速查阅预订顾客一览表，并且复述顾客订房的主要内容，比如顾客预订房间的种类以及住宿的天数，经过顾客确定以后就请顾客出示有效证件为其办理手续。

（2）根据顾客的需要介绍房间。如果是没有预订直接抵达民宿的顾客，就需要向顾客介绍房间。首先查看当天预订客房状况以及可售客房的状况，再根据顾客的需要向顾客介绍客房以及民宿的其他设施和服务项目。绝大多数情况下，民宿都是先预订再入住。

（3）办理入住登记手续。通过民宿的入住登记系统，认证顾客身份，同时录入入住顾客的相关信息。

（4）确定付款方式。如果顾客是通过平台预订的客房，民宿可通过相关平台进行核实；如果顾客是电话预订，或者没有预订直接入住的，在确定了价格之后要询问顾客采用什么方式付款。现在民宿可以采用的是信用卡、微信转账、支付宝转账，以及企业转账的支付方式，也不排除少量顾客使用现金交易。付款之后，就要将处理好的房卡（钥匙）交给顾客，然后根据顾客的入住信息在电脑系统进行资料更新，将预订信息转变为入住信息。如果顾客携带的行李过大，接待人员应尽量安排人员帮助顾客运送行李，并祝顾客在民宿下榻期间心情愉快。

三、 民宿日常服务

民宿的日常服务主要是基于顾客居住期间的服务。选择民宿的顾客往往比较追求个性、特色以及体验，因此，在居住期间对民宿服务的要求与住酒店的要求会有所不同。民宿的日常服务主要有以下三个方面：

1. 问询服务

问询服务主要接受顾客的问询与查询，处理顾客的邮件、包裹，收发顾客的房间钥匙。回答顾客的问询是主要服务内容。顾客的问询主要涉及本民宿及当地的各种情况：本民宿的情况包括民宿的设施、服务项目、相关政策、职责范围等。民宿所在地的情况包括市内的交通情况，当地通向机场、车站的交通情况，旅游景点的情况，市内的购物设施、文体设施以及特色餐饮场所的情况，当天的天气情况等。民宿经营管理者和服务人员要储备和更新以上相关知识，能够回答民宿顾客相关问题。

如果有人打听民宿入住顾客的情况，一定要注意为顾客保密，不能随便把顾客的情况告诉来访者。如果有来访者确定要找某个房间的房客，那么最好是先打电话，征询房客意见，经过同意以后再安排会见。如果房客不在，也不能随意告诉来访者房客的房间号和电话号码，应请来访者留言然后转告房客。

2. 交流沟通服务

入住民宿的顾客往往喜欢交友或想要享受宁静的空间，民宿的经营者要善于观察入住顾客的需求，对于喜欢社交的顾客，可以跟顾客像朋友一样聊感兴趣的话题，巧妙利用民宿特殊的环境氛围，为入住顾客排解烦扰。

民宿经营者与入住顾客甚至是顾客与顾客之间的沟通交流是民宿服务与酒店服务最本质的区别。酒店的服务更多是流程式的标准化服务，而心灵的沟通是民宿服务无法替代的优势。

3. 电话总机服务

规模较大的民宿也像酒店一样有总机服务。电话总机为顾客提供各种服务，比如转接民宿所在地的市内电话以及国内、国际电话，电话问询记录服务、叫醒服务，DND（Do Not Disturb）服务，即应顾客要求阻止外来的电话进入客房。

四、民宿投诉

接待服务中比较重要的内容就是接受和处理顾客的投诉。民宿投诉是指顾客对民宿服务感到不满意而提出意见。民宿应该重视顾客投诉，因为相对于那些有不满但是又不投诉的顾客，投诉的顾客往往对民宿是怀有期望与信任的，他希望通过投诉，民宿的服务能够得到改善。

1. 顾客投诉类型

（1）线上投诉。顾客通过携程、Airbnb 等平台表达自己的不满，而平台上用户的评价将对潜在的顾客决策产生较大的影响。因此，民宿经营者要非常重视民宿依托的网络平台上用户的评价，及时做出回应并做相关处理。若投诉没有得到足够的重视或者必要的处理，将给民宿造成很大的负面影响。

（2）线下投诉。顾客面对面向民宿经营者提出自己的不满。线下投诉处理得好，可以增强顾客满意度，防止客户流失。

2. 常见的投诉问题

（1）民宿产品质量问题。这类问题主要包括房间摆放的日常用品过期、坏烂，房间设施设备质量无法满足顾客要求，民宿提供的餐食存在不明物体等。此类问题最容易被投诉，也最容易让顾客产生不想再次入住的想法。民宿管理者及服务人员应时刻注意检查各种用品及食品质量，并制定规范的管理制度。

（2）民宿服务质量问题。民宿不像酒店要求服务标准化、规范化、严格化，正因为这样，民宿的服务质量也是投诉较多的方面，包括服务人员服务效率过低达不到顾客要求、服务态度得不到顾客认可、服务语言缺乏严谨性等。没有良好的服务质量，最终会增加顾客流失率、降低民宿的核心竞争力。

（3）民宿安全问题。一是住宿安全。一般乡村民宿大多是由民房改造，且乡村监控设施不完善，需要更多考虑顾客安全，包括人身安全和财产安全。二是消防安全。很多民房改造的民宿都没有消防设施，存在安全隐患。

通过顾客的投诉，民宿管理人员可以了解本民宿的不足，有利于改进和提高民宿的管理水平和服务质量。正确地处理投诉可以有效地增进顾客和民宿之间的相互了解，改善顾客对民宿的印象，加强顾客与民宿的联系，进而影响其他潜在的顾客。因此，民宿一定要重视和妥善处理投诉。

3. 顾客投诉处理的程序

（1）分析顾客投诉的情况

顾客投诉的情况是多种多样的，原因也各有不同，但是基本上可以分为三种。

第一种情况是民宿在服务上没有达到应有的规格、标准，民宿管理方应该承担责任，做出改进并向顾客道歉，必要的时候给予适当的补偿，维护顾客的利益。

第二种情况是顾客不了解或者不理解民宿的政策和规定而引起的不满。这种情况下，民宿要耐心向顾客解释，对顾客确实存在的问题，要耐心及时地帮助解决，不要与顾客争辩，应站在顾客的角度为顾客着想。

第三种情况是顾客故意挑剔，无事生非。面对这种情况也不要与顾客争辩，要冷静处理，以柔克刚，有礼有节，不卑不亢，以微笑去战胜顾客的无理取闹，必要时可以报警，请求帮助。

投诉处理一个很重要的原则就是不与顾客争辩，分析顾客的不同投诉情况，根据不同的情况分别处理。

（2）处理投诉的原则

①全面受理原则。只要民宿接到投诉，不论是住宿顾客还是民宿附近的居民，民宿管理人员都应该认真受理。认真处理住宿顾客的投诉是提升民宿软硬件设施质量的重要方式之一，全面受理投诉也是落实以人为本的基本要求。

②认真处理原则。就是对所受理的投诉及时调查、处理。在调查核实的基础上，明晰责任，及时化解纠纷，维护顾客合法权益。

③特事特办原则。所谓特事特办原则就是特殊时期、特殊事件特别对待，比如黄金周、小长假，旅游人数大量增长，特别是景区民宿，往往会出现服务供不应求的情况，导致投诉增加。因此在特殊时期，民宿应当提前做好准备并强化服务力度，尽量减少投诉的发生。

④即时转办原则。对于一些不属于民宿管理范围内的投诉，民宿管理人员应当及时把投诉书面转给相关管理部门，请他们妥善处理投诉并答复顾客。在这一过程中要注意向顾客认真解释，不要让顾客认为民宿是在逃避责任，同时要向顾客说明处理动向。

⑤公正调解原则。要始终贯彻公正调解原则，在事实清楚、责任明确、不违反法律法规和双方自愿的前提下进行，充分考虑双方的利益平衡。

（3）处理投诉的要点

处理投诉要做到隐蔽性、理解性、补偿性。

首先，不要在大庭广众之下处理投诉，要把顾客请到一个安静的地方或者不引人注目的地方单独处理，以免影响民宿形象。

其次，处理投诉的时候站在顾客的立场设身处地地为顾客着想，充分理解顾客的心情及要求，积极为顾客排忧解难，而不应该推卸责任，或者转移目标。

再次，处理投诉既要充分理解顾客、维护顾客的利益，同时也要维护民宿的形象以及民宿的正当利益，不造成更大的影响。

复次，对顾客投诉应该快速处理，以免由于时间的耽搁引起顾客更大的不满。

最后，不管是线上还是线下处理，问题暂时解决后还需要了解后续的情况，包括打电话询问、邮件发送满意度调查等，否则可能会影响民宿线上平台的展示、评分、口碑等。因此，民宿要有专门的平台工作人员负责线上投诉的处理，同时也要有人负责线下投诉的处理。

（4）处理投诉的步骤

①倾听顾客投诉。当顾客表现出不满情绪或投诉时，我们应该第一时间主动询问事情的前因后果。在顾客讲述事情原委的过程中，我们需要记录重点内容，并通过点头、眼神等肢体语言对顾客的感受表达理解。在顾客表达完之后，首先礼貌地确认顾客是否讲完，然后对顾客的话进行简要的总结，给出若干要点，并向顾客确认理解是否正确。

②表达尊重。在顾客阐述具体问题时，我们应该适当地表达对顾客遭遇的同情和理解，例如，“我非常理解您的感受”。要换位思考，站在顾客的角度去体会他的感受。

③提出解决方案。如果的确是民宿的过错，应立即向顾客道歉；不是民宿的过错，也不要生硬反驳，而应该礼貌告诉顾客缘由，并表示愿意协助顾客解决问题。针对顾客的问题，我们应主动提出对应的解决方案，并询问顾客是否接受；对于不确定是否能解决的问题，切勿轻易给予承诺。

④商讨补偿方案。与顾客耐心沟通，提出一个双方可以接受的补偿方案，安抚顾客。

⑤做好同步。民宿服务是个“100-1=0”的过程，需要全体部门的协作。所以面对顾客的投诉，无论投诉产生于哪一环，都需要及时记录相关信息，并及时上报，归类存档，交班时也要重点跟同事沟通，这样其他工作人员再次服务到这位顾客时，能及时向顾客表示关心，从而提升顾客的满意度。

⑥投诉统计分析。对投诉产生的原因和后果进行反思和总结，有针对性地分析、定期统计，从中发现典型问题产生的原因。

（5）投诉顾客的类型及应对方法

处理投诉应该根据投诉顾客类型的不同而采取不同的措施。

①理智型顾客。理智型顾客在比较冷静的情况下提出的投诉，一般都是较为合理的要求。理智型顾客比较通情达理，只要民宿立即采取改进措施，很容易取得他们的谅解。

②冲动型顾客。冲动型顾客容易激动、愤怒，稍不如意就情绪失控，极易对民宿声誉造成不好的影响。民宿管理人员不要直接反驳顾客，要顺着顾客的口气说话，不能硬碰硬，要表明自己解决问题的诚意，如“我愿意尽最大的努力帮助您”，同时给顾客一个安静倾诉的环境，慢慢使其冷静后再做处理。

③抱怨型顾客。抱怨型顾客只为发泄自己的情绪，抱怨自己受到不公正待遇，以此释放和缓解心中不满。对这类顾客要耐心倾听，不随便打断顾客说话；做好记录，适当复述顾客感受及顾客遇到的事情，以安抚顾客情绪；回归到问题本身，引导顾客解决问题，如“如果我是您，我也会有如此多的怨言，不如我们先积极把问题解决，这样会不会更好点呢”。

④骚扰型顾客。这类顾客的投诉并不是真正意义上的投诉，可能会问遍所有的问题，故意刁难，这种顾客虽然数量比较少，但仍不时也会有这种投诉情况的发生。对这类顾客，还是要礼貌感谢顾客提出的问题；在适当的时候提醒顾客理性看待问题，并讲清这种投诉后果的严重性。

⑤敏感型顾客。这类顾客关注自身的权益（个人信息安全等），将民宿工作人员的任何举动都视为可能危害自己的权益，存在较大投诉风险。处理这类顾客投诉的过程中尽量用言语沟通，确认顾客理解正确，打消其顾虑；全方位考虑顾客内心感受，服务时热情相待，在轻松愉快的氛围中解决问题。

第二节　民宿客房服务与管理

一、民宿客房业务概述

（一）民宿客房的主要构成

1. 前厅

对于民宿来说，前厅是接待顾客入住的地方，也是负责统一安排对客调度服务以及与其他环节的联络协调工作的地方。它是客房信息传送、接收、传递的中心，主要承担对顾客的服务工作。

2. 洗衣房

洗衣房主要是提供给顾客入住期间洗涤自己衣物的地方，有的民宿将洗衣机、烘干机集中放在一个指定位置供顾客使用，也有的民宿在房间里直接摆放了洗衣机、烘干机。

民宿还需要专门的洗衣房担负洗涤印烫客房部、餐饮部等部门所需的布草和民宿员工的制服，以及送洗顾客的衣服等工作。洗衣房的管理工作、洗涤衣服的质量和工作效率的高低不仅直接影响整个民宿的经营活动与成本损耗，也是顾客对民宿服务质量评价的主要内容。

随着现代外包洗涤业务的发展，很多民宿也选择外包洗涤客房布草。

3. 布件房

布件房负责民宿所有布草、制服洗涤后的交换、发送业务。具体负责民宿客房、餐厅等布草的收发、分类、清点，定期配备、更新布草和制服，保证制服和布草的送洗、清点和验收等工作。

4. 公共卫生区域

公共卫生区域员工担负民宿所有公共区域的清洁卫生工作。公共区域不仅面对住在民宿的顾客，有餐厅的民宿，还要面向前来访客、购物、用餐、娱乐的顾客，人们往往习惯于根据公共区域的清洁程度来判断民宿的水平，因此清洁保养工作质量的优劣将会给民宿带来极大的影响。

公共区域卫生工作包括民宿室内和室外公共区域的清洁，民宿所有排水、排污等管道系统、沟渠的清疏及喷杀六害、绿化和花卉的护理等。

（二）民宿客房的地位和作用

客房是民宿的主要商品，客房作为顾客休息和住宿的场所是民宿的基础设施和主体部分。

1. 客房是民宿存在的基础

客房是民宿区别于其他服务性企业最显著的特征。

2. 客房收入是民宿收入的主要来源

民宿的客房收入一般占民宿营业收入的50%~70%。没有提供餐饮服务的民宿，客房的收入占到了民宿收入的100%。

3. 客房是民宿降低物质损耗、节约成本的重要部门

客房的成本占了民宿成本的很大部分，比如低值易耗品的消耗、各类物料用品的日常消耗都非常大。客房是否重视开源节流，是否加强成本管理，是否建立原始记录考核制度，对民宿能否降低成本、消耗，获得良好收益，起到关键的作用。

4. 客房服务与管理水平直接关系到民宿声誉和经济效益

顾客在民宿驻留时间最长的地方就是客房，也是产生需求最多的地方，更是对民宿的评价最多也最重要的部分。评判客房服务质量的好坏，在于顾客对服务的感受是否能够达到其期待值，如果达到了，顾客就会对客房服务感到满意，予以好评，甚至进行口碑宣传，反之，则影响民宿良好形象的建立。

（三）民宿客房业务的特点

1. 以时间为单位出售客房使用权，提供服务

客房与其他商品最大的区别就在于只出售使用权，商品的所有权不发生转移，而且使用权还是以时间为单位销售的。一般酒店、民宿客房的使用是以24小时为1个单位。这就是民宿客房产品的不可储存性。针对这个特点，民宿客房部的员工一方面应该尊重顾客对客房的使用权，在顾客拥有的使用权时间内向顾客提供各类服务；另一方面也应该保护民宿对客房的所有权，做好客房设施、设备、物质用品的保管和维护工作。民宿还应该制定科学的清扫程序，加速客房的周转，及时为民宿销售提供合格的客房产品。

2. 随机性强

随机性主要体现在两个方面。一是顾客的要求具有随机差异性。客房是

顾客休息、工作、会客、娱乐、存放行李物品以及清理个人卫生的场所，不同顾客的身份地位不同，生活习性不同，文化修养、个人爱好也各有差异，所以对客房服务的要求也是多方面的，这就使得客房业务具有很强的随机性。二是客房管辖的范围比较广，除了客房业务外还包括公共区域的清洁、绿化以及整个民宿布件的洗涤发放等工作，增加了随机性。

3. 私密性

客房一旦出租给顾客，就是顾客在民宿的私人领域，民宿服务人员没有经过顾客的同意不能随意进入。要尽量做到少打扰顾客，不能随意翻看顾客的物品，尊重顾客的隐私权。

4. 安全性

民宿要保护顾客的人身、财产安全。除了防盗还要防止意外事件的发生，包括地板防滑，特别是卫生间防滑，以及电器安全，要保证这些设施、设备的安全使用。

（四）民宿客房管理的主要任务

1. 掌握顾客预订情况，提前做好组织安排

根据顾客预订信息安排好客房及相关物品，及时为顾客提供服务。

2. 制定服务程序，满足住店顾客的需要

民宿应该根据顾客的需求以及民宿的特色合理制定服务项目以及各项服务的规程，对客房服务的具体内容、服务过程、规格、标准做出详细的规定。

3. 搞好清洁卫生工作，提供舒适的环境

对民宿客房、公共区域的卫生、绿化工作制定明确的工作流程、卫生标准及完善的卫生检查制度，并且进行有效的管控。

4. 加强设备及物品管理，控制成本、消耗

客房内的各种设备、物品的品种多、数量大。各种设备的使用、维护以及各类用品的消耗、开支的合理程度直接影响整个民宿的经济效益。因此，要加强设备与物品管理，有效控制客房成本。

5. 做好客房原始资料的收集和整理工作

客房的原始资料包括每日客房状况表、客房服务工作进度、客房物品消耗记录、客房设施设备维修记录等，这些原始资料和信息是客房掌握情况、发现问题、考核员工的主要依据。

二、客房业务管理

绝大部分民宿在顾客入住客房之后都不会去打扰顾客，除非是顾客有交友或咨询的需求。房东与顾客共同住的，往往也是按照自己的生活方式进行日常的活动。房东不住在民宿的，一般要关注卫生以及更换补充用品。绝大部分民宿采取一客一服务的方式，也就是在前一位顾客离开之后才进行客房的清扫，以便安排下一位顾客入住。民宿不像酒店一样每天都打扫卫生，但是会提供垃圾袋、吸尘器之类的物品供顾客使用，同时顾客有需求时民宿服务人员也会进行房间的清扫。

客房业务管理主要包括清洁卫生工作管理、安全管理、设备物品管理三个部分。

（一）清洁卫生工作管理

清洁卫生是客房最基本的工作之一，清洁质量的好坏往往是民宿服务质量和管理水平的综合反映，也是顾客比较关注的方面。很多顾客入住民宿，首先会去看一下客房干不干净，地面墙面是否有污迹，再看一看摆放用品是否清洁、干净，是否安全。

客房的清洁卫生工作主要包括日常清扫、定期清扫（计划清洁）和消毒。

1. 日常清扫

（1）日常清扫内容

日常清扫主要是按照客房住宿情况分为住客房的清扫、走客房的清扫。对不同状态客房的清扫工作要求不一样，但是基本内容都包括了以下几个方面：

①打扫除尘。清扫地面，用吸尘器吸去地毯或者软座椅上的灰尘，用抹布擦干净门窗、书桌、灯台、茶几等家具、设备上面的灰尘，倒烟灰缸、垃圾桶。

②擦洗卫生间。整理各种卫生用品及顾客用具，倒去污物，擦洗洁具、地面、淋浴头，四周的瓷砖、墙面及地面。

③更换及补充用品。在客房及卫生间的清洁整理过程中，按照规程的要求更换床单、床垫、枕套、面巾、毛巾、浴巾等棉织品，补充文具用品、卫生纸、茶叶、洗漱用品等。

④检查设备。检查灯具、水龙头、坐厕的抽水设备以及电子音响设备、

电视、空调设备、电话、冰箱等是否运转正常，注意各种家具、设备是否损坏，能不能正常使用等。

（2）日常清扫顺序

客房的日常清扫顺序依据开房的急缓先后、顾客的情况来决定。一般情况下，如果顾客有特殊要求的要首先清扫。其次打扫走客房，即顾客已经结账离店，客房性质马上要转换。最后打扫普通住客房。长住房的打扫，需要服务人员和顾客协商，定时去打扫。

客房的清扫要事先制定规则，统一要求。走客房清扫的注意事项：顾客准备结账离店，接到通知后，服务人员就要迅速来到客房，对客房进行检查，检查的要点是看顾客有没有遗留物品，房间的物品、家具有没有损坏或者丢失，如果发现上述问题就要立即通知前台并且进行登记。对卫生间的各个部件进行严格的消毒，清扫合格以后立即通知总台。

住客房清扫的注意事项：顾客在房间的时候应该经过顾客同意再进房清扫。如果顾客没有在客房，民宿管家不得翻看顾客的物品，不能自行处理顾客的物品，客房清扫完毕后不能无故停留。

2. 定期清扫和消毒

定期清扫就是采用定期循环的方式清扫平时不容易清扫的地方和项目。比如说地板打蜡、地板吸尘、擦窗、家具的除尘及打蜡、清扫墙面、卫生间的消毒等，这些工作要定期进行，比如说一周一次或者一个月一次。

另外还要对客房的卧室、浴室及卫生间的设施用具进行消毒，特别要注意对卫浴间的地漏、下水口等处毛发等杂物的清理。顾客尤其注意此类细节，处理不好会大大影响顾客的体验感。对住客房的茶水具、酒具也要每天进行洗涤、消毒。客房清洁员自身也要进行消毒。

（二）安全管理

安全管理是指应保障顾客在客房范围内的人身财产等正当权益不受侵害，强调民宿有义务和责任为顾客提供保护，以满足顾客对安全的需要。主要内容包括公共卫生安全、食品安全、顾客人身财产安全，以及火灾的预防与控制、盗窃的预防与控制、意外事故的预防与控制等。

互联网时代安全管理还包括对顾客身份及相关信息的保护，无论是民宿的经营管理者还是民宿的入住顾客都采用实名制，民宿有义务对顾客的姓名、年龄、身份证号码以及联系方式等进行管理，不泄露顾客的任何隐私。

（三）设备物品管理

客房设备及用品的有效管理和配置是客房管理的重要内容。一是要编制客房用品的采购计划，先核定设施物品的使用量，再编制采购计划；二是制定客房用品的管理制度，做好设备的分类、编号及登记工作，专人管理，这样既能够保证设备、用品使用到位，又有利于降低损耗。

第三节　民宿餐饮服务与管理

民以食为天，人们外出必须解决吃的问题，所以满足顾客吃的需求也是民宿的主要业务之一。很多规模较小的民宿往往不提供餐饮服务，而是借助附近的社会餐馆、便利店满足顾客的需求，但是会提供厨房以及厨房用具，顾客可以简单地处理食材。

一、民宿餐饮服务概述

（一）民宿餐饮服务的概念

餐饮是民宿顾客消费的重要内容，尤其是具有地方特色的原生态食材和烹饪方式是入住民宿的顾客所追捧的，餐饮收入日益成为民宿营业收入的重要来源。

民宿餐饮服务就是通过为顾客提供餐饮产品和服务获取收益的过程。餐饮服务的质量直接影响到民宿的声誉。餐饮产品由物质形态的实体和非物质形态的服务组成。物质实体也称为有形产品，如餐厅的外观、餐饮产品的生产与服务，设施、菜肴与酒水的外观及颜色式样等。非物质形态的餐饮产品称为无形产品，是顾客对餐饮产品内涵的感受，如餐厅的特色、气氛、服务员的服务水平等。

（二）民宿餐饮服务在民宿中的意义和作用

有条件的民宿应积极为顾客提供餐饮服务，餐饮营销也是很多民宿的重要举措。餐饮服务的意义和作用主要表现在以下五个方面。

1. 餐饮是一种重要的旅游资源

首先，餐饮产品是食物、烹饪技术和服务技巧完美结合的产品，它能够满足顾客生理性的直接需求，还能够满足情感、心理方面的间接需求。例如顾客只有品尝了一顿丰盛的佤王宴才能真正了解佤族的特色餐饮，留下深刻的印象。

其次，民宿餐饮集中体现了一个地方的文化特色。顾客在品尝美食的时候可以体验一个地方的民风、民俗、地方文化特色、历史沿革乃至宗教习俗。品尝特色餐饮甚至成为人们外出旅行的目的。民宿如果能够不失时机地开发各种特色菜肴、饮品，就能够吸引更多的顾客。如今很多地方都在打造美食文化节，实际上就是把餐饮作为一种资源来进行开发营销，往往一个地方在举办美食文化节的时候也是民宿顾客盈门的时候。

2. 餐饮服务是民宿服务的重要内容

餐饮服务是民宿服务的重要组成部分，只不过民宿的规模、等级、定位不同所提供的餐饮服务有所不同。没有餐饮服务的民宿显得不够完整，也不利于民宿服务顾客、扩大经营范围、提高经济效益。上海的仙炙轩，将白崇禧将军的故居改建为餐厅，服务员对餐厅经营的菜品以及建筑的历史文化了如指掌，凡是去就餐的顾客都可以得到超值的服务和体验，这同时也增强了附近民宿的竞争力。

3. 餐饮服务质量是民宿服务水平的体现

餐饮服务是民宿服务的必要组成部分，也是衡量民宿服务水平的一个指标。顾客通常从厨房的烹饪技术和餐厅的服务质量两个方面来判断餐饮服务水平。厨房的烹饪技术影响餐饮的口感，而餐厅的服务态度及效率影响顾客的购买、接受餐饮产品时候的心情和感受，即餐饮产品的无形价值。餐厅的服务质量除了服务员的服务态度和服务技术以外，还包括餐厅的装饰布置、风格情调及音响、器皿等的质量水平。所以，餐饮服务质量既要看餐饮产品的物质部分，又要考察餐饮产品的无形部分。上海东方明珠塔的餐厅全部采用玻璃隔墙，顾客可以看到每一盘菜肴的制作工序，保证了服务水平。

4. 餐饮服务是深入了解细分市场实际需求、潜在需求和制定对客服务活动的必要手段

餐饮服务需要与顾客接触、交流沟通，服务人员可以通过观察或询问顾客对提供产品的满意程度和顾客可能希望民宿做出改善的地方，及时掌握顾客的不同饮食需求，以此把握目标市场客户的心理、偏好和饮食消费倾向，从而针对顾客偏好推出更受顾客欢迎和喜爱的产品。

5. 餐饮服务是弘扬民俗文化、宣传特色美食的重要途径和方式

顾客就餐不仅仅是简单的吃饭，服务人员的服务也不是仅仅把食物送到

顾客面前，对于民宿来说，大多数提供的都是当地特色美食，服务人员应通过介绍民族菜的历史、文化，提升顾客对民族文化的兴趣，起到宣传推广特色饮食文化的作用。

（三）民宿餐饮服务的特点

餐饮服务是民宿服务的重要组成部分之一，因此餐饮服务与民宿产品有一些相同的特点，例如餐饮服务的不可储存性、服务的差异性、生产销售的同步性。除此之外，餐饮服务还有其独有的特点。

1. 无形性

无形性是服务产品的共性。餐饮服务不像其他有形商品，可以通过视觉、触觉、嗅觉等直观地感受商品质量和价值。餐饮服务需要顾客先购买餐饮产品，再配套服务，通过对服务的亲身体验和感知来评价其好坏。其无形性决定了民宿要重视提高服务人员的服务态度和技能。

2. 收入弹性

民宿客房的价格和可提供的客房数量在一定时期内是固定的，所以客房每天的营业收入也相对固定。但是餐饮不一样，因为餐厅座位的周转率和顾客的人均消费水平是可变的，餐位的周转率、人均消费水平同餐厅的收入是正相关的关系，周转越快、人均消费水平相同的情况下也会增加营业收入，如果周转快的同时人均消费水平也高，那么就更能够增加营业收入。所以，餐饮收入具有弹性，有极大的上升空间。

在现代民宿业中，在客房和其他设施设备相同的情况下，餐饮服务就成为民宿之间相互竞争的一种重要手段。

3. 对其他设施的依赖性

民宿餐饮服务能够增加民宿吸引力，提高客房的出租率。但是餐饮服务本身又在很大程度上依赖于民宿的设施、规模以及客房的出租率。通常情况下，凡是客房出租率高、公共设施完善（水、气、电、厨房设施设备等）、接待能力好的餐厅，其餐饮收入也较为可观。

4. 管理的复杂性

餐饮服务工作涉及很多专业知识，餐饮管理人员、服务人员要熟练掌握餐饮管理知识，精通烹饪技术，掌握与食品饮料相关的其他学科知识，如餐厅食品搭配、环境布置，餐具配备、食品储存、食品加工、餐具洗涤、消毒等，熟悉营养学、物理学、食品化学等知识的运用。

二、餐饮服务的组织形式

（一）餐饮服务的组成

餐饮服务由食品原料供应、厨房加工烹调及厅面服务三大部分组成。一些连锁大型民宿，因其门店多、接待顾客多，致力于为顾客提供更多满意的产品，其餐饮部设置设施就比较全，可能还有糕点饼房、中西厨房部、酒水部，甚至可能还有专门的餐食种类开发部门以及各种餐食营销部门等。因此，民宿餐饮服务组织结构可大可小、可精可简，根据民宿经营者的意愿或能力设置。民宿餐饮涵盖原料采购、加工、服务三个基本部分。

（二）餐饮服务各部门的职责

1. 原料采购部门

原料采购部门负责食品原料的采购、验收、储存、发放等工作，是民宿餐饮服务的后勤供应部门。原料采购工作质量的好坏对民宿的成本、食品供应质量的好坏都有着直接的影响。小型民宿原料采购一般由民宿经营者或厨师负责，而大中型民宿一般设有原料采购部。

2. 厨房

厨房是餐饮部的生产部门，为餐厅服务，与餐厅配套。通常情况下，民宿只会配置一个简单的家庭厨房，为顾客提供早餐，或者根据顾客需要为顾客提供定制化的服务，有的还提供厨房，方便顾客自己买菜做饭。

一些精品民宿会专门设置设施齐全、功能完善、生产能力强的厨房，并配有专业厨师和服务人员为顾客服务。

3. 餐厅

民宿可以根据当地文化、自然环境、气候等因素开设具有自身特色的民俗餐厅，也可以开设简单的中式餐厅，满足顾客的饮食需求即可。高档民宿还可能同时开设中西餐厅。餐厅不仅可以为住宿顾客提供餐饮方便，还能增加民宿收入，增强顾客对民宿的依赖性和民宿对顾客反馈的吸收性。

4. 酒吧

有的民宿单独设计了餐厅和酒吧。绝大部分民宿会在前厅设计一个精致小巧的酒吧台，供顾客享受、聊天；或者在民宿的小院子里开设小餐吧，提供放松、休闲的场所。酒吧的设计不在于华丽，而是强调特色，给顾客带来温馨、舒适、休闲的美好感受。

三、民宿餐饮服务管理的内容

餐饮服务管理的目的是实施民宿餐饮服务的经营方针和计划，满足顾客对餐饮服务的各种需求，获取利润。但是并非所有的民宿都提供餐饮服务。对于提供餐饮服务的民宿而言，餐饮服务管理的具体内容有以下几点：

1. 掌握市场需求，合理制定菜单

民宿餐饮要满足顾客的需求，首先必须了解目标市场顾客的特点，他们的餐饮要求、餐饮时尚、口味变化等餐饮市场的发展趋势，在此基础上制定出迎合大部分顾客偏好的菜单。

2. 开发餐饮新品种，创造经营特色

民宿餐饮服务最重要的是具有自己的特色，才能够吸引顾客，并与其他民宿或者地方饭馆竞争。民宿的风味餐厅或者主题餐厅之所以比一般的餐厅更受顾客欢迎，主要在于风味餐厅或者主题餐厅独特的风味或独特的情调。所以，民宿应该继承传统、挖掘潜力，并开发新的餐饮品种，打造自己的经营特色。

3. 加强餐饮营销，增加营业收入

餐饮营销是民宿营销活动的重要组成部分。可以在民宿整体营销计划之下开展促销活动，积极承办各种宴会活动，抓好节假日和特色餐饮的节事活动，以便为民宿争取更多的顾客，增加顾客的人均消费额。

4. 控制餐饮成本，增加盈利

餐饮成本控制是餐饮服务管理的重要内容。成本控制涉及一系列的业务管理问题。民宿应该合理制定食品销售价格，控制食品原料采购价格，加强原料采购、储存、发放管理，抓好原料的粗加工，避免和降低原料的损耗和浪费。厨房要严格按照标准菜谱的要求做好成本核算和成本分析，在保证食品质量、数量符合标准的前提下尽量地减少损耗，降低成本，增加盈利。

5. 确保食品卫生和饮食安全

食品卫生安全是判定民宿餐饮服务质量的重要指标。要加强食品卫生管理，强化预防措施，确保食品卫生、环境卫生和民宿管家的个人卫生。杜绝食品污染和食物中毒事件的发生。

6. 提高餐饮服务质量

能否保持并不断提高民宿餐饮食品质量和服务质量，是民宿餐饮服务经营管理成败的关键。民宿餐饮服务一定要加强质量控制，建立相应的规章制度、制定各个岗位的操作规程和服务质量标准，制定严格的检查制度。

仓库应该抓好采购、验收、发放过程中原料质量的检查，保证原料符合食品加工、烹饪的要求。厨房应该抓好菜品的烹饪，按照菜单、菜谱的要求进行操作，不断改进烹饪技术。餐厅应该坚持按照服务规程服务，还要不断地改善服务细节，提供针对性、差异化的服务。

第六章
民宿康乐服务与安全管理

民宿的经营与一般旅馆经营最大的不同，除了强调大众化收费与自助性服务外，设施虽不豪华，但重视特色，富有趣味、乡土味及人情味，更重要的是结合当地的自然资源与文化特色，除提供特色住宿餐饮外，还提供知识、运动、休闲、娱乐、体验等多元化功能，让顾客能充分享受独特的情趣、随性的自由，且有宾至如归的自在感受。除了康乐服务，民宿的安全管理也是极其重要的一环，相比酒店严格规范的安保系统，民宿在这方面稍显薄弱，更需要在安全方面投入精力。

第一节　民宿室内外环境健康管理

随着人们对健康和环保问题的重视，入住民宿的顾客不仅希望在入住过程中感到轻松愉快，还希望住得健康、吃得健康。对民宿服务环境健康有影响的因素一般包括室外和室内两个方面：室外包括自然环境如空气质量、森林覆盖率、绿化面积、地表水的清洁度、气候状况等因素；室内主要包括民宿选用的装修、装饰材料和采用的装修方法等因素。

一、民宿室内居住环境影响因子

保证民宿室内环境的舒适性和健康性是民宿在激烈的市场竞争中取得经营成功的关键要素。民宿室内环境相对封闭、空气流通差，室内过度装修、服务性电器设备过多等，都会给居住者的健康带来潜在的危害。

（一）室内环境污染源

民宿室内污染物的来源大致有室外来源、室内建筑装修材料来源、人体自身来源、室内设备来源、生物来源及其他来源。这些污染物又可以归纳为下面三种类型：物理污染、化学污染、生物污染。

物理污染是指影响环境的光、音、电磁、放射性等方面的污染，如相邻施工场所、车辆发出的，透过墙壁和玻璃进入室内的噪声，手机发出的电磁波等。化学污染是由于化学物质进入环境后造成的污染，即因化学污染物引起的环境污染。这些化学物质分为有机物和无机物，也有二次污染物，它们大多是由人类活动产生或是人工制造的产品。生物污染是由可导致人体疾病的各种生物特别是寄生虫、细菌和病毒等引起的环境和食品的污染。

（二）室内空气质量影响因子

室内空气质量与人体健康息息相关，环保专家已将“室内空气污染”列为继“煤烟型”“光化学烟雾型”污染之后的第三代空气污染问题。我国第一部《室内空气质量标准》于 2003 年 3 月 1 日正式实施。这部标准引入室内空气质量概念，明确提出“室内空气应无毒、无害、无异常嗅味”的要求。规定的控制项目包括化学性、物理性、生物性和放射性污染。规定控制的化学性污染物质不仅包括人们熟悉的甲醛、苯、氨等，还有可吸入颗粒物、二氧化碳、二氧化硫等 13 项。国家标准《旅游饭店星级的划分与评定》规定：高星级饭店室内温度夏季控制在 24℃～28℃，冬季为 16℃～22℃；相对湿度夏季为 45%～50%，冬季为 50%～55%；饭店公共区域与客房温差控制在 5℃。民宿可以参考执行。

（三）室内棉织品质量影响因子

民宿棉织品质量和洗涤质量的管理，一方面体现了民宿的服务质量、管理水平，另一方面还关系到顾客的人身健康及经济利益。民宿棉织品的选用以生态、安全为宜。洗涤后的棉织品的检测指标如 pH 值、甲醛含量、异味等如不合格，都会影响顾客的身心健康。

（四）室内设备质量影响因子

民宿客房是顾客的家外之家，因此，客房设备的配备要尽可能考虑到顾客的生活需要。民宿室内设备通常包括照明类设备（主要包括各种灯具）、冷暖与安全类设备（主要包括空调、贵重物品保险箱等）、通信类设备（主要包括电话、互联网接口等）、家具类设备（主要包括床、写字台等）、电器类设备（主要包括电视、冰箱等）、卫生间设备（主要包括给排水设施、盥洗设施等）。这些设备摆放是否合理，是否散发甲醛等气味；电器是否安全有效，是否传播异味；空调设备能否输送足够的新鲜空气，是否静音；灯具是否有足够的照度，灯光的色调、色温，灯具外观是否与房间格调相协调；窗帘的颜色、高度、清洁度等都会影响顾客的健康和顾客对民宿的评价。

（五）室内噪声影响因子

从民宿室内噪声的来源看，主要有四种：①城市交通噪声。位于城市繁华地带的民宿，如果在隔音方面控制不好，交通噪声往往成为其主要噪声来源。②城市建筑噪声。城市道路建设、基础设施建设、城市建筑开发、旧城区的改造都是民宿噪声的来源。③社会生活和公共场所噪声。隔音效果不好的民宿，相邻房间顾客的起居生活产生的噪声也会相互干扰。④室内设备噪声。机械噪声、室内电器噪声、室内给排水噪声等也是室内噪声的主要来源。

二、改善民宿室内环境质量的对策

（一）提高环保低碳意识

民宿经营者应具有低碳环保意识，采用生态环保型装修材料进行装修。在进行民宿室内空间设计时，尽量利用当地自然环境，运用自然通风、自然光线对室内空气进行更新或杀菌消毒，避免过度装修，确保室内空气的良性循环，既能够节约能源，又有利于顾客的健康。

（二）清除污染源

在应对物理污染源方面，民宿筹建之初，需要选择噪声小、绿化好的地段。在不影响交通便捷性的同时，尽量远离交通主干线等易产生噪声和强光的区域。在装修时，可根据情况安装双层玻璃，在房间的隔墙中添加隔音棉、隔音板等硬件设施。在应对化学污染方面，装修时需要选用绿色建材和环保材料。装修完成后，不要立即运营，要多开窗通风，以降低空气中甲醛、苯以及微生物等的含量。在应对生物污染方面，需要在日常工作中时刻关注民宿室内环境监测和个人卫生，及时处理易腐烂、易发霉的物品，对易产生细菌和存在蚊虫的地方（如厨房、餐厅、客厅、卧室等）进行定期消毒和灭杀等。

（三）提高室内空气品质

顾客的大部分时间在室内度过，因此室内空气品质（IAQ）与人们的健康息息相关。英国 CIBSE（Chartered Institute of Building Services Engineers）提出，如果室内少于50%的人能察觉到异味、少于20%的人感觉不舒服、少于10%的人感觉到黏膜刺激，并且少于5%的人在短时间内感到烦躁，则可认为

IAQ是可接受的。民宿设计、装修时要注意使每个房间能够自然通风换气，能引入自然光线杀菌消毒，要采用环保家具、环保电器。由采光与照明系统、电气系统、给排水系统、供暖与通风系统、音响系统、消防系统组成的人工环境系统，对民宿室内空气质量的营造有着极为重要的影响。

生物污染是影响室内空气品质的另一个重要因素，它对人类的健康有着极大危害，能引起如各种呼吸道传染病、哮喘、建筑物综合征等疾病。比如军团菌是隐藏在空调制冷装置中的致病菌，随冷风吹出浮游在空气中，吸入人体后会出现上呼吸道感染及发热症状，严重者可导致呼吸衰竭和肾衰竭。风管可设置检查门，便于管理人员定期对风管内壁进行清洁，也可以通过检查门向送风管中喷洒一些刺激气味低、对人体健康无害、对风管系统无腐蚀的杀菌剂来改善室内的卫生条件；并在风道内设高效过滤器和能杀死气流中大部分细菌的紫外线来避免中央空调设备内的微生物污染。

（四）配备高质量的棉制品及注重洗涤的健康性

高质量、与房间设计风格配套的棉织品能提高愉悦感和改善睡眠，保证顾客的身心健康。民宿经营者可选择与房间相配的颜色和款式的棉织品，使顾客感到温暖舒适。

在洗涤环节，要采用对人体副作用小、易漂洗的洗涤剂，以减少残留洗涤剂对人体的伤害。

（五）创造绿色室内环境

室内声音环境会严重影响顾客的休憩，民宿在这方面一定要予以重视。第一，采用低噪声的电器设备，合理设计给排水设施。第二，安装隔音门、窗，必要时采用双层玻璃。第三，合理地选用一些消音材料，如隔音窗帘、隔音板材、原木家具等。第四，引入室内绿化设计。室内绿化设计是民宿内部追求绿化、环保的一种手段。绿色植物具有良好的吸收辐射、阻挡阳光、过滤噪声等作用。室内植物通过光合作用，吸收水分、二氧化碳，呼出氧气，增加室内负氧离子，起到湿润空气的作用，形成健康的室内环境。第五，布艺产品具有一定的吸音效果，应多用布艺装饰和软性装饰。另外，可以利用大自然营造使顾客愉悦的声音和嗅觉环境。比如有人在房间阅读时，喜欢听流水的声音；夜晚睡眠时，有人喜欢自然的天籁之音。

（六）营造健康室外环境

民宿可以利用院落、阳台、屋顶等空间营造可供顾客休闲、静坐、聊天的室外环境，远可与日月星辰、湖光山色、飞瀑流水、田野森林等自然环境遥相呼应，近可通过假山、绿植、花卉进行装点，目的是让顾客接近自然，促进身体健康，舒缓心情。同时，还可以增加民宿顾客之间的相互交流。

第二节　民宿康养服务与管理

国务院发布的《“健康中国2030”规划纲要》指出，应积极促进健康与养老、旅游、互联网、健身休闲、食品融合，催生健康新产业、新业态、新模式。“民宿康养”是指以“健康”“疗养”为民宿产品开发的出发点和归宿，以关注顾客健康为宗旨，将健康、养生、养老、休闲、旅游等多元化功能融为一体，促进顾客身体和精神健康的民宿服务产品。

一、民宿康养服务类型

根据民宿所在地定位与所处的地理位置的不同，民宿康养项目可以分为以下几种。

（一）生态康养型

生态康养型民宿依托周围良好的生态环境，或绿树成荫，或流水潺潺，或坐落在高山之旁，或凭栏海湖之畔。这类民宿一般分布在生态休闲旅游景区或者自然生态环境较好的区域，它们依托当地良好的气候及生态环境，构建生态体验、度假康养、温泉水疗康养、森林康养、高山避暑康养、海岛避寒康养、湖泊康养、矿物质康养、田园康养等康养业态，打造休闲农庄、温泉度假区、生态民宿等产品。

（二）运动康养型

这类民宿依托民宿所在地的山地、峡谷、水体等地形地貌及资源，吸引顾客到民宿所在地开展山地运动、水上运动、户外拓展、户外露营、户外体育运动、定向运动、传统体育运动、徒步旅行、探险等户外运动项目，以提高民宿入住率。河南陈家沟的民宿顾客，几乎都是到陈家沟学习陈氏太极拳的，来这里学拳的人少则住一周，多则住半年。比如日本有个60多岁的空手道教练，到陈家沟学习太极拳，一住就是半年。云南丽江有家民宿，经营者喜欢打太极拳，凡是入住他的民宿的顾客，都可以免费学习太极拳。

（三）气候康养型

气候康养型民宿主要接待候鸟型顾客。候鸟型顾客的特点是随着气候的变化外出旅居，一次出行一般 3 个月至半年左右。夏天到凉爽之地避暑，冬天到温暖之地避寒。云南、贵州成为避暑顾客喜爱的旅居之地，海南和西双版纳则成为避寒顾客的旅居之地。很多民宿因配备厨房设施，方便顾客烹饪而深受候鸟型顾客的青睐。

（四）文化康养型

文化康养型民宿深度挖掘民宿所在地独有的宗教、民俗、历史文化底蕴，结合市场需求及现代生活方式，运用创意化的手段，打造利于人们修身养性的精神产品，使游客在获得文化体验的同时，能够陶冶情操。这类民宿常常提供康疗、养生设施及服务，或有练习瑜伽的空间，打太极拳的场地；或能够提供特色康养项目，并为顾客提供冥想、静思的空间与环境。

（五）长寿资源型

这类民宿依托长寿文化，大力发展长寿经济，打造以食疗养生、山林养生、气候养生等为核心的产品，同时辅以健康餐饮、休闲娱乐、养生度假等功能。如广西巴马长寿村就吸引了很多向往长寿的顾客前往，同时也促进了当地民宿的发展。

（六）中医药膳型

药食同源，是中国食养的一大特色。民宿进行健康食品的开发，可以与休闲农业相结合，通过发展绿色种植业、生态养殖业，打造适宜特定人群、具有特定保健功能的生态健康食品，同时结合生态观光、农事体验、食品加工体验、餐饮制作体验等活动，推动健康食品产业链的综合发展。比如云南晨农生态园、杏林大观园推出了一系列中医药养生菜肴，深受顾客的欢迎。

（七）养老综合型

有部分民宿以老年人为主要客源群体，发展旅居养老、休闲度假型“候鸟”养老项目，开展老年体育、老年教育、老年文化活动，打造融养老居住、养老配套、养老服务为一体的特色民宿。

二、民宿康养服务内容

（一）康养客房

康养客房是将健康理念融入顾客的居住体验。这类客房要求装饰材料环保，客房隔音效果好，通过客房门窗与外部景观对接，有较好的视觉体验。客房功能满足顾客的康养需求，客房易耗品使用安全，客房设备能够提供健康护理作用，如有的民宿在客房内提供艾灸设备、温泉泡池、按摩浴缸、全自动橡木足浴桶、激眠床、助眠枕、助眠仪、助眠眼罩等。

（二）健身活动室

民宿健身活动室可以单独设置，也可以把部分健身器材配置在客房内。一般有划船机、体适能运动机、椭圆运转机、跑步机、美腰机、健身车等。也可配备保健类设备，如多功能按摩椅、筋膜枪、足底按摩器、瑜伽垫、瑜伽轮、瑜伽砖、禅修垫等。

（三）阅览室

阅读可以使人增长知识，开阔心胸。很多民宿会为顾客提供一间集阅读和交流于一体的阅览室，放置一些书籍和杂志供顾客阅读。

（四）养生餐

有的民宿为顾客提供特色养生餐。特色养生餐或遵循《黄帝内经》的养生原理，根据时令的变化为顾客提供当季菜肴，或根据民宿所在地的餐饮特色，为顾客提供养生菜品。有的养生餐对应顾客不同的病症选材烹饪，进行阶段性调理。养生餐注重膳食的天然、原生态，不含任何添加剂，保证营养的同时兼顾养生功效。

（五）组织健康主题活动

有的民宿定期组织健康活动，如茶道、香道、禅修、瑜伽训练、太极拳训练、徒步、骑行、垂钓、登山等活动，以突出健康主题，在吸引顾客加入活动的同时，也提高了民宿的入住率。

第三节　民宿娱乐服务与管理

一、民宿娱乐服务的类型

现代人选择民宿，不只注重民宿的地理位置及品位，相当一部分人尤其是带小孩的游客会考虑娱乐方面的需要。为了迎合游客的不同需求，民宿经营者也会介绍或者组织一些娱乐项目，同时获得更多收益。

一般来说，民宿娱乐服务可分为以下几种类型：

（一）农业种植体验民宿

农业种植体验民宿多建在乡村，可以为顾客提供参与所在地农业种植的体验。顾客可以在田间、菜园参加农作物种植活动，有的甚至可认领租用一定面积的农用地，自己定期来种植或者请当地的农民种植。他们住在民宿吃自己种植或者采摘的蔬菜，享受自己的劳动成果。

（二）民俗体验民宿

民宿对当地民俗文化的挖掘传承可以丰富游客住宿期间的文化体验。例如杭州依托美丽乡村和农村文化礼堂建设，着力挖掘、保护、传承各地的民俗风情、人文景观、历史遗存以及特色文化，让民俗记忆的符号融入故乡新貌。民俗民宿，把自然生态和历史人文融合为一体，让杭州市民在城市化的进程中依然“望得见山、看得见水、记得住乡愁”。民宿已成为杭州气质最丰富的表达，形成了四眼井、白乐桥、满觉陇、青芝坞、河坊街等精品民宿集群，以及桐庐、富阳、临安等特色民宿区块。

（三）工艺体验民宿

这类民宿主人具备一些工艺技艺，如柳编、刺绣、歌艺、舞艺、乐器技艺、棋艺、书法、绘画、雕刻、陶艺、球技、口技、魔术、杂耍等，可与游客互相交流与娱乐，提升游客的消费体验。

二、民宿娱乐活动的组织

（一）活动策划

民宿提供的特色体验活动可以是单一的产品，也可以是打包的活动组合。例如，为了陶冶顾客的情操、充实顾客的假期，民宿可以安排陶器制作等室内活动，这种类型的活动对室内空间的大小、制作设备等没有很高的要求，适合很多小体量的民宿项目。民宿也可以提供活动内容更丰富的户外休闲组团产品，例如野外采摘、登山、钓鱼等，为时间更充裕的顾客提供度假选择。

民宿娱乐活动可以是民宿经营者自己组织，也可以委托第三方组织，还可以推荐民宿顾客参与第三方组织的活动。无论由哪一方组织，都要根据民宿所在地的资源条件、节庆、假期进行活动策划，针对不同的顾客群体需求设计娱乐活动内容。娱乐活动策划包括举办的时间和地点、活动内容、餐饮形式及标准、住宿标准和费用、交通条件及方式、紧急情况及投诉联系方式等。

（二）活动预约

民宿活动的特色和内容首先会通过预订渠道进行展示和推广。顾客可通过网络预订平台预订娱乐体验项目并提前支付住宿+娱乐项目的打包费用；也可以在入住民宿后，向前台员工充分了解活动的主题、内容、时间、地点、参与人数、费用等具体事项，自主选择参与的活动。前台员工将收集到的顾客信息进行汇总，并由负责组织活动的人员或组织统一安排顾客参与活动。

（三）活动组织

民宿的体量不一，在员工岗位设置上各有不同。一些较大规模的民宿有独立的营销人员、管家、财务人员、前台、保洁人员等细分岗位，但一些小型的民宿，会由一人负责所有工作。

如果是民宿经营者组织活动，特色活动的设计由民宿经营者或民宿管家负责，在组织和执行阶段则需要其他员工的通力配合。特色体验活动的组织依赖于民宿管家的专业素养和组织能力，对从业者沟通、协调、服务能力都有较高的要求。在组织活动时，民宿管家在事前应充分了解顾客的消费诉求，为顾客选择最合适的民宿活动类型，并在活动过程中充分满足顾客需求，以提高顾客满意度。

三、民宿娱乐活动的安全保障

民宿组织娱乐活动时需要制定良好的安全保障措施，确保顾客的人身安全。

民宿活动组织者应注意以下几点：

（1）活动举办前，组织者要制定周密的安全措施和应急预案。

（2）对活动参与者进行安全常识的指导性讲解。

（3）保证电气和机械设备安全状况良好。

（4）活动场所要有足够的安全通道和提示标志，并要保证通道通畅，提示标志易于识别。

（5）活动参与者要了解安全通道情况，熟悉紧急疏散路线。

（6）要控制进入活动场所人员的数量，做好安全疏导工作。

（7）户外活动参与者要严守纪律，遇到意外事件切忌慌乱，要统一听从指挥。

第四节　民宿安全管理

一、民宿安全风险类别

（一）消防安全风险

现代民宿业在我国发展飞快，新兴民宿从业者被其良好的发展前景所吸引，将个人房屋进行改造来进行民宿运营，临时快速改造的房屋多有消防隐患。家庭民宿大多数都不具备基础的安全消防设施，没有烟雾报警器，也没有基础的灭火器等消防设施；有些公寓的水电线路存在老化的安全隐患；家庭中没有张贴火灾安全逃生疏散图，没有配备应急照明灯等。这些都是目前民宿存在的消防安全隐患。

一方面，房主不重视相应设施的配备，很多短租平台上的房主并没有相应的消防安全设施，也没有意识到进行此类经营活动需要相关部门的审批；民宿普遍不具备也难以办理消防审批手续；还有一些房主可能意识到要配备相应的消防设施设备，但不愿意投入资金进行相应的整改。另一方面，短租平台也没有详细规定经营民宿应配备消防设施设备，没有严格进行管理，消防设施配备不全，存在着一定的安全隐患。

（二）人身安全风险

在共享经济模式下，新兴民宿通过线上平台，为陌生人创造了共处同一屋檐下的机会。此种住宿模式在增加人们之间交流机会的同时也增加了人身、财产安全风险。

尤其是房主与租客在同一住宅内，屋内信息、财产等大量暴露，极易引发租客贪占型的盗窃甚至抢劫行为。有些新兴民宿业房主以男女混住的噱头吸引人眼球，不仅增加个人隐私泄露的风险，更容易导致猥亵、抢劫甚至强奸等违法犯罪行为的发生。

根据央视新闻报道和公安部门公布的情况，部分民宿房东通过安装摄像头窥探住客的隐私，有些房东甚至将其放置到互联网上售卖获利，多地公安部门都破获过类似案件。

（三）财产安全风险

民宿房客及房主的财产安全也存在较大的隐患。短租平台只提供渠道，不负责住客管理，也不会对房客身份进行严格验证。虽然很多民宿采取的是智能门锁自助入住的方式，提前将开锁密码发给入住房客，且密码一客一换，但是也有很多家庭民宿，采用的还是传统的钥匙开锁，很多房主对钥匙并没有严格管控，因此，会出现一些安全问题。也会出现少部分房客未经允许拿走房主财物的情况，由于房主对房客信息掌握不够，房主与房客之间的了解就只有姓名和联系方式，一旦房客使用了虚假信息，将房主的财物偷走，房东将无法追回财产损失，也无法依照法律进行索赔。

（四）藏匿违法犯罪人员风险

新兴民宿业的交易过程完全依靠互联网平台，这为简化手续、提高效率提供了便利，但同时也存在着极高的治安风险。房屋经营者没有机会与租客面对面地接触，自然无法从外貌特征、租住人数、行为举止、口音等方面对租客进行初步感知，这种完全陌生的租赁关系极其容易藏匿违法犯罪人员。

（五）因民事纠纷引发的治安风险

由于新兴民宿业监管的立法缺失、主体缺失，相应的违法经营惩罚机制仍不健全，长期存在的民事纠纷或矛盾容易升级成为治安案件甚至刑事案件，对社会秩序造成一定影响。民宿作为近几年新兴的商业交易形式，在与现实生活接轨时，会不可避免地产生不和谐现象，在实际经营过程中，民事纠纷以物件损坏赔偿纠纷、退付款纠纷、个人信息泄露纠纷以及与周围邻居之间发生的纠纷最为典型，无形之中为公安机关的治安管控增添了极大的压力。

（六）基础设施安全风险

家庭公寓改装的民宿，在设施设备上存在比较大的安全隐患，有的阳台房间里没有安装防止跌落的安全网；房间内的低插，没有醒目的提醒标志，也没有防止儿童触摸插孔的防范措施；有些公寓的插座到了使用年限并没有及时更换，容易引发火灾；卫生间及浴室没有安装防止反锁的门锁等。

（七）卫生安全风险

从 Airbnb、途家网等民宿平台的顾客点评来看，有些民宿房间卫生脏乱，清扫不及时；水杯水壶清洗不到位，有污垢；马桶等卫浴设施使用人数过多，清理不及时有异味等。客用品质量卫生不过关，如床单被罩起球，导致顾客过敏反应；清洗水杯等与人体直接接触的用品没有专用的清洁工具和药剂，导致交叉污染危害人体健康等。

很多民宿清洁人员并不是正规员工，而是雇用的钟点工，甚至是房主自己进行清扫，而钟点工甚至房主本人没有接受过相关清洁培训，不会使用消毒清洁剂。

二、民宿安全管理策略

（一）短租推介平台方面

1. 加强安全信息审核与管理

一方面，加强对房主房源的资格审核以及质量管理。申请经营民宿的房主需要将个人的身份证件、姓名、联系方式、房源图片及个人邮箱上传，平台对于上传的房源图片要做详细审查，并委派专人进行审核，将安全审核结果公布到网站，避免游客发现网上的图片与实际看到的完全不一致的情况发生。另一方面，短租平台应当设置专员对该区域的民宿进行检查和管理，对不符合经营标准的公寓予以取缔。一些民宿经营初期是符合要求的，但是随着经营时间的增加，很多设施设备逐渐老化，而相应的设施设备维护工作不到位就会导致经营质量不断下降，出现安全隐患，因此，对经营中的民宿进行定期的审核和考察是十分必要的。

2. 明确规定民宿设施安全标准

以 Airbnb 平台为例，房东要在家里安装烟雾报警器及一氧化碳报警器，配备基本消防设备，房屋质量要达到当地政府标准。制定民宿内房锁钥匙或密码及相应的安保措施，规定入驻平台的房屋按照具体经营面积配备设施。同时，对于民宿的安全设施是否符合要求进行调查考核，并在平台上进行公示。

3. 制定损失赔偿措施

目前，很多短租推介平台已经制订了一定的损失赔偿方案，但赔偿范围只限于房屋主体、大家具家电等，并不涉及房主以及住客的人身及财产安全，对于租赁双方的管理依然是主要靠双方的自律，而没有一套具体的安全保障体系，再加上平台对于双方的信息审核不严格，这就增加了住宿期间租赁双方的安全风险。因此，制定相应的损失赔偿措施能有效保证双方的财物安全。

（二）房主方面

很多房主并不是将出租民宿作为职业，只是将闲置的住宅进行出租，很多设施也是按照住宅的标准进行配置，安全性达不到商业用途的要求。很多房主只是和房客远程交流，也不会核实房客身份，这就容易引发各类安全问题。从房主经营管理的角度来讲，要做好以下方面服务和管理工作。

1. 客用易耗品一客一换

洗浴用品及毛巾、床单、被罩等用品及时清洗更换。对公共区域、厨房、卫生间等容易出现细菌的区域一定要做专业消毒，避免出现细菌感染等事件。

2. 配备基本消防器材，及时告知住客消防通道

准备灭火器等基本消防器材，并及时告知住客小区消防通道位置。很多小区楼道里都有专用的消防栓及火灾报警器等装置，但老旧小区很可能并没有相应的消防装置，一旦出现火灾等突发事件，会造成极大的损失。

3. 采取必要的防盗措施

加装防盗窗、在门口装防盗监控或电子猫眼，设置保险箱保管贵重物品，为住客的安全负责。很多民宿在设计建造时只注重美观和设计感，却忽视了实用防盗功能，甚至连防盗窗都没有，住客的财产安全也没有保障，没有储存贵重物品的柜子，财物容易丢失。因此，最好设置保险柜或储存柜之类的装置，供住客放置贵重物品，以防丢失。

（三）政府方面

民宿行业属于新兴业态，国内并没有出台相应的法律法规对其进行约束。虽然文化和旅游部出台了《旅游民宿基本要求与评价》这一标准，但内容较为宽泛，没有具体的民宿卫生、设施设备安全指标，且文化和旅游部也无权对各地市民宿进行监管。实际上，民宿行业处在多部门交叉管理的地带，缺乏真正有效的管理。建议政府在民宿安全管理上做好以下工作：

1. 出台统一的行业法规

目前，各地方管理部门针对当地环境制定了民宿管理办法和条例，但各地的法规适用范围有限，不能在全国范围内起到一个法律依据和支撑的作用，应当制定一个全国性短租法规，详细规定民宿的安全设施标准、卫生安全经营标准，明确房主、游客及短租推介平台三方的权利义务，以及相应的违规处理方案。各地方根据全国性法规再制定针对当地情况的地方性法规。

2. 明确监管部门，严格执法

民宿属于旅游产业的组成部分，涉及住建、消防、公安等各部门，在相关的地方性补充法规中，应当明确各相关部门的监管范围及相应的职责，建立行业协会，监督相关部门在日常管理过程中各项工作的实施。相关部门应

当对于所管辖区域的民宿进行不定期的抽查，并将抽查结果予以公示，对于有安全问题的民宿，要督促相关短租平台及时处理。

3. 大力推进相关安全保险

短租住宿业想要得到可持续发展，必然要明确在住宿过程中财物丢失等安全问题的解决方案，以提高民宿房主的抗损失能力。同时也为住客的财物提供安全保障，提高民宿的服务质量，减少安全事故发生后在社会上造成的不良影响。

第七章 民宿文化

有别于普通酒店的标准化建设，细致、贴心、个性化的服务，传递“家”的感觉，才是民宿最大的吸引力。民宿要有“形”，但更离不开“魂”，这个“魂”就是指民宿文化，包括乡土文化、审美文化和品牌文化等。

第一节　民宿乡土文化

民宿建设于乡土，扎根于乡土，更离不开乡土。乡土性是传统乡村民宿的核心特征和基本依托，民宿只有在乡土文化背景下，做到与地方民俗、民族特色文化和谐共生，才能实现可持续发展。

一、乡土文化的背景与内涵

（一）乡土文化的背景

社会快速发展，都市人对嘈杂、冷漠的工业化城市生活产生倦怠，寄情于山水，“采菊东篱下，悠然见南山”是都市人对乡村生活的一种憧憬。人之所以喜欢乡土生活，一方面源于落叶归根，另一方面也是对以乡土文化为内涵的乡村的向往。

2017 年国务院办公厅印发了《关于实施中华优秀传统文化传承发展工程的意见》，提出要传承与发展传统文化。著名文化学者费孝通先生在《乡土中国》的开篇便指出“中国的传统文化是乡土性的文化”。著名国学大师梁漱溟在其著作《乡村建设理论》中也提到：“中国社会是以乡村为基础，并以乡村为主体的；所有文化，多半是从乡村而来，也为乡村而设……乡村就是中国社会文化的根。”乡土文化作为扎根乡村的优秀传统文化，是民族凝聚力和进取心的重要精神食粮，在城镇化高度发展的今天，仍具有多重价值，要传承与发展下去。

（二）乡土文化的内涵

乡土文化是在乡村长期共同生活中形成的乡村独有的、相对稳定的文化形态与知识系统，包括两个方面。

第一，物质文化，主要是指物态文化层面，包括乡村山水风貌、乡村聚落、乡村建筑、民间民俗工艺品等。

第二，非物质文化，包括行为文化、制度文化和精神文化三个层面。其中行为文化主要是指生活习惯、传统文艺表演、传统节日等；制度文化是指农村生产生活方式、社会规范、乡规民约等；精神文化则主要指观念文化，包括孝文化、宗族家族文化、宗教文化等。

二、民宿乡土文化的内涵

民宿源自乡村，依托于乡村，乡土文化是民宿的根本。现代民宿已不再是一个简单的住宿场所，而是集休闲、情怀、康养、乡愁于一身的新型住宿形态。民宿所蕴藏的乡土文化内涵有助于民宿行业的理性开发，有助于保护与传承乡土文化，实现经济利益与文化传承的双赢。

（一）民宿地理区位的天然乡土性

无论是欧洲、日本还是中国台湾地区的民宿，几乎都诞生于乡野，尤其是观光资源丰富的城郊或者乡村，这样的地理区位使得民宿天然带上了乡土文化的基因。现阶段国内的民宿大多也聚集于农村或风景旅游区。从地理学视角看，民宿的乡土区位所带来的地域文化正是民宿的核心竞争力。

例如浙江法云安缦酒店，毗邻灵隐寺，拥有无可比拟的自然风景和独特的地理位置，民宿的主干道——法云径连接所有客房（庭院住宅）和设施。整个法云安缦的设计概念来自18世纪的中国村落，最大程度地利用了法云古村的原貌——古木、石子、溪涧甚至茶园、菜地，非常原生态，没有围墙，没有汽车，只有大量的氧气和富足的绿色。村居以夯土墙和木头为承重结构，白墙灰瓦，是杭州民居的代表。两层坡顶的建筑，黄泥、秸秆夯筑的土墙，上覆层层棕片；石砌房基墙的外围，扦插花木作篱，乡土气息浓厚。

（二）民宿物质与精神形态的乡土韵味

国内大多数乡村民宿都是由当地农民闲置房屋改造而成的，在建筑形态上具有浓厚的乡村风貌，体现不同地域的乡土文化特色。比如在浙江莫干山，一些民宿为了具有乡村审美特点，特意保留乡村夯土小屋；为了丰富产品内容，还开展采摘、捕鱼、种植等农家田园趣味活动。

除此之外，民宿主人与游客之间还存在大量人际互动。在莫干山，很多民宿主人亲手给游客烹调美食，把游客当作朋友，分享自己的生活经历，还会亲自带着游客游览景点、解说当地人文生态。在台湾，90%的民宿主人都会做三件事：一是运用当地食材亲手做早餐；二是把游客当朋友，分享私房景点；三是为游客亲自解说当地人文生态。对于大多数游客而言，与以民宿老板为代表的“当地人”谈天说地是非常惬意的一件事情。不少民宿提供管家服务，将游客视为来做客的朋友，力图打造家庭式服务与细节关怀，这种人情味浓厚的主客互动正是根植于乡土文化的朴素人际交往形式。

（三）民宿业主的乡土情结

目前国内民宿业主大体分为两类：一类是曾经外出求学、打工，如今顺应乡村旅游发展态势，返乡将自家闲置房屋拿来改造运营的当地村民；另一类是从城市里来的租赁农村宅基地进行民宿搭建、改造的投资者。

第一类群体返乡是对自我身份的认同，他们在观察、参与民宿的建设发展过程中，发现原来自己从小熟悉的环境，在城市化过程中被边缘化的夯土小屋、农耕器械等，现在不仅可以带来经济效益，还成为城市人所热衷、向往的文化符号，这强化了他们的地方自我认同意识，增强了他们作为农村人的自尊心。第二类群体大多数是已经具备一定身份、获得成功的都市金领，他们投身民宿业，除经济利益驱动外，还由于厌倦嘈杂、快速、高压的城市生活，向往宁静、舒缓、悠然的乡村景象。因此，他们将这种情怀寄托于民宿的投资运营，体现出一种对乡土文化的眷恋。

例如湖州市德清县莫干山北麓的仙潭村，位于大山深处，过去一直是贫穷和落后的代名词，老一辈中流传着这样一句俗语：“天下第一苦，横岭福水范家坞。”现在的仙潭村，已经今非昔比，“村在景中，景在村中，村景交融，美如画中”，成为“省级旅游特色村”，星罗棋布的精品民宿吸引了大批的游客前来观光旅游。仙潭村之所以有这样的发展，与一批又一批的返乡创业青年有着密不可分的关系。如“清栖”民宿的老板沈晓琳，2016 年回乡创业，她坦言：“我之前在县城里一家公司上班，离家远还很辛苦。而现在，自己在家乡开民宿更有生活的感觉，我们家里人都在这里，我回来之后和家人团聚在一起，老人也可以享受天伦之乐，我们家真正地四代同堂了。”她很享受现在的生活：每天收拾房子，打扫庭院，种花理草，过起了慢生活，比以前在城里工作时的状态好很多。

内心的乡土情和无法割舍的一抹“乡愁”让年轻人纷纷返乡创业，推动了乡村的振兴。据统计，仙潭村目前有 125 家民宿，其中由返乡创业青年自己开办的就有 56 家，近三年收入均增长 20%以上。

三、民宿乡土文化的表达特性

（一）依托乡土呈现出的地域性

民宿是推进乡村旅游发展的核心要素之一，而乡村旅游主要依托的是乡村风光及文化。我国地域辽阔，拥有高山、平原、湖泊、峡谷、丘陵等丰富的地貌资源，不同地域的旅游资源，形成了民宿特有的空间差别，造就了不同地域文化的民宿风格。有在沿海地区以渔业文化为主的海居；有在大山地区以农耕文化为主的山居；有以少数民族文化为主的木居。各地民宿利用得天独厚的地域资源，各成一派，风格鲜明。

（二）依托乡俗呈现出的传承性

中国是一个历史悠久的统一的多民族国家，由于时代、地域的不断变迁、扩大，不同的社会群体在长期的生产实践和社会生活中，逐渐形成了一些世代相传的风尚和习俗。这些乡土习俗既是一种文化，也是一种特殊的旅游资源，需要传承。民宿不仅要为游客提供原生态的住宿环境，更需要通过这种有形的物质载体去传播、推广无形的乡土文化内涵。游客在住宿的同时，可以了解当地乡民的生活习惯，欣赏当地保留的传统技艺，体验当地特有的民俗活动。

（三）依托乡风呈现出的休闲性

乡村旅游受都市人喜爱的原因之一就是可以在旅途中实现自由、休闲、舒适及审美，同时放松身心、远离烦恼。就像现阶段各地兴起的农家院，让厌倦城市生活的人们有种乡野追梦、回归自然的舒适感。而赋予乡土气息的民宿与星级酒店不同，它脱离了传统酒店千篇一律的房间布置和规范统一的标准服务，更强调个性化的装修风格和对客服务，游客可以感受到儿时天真无邪的童趣情怀，可以享受到薰衣草庄园式的浪漫情怀，可以体验到馒头、小菜忆苦思甜的乡土情怀，也可以领略到经典的怀旧复古情调。民宿所营造出的种种全新的随性自由的生活方式，正是释放自我、轻松自我和愉悦自我的生活态度的综合体现。

（四）依托乡情呈现出的人文性

目前我国乡村民宿主要分为两类，一类是当地纯朴乡民所打造的传统民宿，另一类是外来投资者所改建的新派民宿。无论哪一类民宿都强调宿主和宿者之间的情感互动。通过家庭式服务与细节关怀，传达的是乡土文化中朴素的人际交往形式。这种主客互动的浓郁人情关怀形成了地缘和亲缘的情感联结，产生了富有人情味的独特体验。听着宿主带着浓厚乡音的质朴话语，与宿主聊聊当地特有的风土人情，这种“一人一宿一故事”正是民宿中乡土文化人文性的真实表达。

四、民宿乡土物质形态文化建设

（一）乡土设计，构建乡土民宿

民宿是地域文化的载体，一个具有乡土气息的民宿设计，不仅是对当地乡土文化的展现，也能起到保护当地传统文化的作用。应将当地乡土文化融入到民宿建筑形态、室内空间、景观空间设计之中，营造整体乡土文化的氛围。

1. 民宿乡土建筑形态设计

民宿的特点最直接体现在“民”，蕴含着乡野气息、民风民俗、乡人乡事，同时映衬着当地的地貌风俗。民宿建筑形态设计要体现出环境特色，让游客置身其中体会到乡土气息，不要为了满足功能需求过度“商业化”。不以本地特色和空间环境为背景，作为局部的民宿建筑就会显得突兀。因此，要为民宿建筑设计提供一个具有乡土文化环境的背景。

如浙江省桐庐县莪山畲族乡，被称为中国畲族第一乡。畲族是典型的散居民族之一，其始祖来自广东潮州凤凰山，后来族人散居在福建、浙江、江西、广东和安徽等地。畲族自称“山哈”，“哈”在畲语中意为“客”，“山哈”即居住在山里的人。由于深居山区，交通不便，传统畲族建筑就地取材，用黄泥土浸漂，让牛多次踩踏，再制成土砖，为增强土砖的强度，聪明的畲族同胞在泥中加入了稻草。云夕戴家山乡土艺术酒店就是由一栋普通畲族土屋改造的“民宿”，改造设计时最大限度地保留且加强了原有房屋的结构和实体部分，巧妙地利用传统“畲族土屋”的地域性特色，进行紧凑、适度的加建，并植入精品酒店的功能，以满足现代消费人群的休闲度假需求。

2. 民宿室内乡土陈设设计

民宿一般都有明确而有意义的主题，在不同的地域会有不同的乡土特色。民宿家居的陈设可选用本土的传统家具，甚至老旧家具。传统和老旧家具多了岁月和生活的痕迹，会更温暖，可以更好地与游客达成文化和情感上的共鸣。如拆下来的木料、砖瓦、木雕、石雕、砖雕等重新组合成各式器物。石质的驴槽、猪槽可以铺上玻璃当咖啡桌，磨盘用木头支起来就是一个饭桌，石磙可以当床头柜，箩筐就是垃圾桶、水果盘、杂物盒。旧报纸糊墙，旧照片装裱起来，旧的年画张贴出来，各种奖状、证书也可以装裱挂起来。

在布艺装饰上，选用的织物和图案要具有本地象征性，色彩搭配也要体现本地的审美特征。挂件、摆件等可以选择当地的手工艺品或复制品，通过器物文化来传递乡土文化和价值。而灯光设计可以营造宁静、悠闲、舒适的氛围，与周围的环境协调融合。

例如裸心谷装修时尽量不从外面带家具和建材进来，花了很多工夫在周围的村子里寻找旧家具，拆房剩下的雕花木梁、石墩、猪槽等都成了他们的装修原料。最具创意的是对猪槽的使用，下面凿了个下水孔，成了一个双人使用的洗手盆。没有空调、没有煤气，夏天靠电风扇，冬天靠每个房间安装的火炉，烧的是本地废木料、木屑压缩制成的柴火。门前有蓄水池承接雨水，水得到循环使用。垃圾分类后，树叶、苹果皮会埋在地下。顾客不允许在室内抽烟，发现一次警告，第二次就要被“赶出门”。顾客还被要求节约用电、用水，不提供每天换毛巾服务，没有电视。

3. 民宿乡土景观设计

民宿的景观设计，能够烘托乡土氛围，适宜选用本土植物，能够与周围的环境更加协调。可以根据季节的气候特征，栽种不同品种的乡土植物，保证每个季节都有观赏植物。另外，采用当地乡土植被，能够保持原有乡村景观结构，保持当地农业生态。

（二）乡土改造，构建生态民宿

城市污染是众多游客选择乡村旅游的一个重要原因，城市的雾霾、噪声使我们更渴望在乡野田间享受碧水蓝天、鸟语花香。但目前我国很多乡村经济水平低下，生态环境较差，难以满足现代都市人对民宿的基本诉求，因此，需要通过“改造”来实现乡村民宿生态环境的提升。这里的“改造”不是指对乡土资源的破坏、重建，而是指在固有的乡土资源基础上，在保护古建遗址的同时，通过合理规划、科学开发，达到优化生态环境的目的。

例如浙江丽水的宿叶民宿，作为全国首家植入生态产品价值理念的精品民宿，宿叶推出生态房价的做法成为全国首个生态产品旅游市场化定价的案例。宿叶的房间定价除了考虑传统的房型、配套设施、服务质量等因素外，还创新性地将清新空气、优美风景、美好环境等优质生态产品纳入定价范围。宿叶不仅卖优质服务，更卖“空气”、卖“美景”、卖“环境”，“好生态”带来“好业态”，真正实现了绿水青山就是金山银山。

（三）产品升级，构建精品民宿

伴随民宿在住宿业市场中的快速崛起，游客对民宿消费的需求也在不断升级。地处偏远地区的乡村民宿，其经营仍然停留在早期的“家庭旅馆”模式上，这种虽然具有乡土气息但功能过于单一的原生态居住环境，其实已经无法满足现代游客的需求，需要精品化发展。

乡土文化在民宿构建中的表达不意味着“落后”“简陋”“低俗”。茅草屋、土坯房、窑洞、木头房等不同建筑形态的民宿，在保留其原生态的外表的基础上，硬件设施的配备和对客服务一定要讲求精品化。例如莫干山隐西39精品民宿，遵循尊崇当地风格与自然低碳的理念，既保留了莫干山传统夯土墙和木质框架的建筑特征，同时又强调了现代生活的舒适感。每个房间都安装了地暖，即使外面冰天雪地，屋里仍然温暖如春。五星级酒店品质的卫浴用品和床品，简约而具有禅意的设计，全实木的房梁和支架，竹子铺成的地板、榻榻米，富有质感又亲切，拉开窗帘从全景落地窗看出去便是一片翠绿的竹海。

（四）产品深化，凸显农耕文化

2018年中央一号文件《中共中央 国务院关于实施乡村振兴战略的意见》指出：“切实保护好优秀农耕文化遗产，推动优秀农耕文化遗产合理适度利用。深入挖掘农耕文化蕴含的优秀思想观念、人文精神、道德规范，充分发挥其在凝聚人心、教化群众、淳化民风中的重要作用。”随着农耕文化传承保护工程的实施，民宿也要进行产品深化，例如将贯穿农村生产、生活的老手艺如榨油、打铁、织布、点豆腐、纳鞋底、剪纸、剃头、捏面人、糊灯笼、补锅、修伞、染布、箍桶、做缸、烧砖瓦、印年画、扎锅排、酿酒、糊风筝、炸米花、纺线、补渔网以及各种编织刺绣、各种糕点、各种传统小吃、各种木工、各种泥瓦工、各种烧制、各种缝制等技艺体现在民宿中，让特色鲜明的农耕文化成为民宿最大亮点和个性主题。

为了增加体验活动，增强互动性、参与性、娱乐性，一方面可以现场展示，例如在民宿中开辟农耕展示区，集中展示农耕产品、农耕器具、农耕技术、农耕方式等。另一方面可以传授农耕文化，如将民宿设立为农耕文化传习点，传承农耕艺术、农学思想、礼仪与习俗。

例如以“农耕”为主题的禾肚里民宿，整体建筑采用土材料，建筑外墙以竹子作为表皮覆盖，并将竹子元素应用在园林中，如竹子的围栏、竹筒引水器等，还有瓦、砖等的应用，营造出乡村质朴纯净的空间意境。岭南稻田景观地方特色浓郁，游客漫步于稻田之间感受稻香与蛙声，即有“悠游罗浮山，爰在璞玉兰；住进禾肚里，神仙也枉然”之感。除此之外，还有水稻田间觅食的飞禽，夕阳下的炊烟袅袅，游荡在乡间羊肠小道上，使游客更好地体会到淳朴的乡野生活。

五、民宿乡土非物质形态文化建设

（一）传承非物质文化，构建文化民宿

乡土文化中的非物质文化体现为乡村的价值观念、民俗风情、生活方式、宗教制度等。与物质文化不同，非物质文化必须以“活态”的方式予以传承。民宿是乡村非物质文化传承的重要载体，依托民宿主人，展示、传承乡土文化。

比如婺源悦园婺扉民宿把国家级非物质文化遗产——歙砚制作技艺引入古宅，在民宿内的非遗手工制作室，游客可目睹砚雕大师现场制作歙砚，也可拿起刻刀体验在石头上刻字，实现了非物质文化遗产与民宿的完美结合。再如北京房山区的姥姥家民宿，就与国家非物质文化遗产皮影戏的传承人签署了合作协议，让更多的人了解、认识皮影戏，进而喜爱上皮影戏。

（二）情感探寻，构建温馨民宿

“感人心者，莫先乎情”。情感诉求是乡土文化中的重要组成部分。在消费升级时代浪潮下，功能不再是唯一诉求，消费者更加注重对产品的“文化内涵”“精神”等情感因素的体验。乡土文化情感诉求，其表达形式可以是隐逸的田园情怀、游子的乡愁情怀、厚重的民族情怀，抑或唯美的艺术情怀。民宿业主可以根据目标客户的差异化情感需求，构建不同主题的文化民宿。

如西递的猪栏酒吧。猪栏酒吧并不是酒吧，而是一家民宿，该民宿只是

把院子里原有的一个猪圈改造成公共活动空间，在里面设置了一个小酒吧。猪栏代表一种乡村物质形态，保留着原有的时间与空间感，又赋予了现代生活的含义。它朴素、原味但又时尚，既有浓郁的怀旧气氛，又充满乡村和世俗的轻松、愉悦，正如民宿主人所说的“懒在猪栏酒吧里，做一回天堂的猪”。

再如裸心谷的“裸心”理念。“裸心”代表返璞归真，远离现代忙碌生活的困扰，回归大自然，恢复身心平衡。“裸心”提倡的生活方式：住在豪华舒适的住所，沉浸在一片静谧里，适时适当地强健及调理身体，重拾身心的平衡，找回自我。以“裸心”作为核心理念，迎合目前人与自然协调可持续发展的理念，放下一切心灵负担，在自然中无压力放空。

六、依托乡土文化，释放“民宿+”新能量

2019年元旦假期，尽管天气寒冷，广州乡村游的热度却不减。番禺、增城、花都、从化都是乡村游热点区域。乡村民宿已经不仅仅作为乡村旅游的配套，而是在“民宿+”融合发展的导向下，逐步成了寄托乡愁的地方。

从化区的“田缘花舍”乡村民宿，种植了500亩绿色“五无”蔬菜，采取会员制的形式，给1000多名会员及时配送到家，“农业+旅游”的融合发展在这里出现了雏形。

距离广州约1.5小时车程的惠州博罗县上良村已有13栋民宿90多间房正式对外营业，逐渐成了“网红村”。上良村采用村企合作的模式，村民是最直接的参与者。比如上良村村民赖伯将自家的二楼租给投资公司，一楼自用，一年除了能获得2.8万元的保底租金，还有2万元的庭院修建费和4万元的装修费，除此之外，他为住客供应早餐，带顾客采摘年橘，售卖土特产，一年的收入比他之前在镇上开早餐店挣得还多。

村里的游客服务中心也是村庄的图书馆，藏书过百，简约的落地书架成了游客拍照的背景。

在惠东高潭镇马克思街上，当地居民罗秀云开办的民宿，旅游旺季时入住率高达90%以上，按照统一规划，她的民宿在设计时注入了各类红色元素。除此之外，民宿还推出红色旅游产品，顾客可以穿上红军装，重走红军路，喝红军茶，深度体验红色历史和文化。

一路向东，汕尾的陆河县螺洞村，以梅闻名。每年年初，这里银装素裹，漫山遍野的青梅花形成“香雪海”的盛景。特别是临近大寒时节，慕名而来

的游客访梅林，赏梅花，品梅酒，体验和梅相关的文化韵味。2017 年 6 月陆河县被列入全国 12 个农村综合性改革试点试验县，螺洞村是陆河县 15 个试点村之一。螺洞村村民把握机遇，成立由全体村民参股的旅游股份公司，全村筹集了 600 多万元，其中外出乡贤出资 300 多万元作为旅游开发的启动资金。村党支部动员村民以土地、青梅树或现金入股。此后逐步建设了梅花缘拱桥、梅园栈道、梅花飘台、世外梅园·停苑人文客栈、乡村图书馆等一批旅游配套设施。乡村图书馆紧靠人文客栈，为游客体验当地文化提供平台。2018 年梅花节期间，螺洞村接待游客近 20 万人次，最高峰日达 2.5 万人次。

第二节　民宿审美文化

人类审美意识的萌芽，最早可追溯到以工具制造和使用为标志的旧石器时代。民宿产品作为一种生活方式，是对美好生活的一种写意，审美文化是其必不可少的组成部分。民宿审美文化包含生活美学、空间美学和生态美学等。

一、民宿的美学属性

（一）空间属性

民宿的个性、差异化首先体现在空间设计上。民宿的空间设计就是要把精神文化内涵定位空间化、物质化。民宿设计追求的不是规模和奢华，重要的是精致而有特色，用独特的设计风格与理念来满足市场人群，用一砖一瓦、一草一木的细节来精心构建民宿的个性与文化精神，引入新的生活文化理念，激发民宿迸发出自己的活力。

（二）文化属性

传承地域文脉，设计需要同根同源，因此，当地文化的展示尤为重要。民宿所在地文化能激发游客的好奇，构成核心吸引力。民宿可以成为一个地区文化展示的窗口，可以表现当地特色风情，让游客体验与自己居住地文化不同的新奇感。因此，民宿的规划设计必须充分挖掘和突出当地文化元素，要把本地化的特色元素融入装修环境。

（三）环境属性

民宿设计应遵循质朴自然的原则。在民宿度假追求的是一种慢生活态度，是一种回归自然、轻松和谐的意境。因此规划设计时要尊重地域自然生态，使人与自然、材料与环境和谐共生。

（四）建筑属性

民宿，无论是沿用传统特色建筑，还是采用现代创新建筑，建筑本身就是民宿的一大亮点和卖点。民宿的重建或扩建，可运用设计的加法或减法，采用所在地材料，不仅能使荒废破旧的乡下老宅焕然一新，也能重塑一方水土。

老房改造为民宿可为老房注入新的活力。老房子是活着的历史和文化，在设计时应让其焕发新的生命光彩，并更好地传承文化。新建民宿并不代表着摒弃当地的历史和人文，可以通过研究，提炼出历史、人文中的建筑语言。

二、民宿生活美学

民宿向顾客展示的就是民宿主人的生活美学。民宿主人的人生观、价值观是民宿生活美学的核心。民宿主人以民宿提供的“生活方式”为内容，以达成顾客的“幸福感”为目的，向顾客展示、销售、提供其审美价值与情趣。

民宿生活美学的主导者是民宿主人，民宿所体现的是民宿主人文化。民宿主人文化植根于民宿主人自身的文化情结与经营中的人文关怀理念，包括主人的生活观、美学观、人际观和服务观。民宿主人文化决定了民宿的基本特性，是民宿核心竞争力的基石。

（一）生活观

生活观是指民宿主人对待生活的态度及观点。包括：对人生价值、人生目的和人生意义的基本看法和态度；对生活方式的感悟、体会与理解；对文化，尤其是民宿所在地文化的浓烈兴趣与痴迷。民宿主人的价值观、人生观、世界观直接决定了民宿产品品质的高低以及服务文化的方向，是民宿生活美学的核心理念要素。

例如宛若故里创始人、大陆民宿获风投第一人金杜，她说：“睡在哪里，都是睡在梦里；走在哪里，都是走在逐渐沦陷的故里。不管你是60后、70后，还是80后、90后，不管这个时代的幕布多么波澜壮阔，回不去的故乡是我们这几代人共同的宿命。”所以金杜的愿景打动那些追随她的人：“在中国12个最美的地方，建12家美宿，用12个月时间且行且走，虚掷好时光。”

（二）美学观

美学观是指民宿主人的审美品位。民宿主人的审美意识直接决定着民宿设计、建设、经营与服务的审美高度，制约着资源效益水平。民宿主人的审美品位能够更有效地将各种资源转化为可感知、可触摸、可体验的软硬件产品，为民宿产品打上深刻的烙印，注入艺术化、时尚化的美学灵魂。

例如莫干山的椿山集，是一幢隐逸在林间的日式风格度假别墅，以“舒适和自由”作为设计理念。民宿主人是位走遍浙江的旅游编辑，他的民宿采用了歇山顶、深挑檐、架空地板、室外宽平台等建筑形式，外墙是传统夯土加木格栅工艺外观，为了能观赏四季自然的村落风景，每个客房里都配置了宽敞的凉台或宽走廊，和著名的轻井泽虹夕诺雅酒店有着异曲同工之妙，令人仿佛在莫干山找到了清新的“日式乡村的风景”。

（三）人际观

人际观是指民宿主人开放、包容的对人与人、人与社会、人与自然的认识与处理方式。在急剧变化的信息化社会，城市化的发展使人们背离了自然与乡村，激烈的竞争使人际关系渐渐疏离，人们渴望回到逝去的“故乡”，重新找回温暖的亲情。因此，民宿主人的交流热情、沟通艺术决定着民宿的温度，影响着顾客的情感认同。以“发烧友”的热度，以“朋友”的亲和力，以“说书人”的魅力调动顾客与民宿从业者之间、顾客与所在地居民之间、顾客与顾客之间的交流意愿和冲动是民宿生活美学的重要内容。

例如位于莫干山景区西北隅半山腰的蕨宿，依山而建，筑于高处，坐北观南，拥有极佳的自然景观。前后两个院子，一处原生态，一处玩趣十足。露天的餐厅里，摆上一长桌的菜，和一大帮朋友畅所欲言，也是一种美景。民宿有十余间房间，名为：问竹、听雨、寻篱、栖霞等，寓意着自由、回归以及与自然的和谐相处。蕨宿的主人淡水姐是土生土长的德清人，“吃的是自己亲手种下的小菜，喝的是高山深处的山泉，闲来和小伙伴们一起挖挖笋、捡捡柴，偶尔和南来北往的旅人喝喝茶、聊聊天，每日花香为伴，不问世事悲喜。”这是淡水姐的生活，也是顾客来蕨宿期待过上的生活。

（四）服务观

服务观是指民宿主人的服务理念，包括对客服务和对社区服务的意识。

在对客服务方面，主要指民宿的人文关怀意识。人文关怀是一种植根于内心的修养，更是一种职业道德，要求从民宿主人开始，对顾客无微不至地关注与呵护。

民宿主人、从业者对民宿这一服务性职业发自内心的喜爱、尊重与坚守是民宿服务气质的内在情感动力；足以调动顾客内心情绪的服务风格和服务规范，是民宿服务气质的外在行为特征。与酒店追求仪式感的服务气质相区别，民宿服务气质的基调是强调家庭的温暖感。

例如莫干山的隐西 39 民宿，其女主人楼宾被誉为“最美民宿女主人”，她以前是位成功商界精英，退休后来到莫干山，在她的打理下，这间隐于竹林深处的山水院落，变成了一房难求的民宿圈网红，也成了莫干山最温暖的“家”。她不仅体贴入微地照顾顾客的饮食起居，还是顾客最好的倾听者和陪伴者。她对管家说：“你们要把自己当作楼姐的儿子女儿，代我做一份亲情的输出。”

在社区服务方面，民宿除了具有企业属性之外，还具有社会属性。尤其是乡村民宿，在带动区域形象建设、文明水平提升、脱贫致富方法探索等方面具有很大的责任。民宿主人的社区服务意识还体现在民宿的社区融合度上，乡村民宿如何处理邻里关系是非常重要的内容。例如 2020 年新冠疫情期间，浙江临安很多民宿主都通过网络帮周边村民售卖滞销农产品，民宿变成农产品“直播间”，原来建立的民宿客户群成为当地土特产最主要的消费群体。春笋、农家鸡蛋、天目小香薯等均成为抢手货，解了村民们的燃眉之急。

三、民宿空间美学

（一）环境禀赋

环境禀赋是指区域环境资源的富集程度与价值。休闲度假时代，旅行者的出行从选择住宿地开始，以离开住宿地回到家中而结束。在旅游目的地，旅行者的行为特征也明显地呈现出以住宿地为中心，选择性、间歇式向四周进行辐射状空间位移。因此，民宿需要依据顾客的需求，充分利用周边环境资源，有效开发出各种有利于体验感提升和效益创造的产品，丰富和完善自身的产品体系。

例如，莫干山被《纽约时报》推荐为全球 45 个“最值得一去地方”之一，作为一座被绿竹覆盖的高山，离上海仅有 3 小时路程，拥有原生态的环境，大规模的竹林、茶园，高密度的植被覆盖与富氧空气，零星散落于山脚的村庄，零距离的原乡体验，脱离都市的闲逸气息，这些都是莫干山民宿的环境禀赋。

（二）空间风格

空间是民宿功能实现和情感传递的载体，是民宿生活美学的展示场所。民宿的空间风格植根于民宿的主人文化，也是民宿主人专业化水平的一种体现。因此，在民宿空间设计中，首先应高度关注专业化问题，要求建筑外观、装修风格、装饰材料、装饰工艺等环节与民宿文化定位、风格定位协调一致。其次，就民宿而言，传统文化、民族文化、地域文化的时尚表达不仅是审美的趋势和潮流，更是自身经营与消费的内在需求，应避免以追求所谓特色为幌子，表象化、浅层化、符号化，甚至庸俗化，“旧木材、土坯房、鹅卵石、老门窗”不是民宿空间风格的唯一符号，“一宿一格”才是民宿空间风格与特色所在。

（三）空间功能

民宿的空间功能性在于空间的复合性。比如乡村的晒场，它不仅是整个乡村的公共生产空间、红白喜事的仪式空间，也是小孩玩耍的游戏空间、外来商贩摆摊设点的交易空间。民宿的空间营造，要在空间的利用上，充分强调这种复合性，这样才能够让民宿具备一种更强的体验特征。民宿的一个院子或厅，可以有咖啡、阅读、手工、文创、旅游商品展示，也可以具有餐饮等多样化功能。

庭院在传统的建筑里是非常重要的空间。它体现了心与识、天与地、内与外、有和无、忙和闲的交流和互动。可以说民宿如果没有庭院空间体验，顾客的满意度就会大打折扣。

对于民宿来说，住可能只是其功能之一，大家到了民宿以后，更愿意和主人聊聊天，和朋友聚一聚，或者做一些手工，甚至是在院子里看看天、看看周边的风景，这些都是院落空间最核心的价值所在。比如给两层的老房子前面架起一个观景平台，在二楼打开一个出入平台的口，可以在平台晒太阳、喝咖啡、读书、聊天、听音乐。

（四）空间营造

空间营造是民宿设计的核心，尤其是对于乡村材料的应用，比如说当地的、乡土的、简洁的，以及植入性的营造会显得很特别。不同的材料会传达出不同的审美取向，比如说木头、砖石能体现粗犷的特征，布艺、花草能成为精致的装饰，书画、文房四宝等能营造出文雅的空间氛围。不同的营造特征会体现不同民宿的主题和空间氛围。

例如莫干山居图，是中国首家图书馆民宿，文艺格调十足。其主人非常爱阅读，将这里打造成书的殿堂。最吸引人目光的是气势磅礴的近500平方米的大厅，大厅内布满了书法绘画作品，还有宽近16米、最高点有13.9米的巨幅书墙，收藏了万余本图书。顾客住在这里，能感受到独特的文化氛围。

四、民宿生态美学

生态美学是在20世纪80年代中期，随着生态学的发展逐步形成的。法国社会学家J. M. 费里于1985年指出："生态学以及有关的一切，预示着一种受美学理论支配的现代化新浪潮的出现。"生态美学是生态学与美学的一种有机结合，是运用生态学的理论和方法研究美学，也是用美学的眼光审视生态环境，从而形成一种崭新的美学理论形态。

（一）民宿生态美学

1. 艺术感

艺术源于生活，又高于生活，引领人们提升审美层次。民宿给人的印象应是有令人咀嚼不尽的内在艺术品位。

例如莫干山的裸心谷，租用当地的泥坯房，在不破坏原有房屋框架结构的前提下，围绕低碳环保主题，利用旧原料，根据房子本身的特点进行设计。院中，老房子拆下来的大梁对半剖开，成了长条桌；椽木被用来当花园的藩篱；大树墩成了圆桌，石墩子一个个叠起来，就是凳子；茅草棚下的吧台，全部是用废旧啤酒瓶堆垒起来；墙边散放着农家常见的土罐，是烟灰缸；喇叭形的垃圾桶是由竹篾编成的。阳台上，废旧市场收来的木头做成柱子、栏杆；竹枝扎成了栅栏；修葺过的屋内，有裸露的原木大柱；厅内的花格和吧台，也一"裸"到底，一块块红砖别致地围起后，未加涂饰；屋内的家具物件，都是四处"淘"来的宝贝，有当地古老的暖榻，笨重巨大的沙发床、藤椅，下面有储物柜的椅子，老旧的火桶，还有从旧理发店搬来的理发椅等。所有的装饰保留和深化了泥坯房原有的风格和特质，融进新的设计元素，体现出自然和现代感的融合，表达出主人的原生态理念。

2. 宁静感

民宿最忌喧闹的环境，喧嚣给人带来烦躁和紧张，与住客希望修身养性的初衷南辕北辙。安静，能给旅人带来精神上的轻松和愉悦，并给人以思考和遐想的空间。背景音乐以轻柔为主旋律，音量要适中，若有若无为最佳，服务体系里还应专设“安静”培训。

例如，河南登封少林寺附近的禅心居，参照禅文化设计，安静是其最大的特色。还有莫干山上的塔莎杜朵，是一间充满“塔莎奶奶”风情的民宿。“想获得幸福，就是希望心灵得以充实。任何人都可以活得随心所欲。”深受塔莎·杜朵奶奶的“童话般生活”的影响，三位德清姑娘心中一直向往着能过上欢乐朴实的田园生活。这三位姑娘打造了一个全新概念的中国的“塔莎花园”，有着类似摩洛哥建筑的梦幻设计，四周一望无际的绿色有机农场，通过大开窗的设计将绿色引入室内，在远离喧嚣的乡村中，展示着“慢活”的生活哲学。

3. 文化感

民宿应有自己的地方特色，与地方旅游文化深度结合起来，给游客以耳目一新的审美感受，从中获取别样的精神财富，如挖掘当地有趣味的文化故事、村落口述史、手工艺品展览等。还可以深度挖掘当地原生态元素，回归本土生活，营造怀旧与乡土气息。如收集各种以前使用过的农村生活用品、娱乐用品、农用工具、牲畜用品，开个老物件展览馆。花轿、煤油灯、千层底、顶指、织布机、风箱、蚊帐、马桶、斗、背篓、面缸、油罐、米面篮、米筛、簸箕、木桶、吹火筒、镰刀、扫帚、木锨、犁耙、鸡毛掸、对杵臼、蒜臼、铡草刀、牛笼嘴、驴缰绳、算盘、蓑衣、斗笠、油纸伞、家谱、架子车、独轮车、马车、缝纫机、八仙桌等都可成为展示内容。

4. 互动感

随着越来越多的人将旅行融入生活，酒店或民宿逐渐成为家、办公室、咖啡馆之外的“第四空间”，最好的度假体验应是既能南山隐居，又能群贤雅集、诸朋宴饮。民宿，也可以成为高质量的小众社交活动交流平台。

例如莫干山三秋民宿，语出诗经，“一日不见，如三秋兮”，用时间的长度，表达着思念的深度。依山傍水、竹林掩映，走在三秋，满眼都是时光的印记，老房子的梁柱骨架、房顶的砖瓦、铺路的条石，到处都藏着几十年的光阴故事。主人有着多年的艺术品拍卖从业经历，通过邀请摄影师和艺术名家进行竹林创作，打造艺术家写生基地，设立艺术讲堂，定期举办艺术展示活动。三秋民宿成为竹林文化民宿的标杆。

（二）民宿生态美学设计原则

1. 注重形式美

形式美多反映在人对物体和环境的视觉感知上，视觉美感是人对物体以及环境的第一印象，直接影响人对环境的评判。人的视觉评判与物体的形式相关，物体的形式美包括空间造型、材料肌理、色彩搭配、光泽影像等。在进行设计时，设计者首先要考察周边环境，确保设计物体与周边环境融合统一。

2. 注重功能美

功能美多体现在人与物体以及环境的互动上，便利、舒适的功能体验，能提升人们的使用率，并正确引导人的行为活动；不合理的功能设计则起反作用，导致被闲置，甚至遭到破坏。

3. 注重生态美

生态美多体现在人与物体以及环境的持续性上，注重人与物以及环境的和谐性与均衡性，相互联系，共荣共存。生态美同时也是绿色设计的一种集中体现，遵循天人合一的思想，以不破坏事物的规律为前提，达到人、物、环境的统一。

第三节　民宿品牌文化

随着现代人生活水平的逐步提升，人们的消费也出现了多元化、高层次等特点，对民宿的要求也自然有所提高。游客一方面力求在民宿得到对应的物质享受，另一方面还期望通过民宿品牌文化得到相应的精神享受。民宿品牌不仅是当前游客用以区分相同类型产品的重要依据，也是这类民宿质量、价格以及特色等的充分象征。在现实生活中，大多数游客选择入住民宿首先要考虑民宿是否具有自身的知名度及信誉度。民宿的知名度、信誉度往往通过民宿品牌加以体现。

一、民宿品牌文化内涵

民宿品牌是民宿的名称、标记、符号或特殊设计，或是它们的某种组合，使之与竞争者的产品或服务区分开来。

（一）品牌是民宿的一种无形资产

品牌是有价值的，品牌的拥有者凭借品牌能够不断地获取利润，但品牌的价值是无形的，甚至是难以估量的，有时大大高于其有形资产的价值。2020 年 1 月发布的全球品牌价值 500 强中，第 1 名亚马逊的品牌价值超过 2207 亿美元，第 2 名谷歌的品牌价值超过 1597 亿美元。在排行榜前 10 名中，中国公司占 3 席，分别是工商银行（807 亿美元）、中国平安（690 亿美元）和华为（650 亿美元）。

可口可乐的品牌价值为 361. 88 亿美元，其总裁曾说："假如我们所有的工厂在一夜之间被大火烧光，我相信，第二天早上，世界各国报纸的头版将会出现这样的新闻：世界各大银行争先恐后为可口可乐公司贷款。"这正是世界第一饮料产品的品牌形象和信誉的魅力所在。

（二）品牌具有一定的个性

好的品牌往往有自己独特的形象和内涵。在民宿业中，讲究的就是文化韵味和民宿主人的"个性情怀"，很多民宿都形成了自己个性化的品牌形象。比如安徽西递猪栏酒吧就是将徽派老宅融入当地特色文化要素改造成的精品民宿客栈，客栈的服务人员都是当地村民，使游客可以体验到当地正宗的菜品和生活风俗。以"裸心谷""法国山居"等为代表的民宿，建立了一种人与自然的亲密关系，突出"原生态养生、国际化休闲"主题，西方文化与村落文明的差异互补，形成了以"洋家乐"为标识的中高端民宿品牌形象。

（三）品牌具有排他专有性

品牌的排他专有性是指产品一经注册或申请专利，其他竞争者不得使用。一件产品可以被竞争者模仿，但品牌却是独一无二的。品牌在其经营过程中，通过良好的质量、优质的服务建立良好的信誉，这种信誉一经消费者认可，就很容易形成品牌忠诚，并强化品牌的专有性。例如台湾的卓也小屋民宿，其特色在于"蓝染"手工艺和慢食生活。依山临水的卓也小屋，规模小而精致，是主人卓也夫妇与自然共处的生活方式，呈现着台湾旧时村落的生活风貌，几乎成了游客必去的特色景点。

（四）品牌以消费者为中心

品牌是一个以消费者为中心的概念，没有消费者就没有品牌。品牌的价值体现在品牌与消费者的关系之中，没有消费者的认可，品牌便毫无价值。

（五）品牌是民宿竞争的重要工具

一个深入人心的品牌是民宿最有力的竞争武器。品牌为消费者所接受，绝非一朝一夕的事情。这种接受建立在诚信、情感、理智和癖好的基础上，不会轻易抛弃。在信息爆炸的时代，消费者需要品牌作为礁石，也愿意为他们选择的品牌多花钱。因此未来的营销是品牌的竞争，必须打造具有市场潜力的优势品牌。

二、民宿品牌文化构建

（一）找准民宿品牌定位

品牌的个性与独立性决定了品牌的差异性，精准定位品牌是建设优质特色品牌的前提与关键，而且决定着品牌的推广市场以及目标群体。虽然可以通过大量的市场调研、研究分析以及系统综合诊断来确定民宿品牌定位，但更重要的是发挥民宿自身独一无二的优势资源，如优美的自然资源、唤醒童年记忆的乡村院落、蕴藏深厚内涵的地域民俗文化、传递生活品质的美学理念等，这些才是民宿品牌精准定位的有力抓手，如大乐之野、蓝莲花开、花间堂、西坡等独具特色的民宿品牌无不体现出其品牌的内涵。

定位不仅体现出品牌理念、品牌创意，还包含了品牌文化。品牌文化是民宿行业茁壮成长的肥沃土壤。民宿离不开与周边环境和历史文化的融合，如中国台湾一些发展较为成熟的民宿，正是以地域文化创意品牌定位走入了游客的心中；云南的花间堂以融合唯美人文与乡土特色的品牌文化吸引大批游客，大幅度提升了品牌竞争力。因此，民宿经营者应该结合自身资源，深入挖掘文化内涵，精准定位民宿品牌。

（二）民宿品牌形象设计

品牌形象设计是品牌在自身定位的基础上，将自己的理念、功能、种类、特点等信息结合推广媒介形成一套良好的可视化的外在表现形象，提高品牌识别度，呈现出品牌的差异化策略，加深受众对品牌的记忆。无论是对内管理还是对外影响，都可以实现规范化，以提高品牌认知度。

1. 民宿品牌的“心”——MI（Mind Identity）

MI是理念识别，指民宿品牌包含的经营理念，即民宿的经营信条、价值观、经营方针和政策等。它蕴含了民宿文化，浓缩了民宿宗旨，是民宿品牌建设的基础，也是品牌形象识别系统中的核心。

例如隐居民宿，融入隐居文化，体现了隐居简单生活的理念，打造“慢生活开始的地方”这一形象。隐居文化是中国传统文化中重要而又独特的一项，而隐士是文化的主体。自古以来隐士众多，隐居目的和隐居成果也不尽相同。隐居文化在现阶段的兴起，是人们基于对当前生活方式的深层次思考，寻求一种更自然、更健康、更简单的生活。很多民宿主人都有一颗隐世的心，很多住民宿的朋友也存在对隐居生活的向往。

2. 民宿品牌的“手”——BI（Behavior Identity）

BI 是行为识别，它通过民宿的服务质量、日常管理、竞争行为和对社会的责任体现出来，是民宿品牌建设理念的外在表达。例如民宿界的传奇品牌——裸心，提倡人和周围环境融为一体，与大自然零距离，回归到最本真的自己。品牌创始人高天成是一位南非人，他怀念家乡自然淳朴的生活，厌倦了大城市的灯红酒绿，一次在莫干山小村庄偶然迷路，使他萌发了打造“裸心乡”的念头（2007 年），2011 年和设计师太太共同打造了“裸心谷”，不仅协助了当地的经济发展，更受到了国际媒体的赞誉，成为中国顶级度假村。2017 年，“裸心堡”让百年古堡焕发青春，将“洋家乐”推向极致。裸心品牌用十年时间铸造了民宿界的传奇，更引领了莫干山的民宿潮。如今，裸心仍在不断发展，后继“裸心帆”项目已经在官网进行宣传。

3. 民宿品牌的“脸”——VI（Visible Identity）

VI 是视觉识别，是文字、色彩和图案的结合，是民宿形象的外化。例如如家酒店集团在 2014 年 3 月 30 日全面启用了新版品牌标志，由此前被大家俗称的黄蓝小屋变更为中国红印章，造型上更加简洁，寓意也进行了提升。之前的黄蓝小屋，设计理念来自皎洁似月，温馨如家，蓝色代表夜空，黄色代表明快、靓丽的家，形象直观明确。新的品牌形象设计在原来整体外观基础上采用了印章设计方案，颜色为单一红色，减去了外文名称，整体造型更加简洁现代。印章象征着权利与责任，这是中国人民的传统文化共识，同时利用阴刻法在体量和比例上呼应了老版标志，传承了如家一贯的“家”文化概念。

（三）民宿品牌构建基础

1. 基础的标准化服务

卫生、舒适、安全、尊重、便利、亲切等都是民宿所提供产品的必然要求。而达到这些要求最根本的方式就是标准化，它包括目标的标准化和过程的标准化。世界上任何有品牌力的酒店集团都有全面、严格和细致的服务标准作为质量保障。因此，民宿在打造品牌时，第一项基础工作就是进行民宿的标准化建设。正如花筑公共事业部 VP（Vice President）白帆所言："我们从上到下都在灌输服务理念：你不一定给每个消费者制造多大的惊喜，也没有这个必要，你把每一个你的服务环节做到极致做到充分，你就是强的。"

2. 针对性的定制化服务

民宿经营管理者应该按照地域、职业、年龄、性别等对客源进行市场细分，分析每一类细分人群的行为特征，包括消费者对价格的敏感度、习惯使用的平台和预订渠道，偏好的房型，通常提前几天预订，平均入住天数，除住宿外消费其他产品的可能性等。针对主要客源需求提供针对性服务，在打造良好游客体验和文化价值感知的同时，以产品和服务为载体与消费者产生情感共鸣，在细节和特色上优化产品和服务，最终使消费者产生归属感，品牌在细分市场上也才会具有美誉度和影响力。

3. 以社会潮流和消费者观念为基础发挥整合营销优势

品牌文化需要通过营销手段（产品、价格、渠道及促销）传递给目标消费者，以社会潮流和消费者观点转变为切入点，更好地发挥营销手段的整合优势。从消费者的需求出发，发展多元化旅游项目，增强消费者体验。民宿主可将自己的创新与个人情怀加入民宿经营中，创新服务，增加服务项目，如建设书店、手工小作坊；开设美食、艺术、生活体验学堂等，既丰富了游客体验，又能更好地将当地文化融入民宿中。

（四）民宿品牌文化建设

品牌文化是文化特质在品牌中的沉淀积累，兼容企业文化与社会文化，以产品和服务为载体，通过理念、个性、声誉等品牌精神的塑造，最终升华为品牌归属感，从而实现消费者和品牌之间的共鸣，以更好地向消费者提供功能和非功能价值（情感、体验及文化）。

品牌文化是品牌与传统文化及企业个性形象的综合，突出企业外在的宣传和整合优势。品牌文化的形成受到营销手段（如广告、促销、渠道等）、消费者（价值观、理念及口碑等）、社会潮流（如媒体导向及社会风潮）三大因素的共同影响。

1. 品牌文化特征

（1）品牌文化是由消费需求决定的

品牌文化虽属企业，但由消费者需求决定，不是生产主导而是消费主导，换句话来说，就是消费者认同你的文化，并产生购买行动；同时，品牌文化要与时俱进，不断创新，随着消费者需求的变化而不断地变化，这样，品牌文化才有更强的生命力。

（2）品牌文化可以实现多方面的认同

企业文化由企业内部单方面认同，一般表现为“价值观—凝聚力—生产力”的单一模式；品牌文化则是着眼于建造过程中的多方面关系的协调，从而得到社会各个消费领域、消费层次的多方面认同，表现为“文化共鸣—认同品牌—认购产品”的多边模式，即通过“文化力”拉动“销售力”，促进“产品力”，实现企业持续性发展。

如果把企业文化比作树的根，那么品牌文化就是果。企业文化追求的是内部效应，而品牌文化更多追求的是外部效应，它是品牌价值的集中体现，也是品牌的无形资产。品牌价值的累积是通过品牌文化来实现的，同时，品牌价值也是很脆弱的，一旦得不到消费者的认同，很容易产生羊群效应，造成品牌资产的严重流失。

2. 民宿品牌文化个性

民宿品牌文化个性是品牌形象的具体表现，民宿发展应当坚持特色化、个性化，借助区域独有的自然环境、文化习俗与民风民情，打造具有显著地方特色的建筑风格、文化构想以及服务模式。

民宿是否能够树立其品牌个性，取决于能否与游客构建良好关系，当游客在消费感知的过程中，将民宿视为一个形象或是一个伙伴，就会把自身情感映射到民宿品牌上。

“缓慢民宿”是台湾知名度颇高的民宿品牌，主人希望将“缓慢”的精神融入民宿的经营与氛围中，让人身在其中，“心情缓缓的，走路缓缓的，不赶时间，唤醒身体的每一寸神经，细细感受周遭的一切”。民宿的标语就是“不急，慢慢来”，民宿内部弥漫着一种轻松缓慢的氛围，更在细节处让人情不自禁放松心情，整个融入“缓慢”的环境中。

3. 民宿品牌文化与“在地”文化相融合

“在地”一词派生自英文单词 in-situ。在考古学的范畴中，“在地”指文物必须被放回原始环境中审视，才能正确理解其文化背景及存在价值。民宿也是如此，在地文化是民宿的灵魂，也是民宿的核心竞争力。民宿并不仅是单纯的居住与餐饮服务的提供者，较之酒店、旅馆，民宿更强调沟通交流、文化传播的属性，具有更强烈浓厚的地域文化色彩。所以民宿应当成为一种在地文化传播的重要载体，只有与在地文化链接，民宿才能慢慢从旅游的容器演变成为具有磁极效应的旅游吸引物，形成独特的品牌效力。

例如黄山屯溪老街内，九栋老宅，五大主题，形成一片拥有 39 间房的徽州儒商生活文化民宿集群，也是黄山市首个徽商主题民宿集群。茶、盐、木、当，是古时徽商最崇高、最具代表性的四大行业，同时结合徽州人的一大生活文化“火”，进行提取设计。“茶院”以茶陶情；“盐院”藏富不露，尽显当年徽州盐商的商贾气魄；“木院”繁华重现；“当院”如数家珍；“火院”最可感受徽州商人知足常乐的生活文化。九栋老宅，依旧时原貌改建，还原当年老街徽商的生活场景，可体验到真正的徽商生活。

（五）民宿品牌文化情感建设

打造品牌的另一个关键是挖掘顾客的情感需求。品牌忠诚度是指由于顾客满意度的提升，游客与某一特定民宿或品牌产生情感联系，在同等条件下选择多次重复入住特定品牌民宿的行为。高品质的民宿，必然拥有一定的具有品牌忠诚度的游客。彰显民宿特色、体现游客价值、建立感情联系、进行文化输出的过程就是培养游客品牌忠诚度的过程。

“天空的院子”位于台湾南投县，创始人何培钧是一名摄影爱好者，偶然发现了这间位于 800 米山上被世人遗忘的百年古厝。他保留其原来外观面貌，在屋内坚持用最好的建材，终于让这座破宅焕然新生。为了保持院内静谧优雅的环境，不提供娱乐设施，他希望住在院子里的人能体验自然风光，品尝客家传统美食，心灵在人文山水之间得到栖息。他认为民宿是让人认识这个地方最好的媒介。在何培钧十几年的精心投入下，“天空的院子”被称为台湾最美民宿，是南投竹山区一处不可错过的风景。

（六）民宿品牌营销推广

好的品牌也需要优秀的营销渠道来推广。新媒体运营是互联网时代出现的新型产品推广方式，具有双向化传播特征，能够提高乡村民宿品牌的传播效率和速度。

通过现代化移动互联网手段，采取线上和线下相结合的营销方式，利用政府官网、民宿网站、微信、微博、抖音、手机 App 等线上营销渠道和旅行社、景区等线下销售渠道，向游客广泛或精准推送民宿信息，就可以加深游客对民宿产品的品牌印象，达到营销的目的。

例如位于浙江省台州市仙居县白塔镇的过云山居，专注于对云海风景的独特观赏角度和云中体验。当地政府也很关心民宿所在地空心村的问题，所以将过云山居开业情况拍成了宣传片发在当地的旅游网，令过云山居声名鹊起。后续，过云山居又建立了微信公众号，通过朋友圈等自媒体进行推广，每篇软文的点击量平均五六千，成为名副其实的网红品牌。再如四川省阿坝州理县民宿浮云牧场，地处高山，原为一处荒废的牧场，交通极为不便，需要消费者包车或自驾性能较好的私家车前往，其通过新媒体短视频传播成为“网红”民宿后，被贴上了“天空之城”的标签。而消费者体验后发布的照片、攻略、人物故事等又带动了其他消费者的到来，形成市场异常火爆的局面。

第八章
民宿集团化管理

民宿行业已经过快速增长期，目前处于调整融合阶段，而个性化需求则成为现阶段发展的主要驱动因素，民宿开始上演“脱单秀”，民宿的连锁化、集群化、专业化、酒店化、综合化、海外化运营，成为产业新趋势。要提升民宿服务质量，保障旅游者与经营者的合法权益，促进民宿产业持续健康发展。

第一节　民宿集团化发展

随着市场对高品质民宿需求的增加，单体民宿的短板开始凸显，加之资本对民宿的青睐，民宿开始走上集团化的道路。

一、集团和集团化

集团是指为了一定目的而组成共同行动的团体。集团往往通过投资新建、资产兼并、股权运作或相关协议等方式，由单一经营企业向两个以上企业发展。

民宿集团是指民宿主人创建或控制两家以上民宿，这些民宿通过资产融合、管理合同、产权确定等，形成在人员、技术、资金、服务上相关联的企业集团。

二、民宿集团化的意义

（一）集聚效率

在一定区域内，多个民宿企业形成集群，通过分工协作、秩序重组、相互竞争，共同提升服务质量和市场竞争力，发挥出“1+1>2”的效用，即产生的综合效益大于多个民宿企业单独经营的效益之和。另外，各民宿之间也可形成优势互补的发展格局，通过其产品结构的重新优化组合，创新出更多满足顾客生理、心理需求的产品。

（二）管理效率

集团型企业的规模性为管理效率的最大化提供了基础。集团管理可以在物资采购上节约成本，在人力资源管理上有较充足的人才，在市场上进行统一营销，在服务质量控制上形成优势。

（三）示范作用

以往民宿多是单一个体，发展比较随性。民宿集团的形成有利于区域民宿补齐参差、缩小差距，形成小范围垄断，其较高的服务质量对单体民宿的发展具有示范作用。

表 8-1　非标准化住宿的发展趋势

单体民宿	品牌民宿	民宿集群	产业综合体
起步发展	形成知名度	联盟形成区域品牌	撬动产业资源
性价比需求	品质需求	体验需求	自我需求
观光旅游需求		休闲度假需求	

三、民宿集团化的背景

（一）政策背景

乡村民宿已成为农村产业振兴的关键形式，带动乡村经济发展，未来发展空间较大。

民宿集团化发展能够带动乡村旅游业的发展，更符合国家战略方向，发展空间广阔。乡村振兴与共同富裕的实现需依托产业体系的完善与融合，因此，除了民宿集团化发展本身之外，加强与其他乡村产业的联动是民宿行业的重要发展方向。

表 8-2　民宿集团化的行业政策

政策方向	时间	发布单位	文件名称	主要内容
支持鼓励民宿发展	2018 年 10 月	国务院办公厅	《完善促进消费体制机制实施方案（2018—2020 年）》	在旅游服务消费领域市场准入方面，方案明确提出：鼓励发展租赁式公寓、民宿客栈等旅游短租服务
	2021 年 4 月	国务院办公厅	《关于服务“六稳”“六保”进一步做好“放管服”改革有关工作的意见》	激发消费潜力，鼓励各地区适当放宽旅游民宿市场准入，推进实施旅游民宿行业标准

续表

政策方向	时间	发布单位	文件名称	主要内容
提升行业标准	2017 年 8 月	原国家旅游局	《旅游民宿基本要求与评价》	从民宿定义、评价原则、基本要求、安全管理、等级划分等多方面提供指导意见，这是国内首个旅游民宿行业标准，开启民宿行业规范化发展阶段
	2019 年 7 月	文化和旅游部	《旅游民宿基本要求与评价》	相比上一版更加体现文旅融合，健全退出机制，等级评定进一步细化：由金宿、银宿两个等级修改为三星级、四星级、五星级 3 个等级
	2021 年 2 月	文化和旅游部	《旅游民宿基本要求与评价》第 1 号修改单	新增了民宿“提供餐饮服务时应制定并严格执行制止餐饮浪费行为的相应措施”条款，并将旅游民宿等级由三星级、四星级、五星级更改为丙级、乙级、甲级
乡村民宿受重点扶持，城市民宿受强监管	2019 年 10 月	厦门市人大常委会	《厦门经济特区旅游条例》	禁止在住宅小区和商业综合体的住宅部分内开展民宿经营活动
	2019 年 11 月	重庆市住房和城乡建设委员会	《重庆市物业管理条例（修订草案）》	利用小区住宅开展民宿经营需经有利害关系的业主同意
	2020 年 7 月	文化和旅游部	《关于统筹做好乡村旅游常态化疫情防控和加快市场复苏有关工作的通知》	促进乡村观光向乡村旅居、乡村生活转型，提升乡村民宿品质，开发乡村美食、夜间游览、深度体验、主题研学等产品
	2020 年 7 月	农业农村部	《全国乡村产业发展规划（2020—2025 年）》	发展民宿康养等乡村休闲旅游项目，依托都市农业生产生态资源和城郊区位优势，发展田园观光，满足城市居民消费需求
	2020 年 9 月	国家市场监督管理总局	《乡村民宿服务质量规范》	规定了乡村民宿的术语和定义、基本要求、设施设备、安全管理、环境卫生、服务要求
	2021 年 1 月	文化和旅游部	《开好局起好步推动文化和旅游工作开创新局面——2021 年全国文化和旅游厅局长会议工作报告摘要》	推出了一批全国乡村旅游重点村、乡村旅游精品线路，推动乡村民宿健康发展
	2021 年 2 月	北京市住建委	《关于规范管理短租住房的通知》	民宿主需要补齐六证，首都功能核心区内禁止经营短租住房

续表

政策方向	时间	发布单位	文件名称	主要内容
鼓励产业融合	2022 年 1 月	国务院	《中共中央 国务院关于做好 2022 年全面推进乡村振兴重点工作的意见》	推进农村一二三产业融合发展，重点发展农产品加工、乡村休闲旅游、农村电商等产业。实施乡村休闲旅游提升计划。支持农民直接经营或参与经营的乡村民宿、农家乐特色村发展

（二）经济背景

我国经济进入高质量发展阶段，消费升级成为必然，行业发展应顺应文化、品牌消费趋势。

我国产业结构升级空间较大，民宿具备与其他产业融合的优势，是乡村产业结构升级的有力切入点。新兴民宿集团正在脱离以自然资源为卖点的传统模式，形成以产业资源（种植、手工业等）联动为卖点的新模式。

（三）社会背景

2023 年，消费者信息指数整体向好，90 后、95 后年轻人群成为民宿的主力消费者，他们对民宿的“非标准”特征接受程度更高，消费趋于个性化；而 60 后、70 后同样是旅游消费的主要拉动力量，但这一群体的观念相对传统，他们的消费诉求偏向于高端、品质，不断推动民宿的集团化发展趋势。

对标发达国家万元 GDP 时代的旅游消费特征，休闲娱乐将取代观光成为民宿消费主流需求。

表 8-3　民宿集团化的消费者行为变化

人均 GDP	旅游需求	主要旅游形态	出行方式
1000 美元（1994 年前）	需求萌芽	商务出行为主，少量观光旅游	跟团游为主
5000 美元（2010—2020 年后）	观光游、出境游增长	观光为主、休闲为辅	散客、自助游、家庭游比例增加
10000 美元（2020 年后）	休闲度假需求快速增长	休闲度假	更多元

（四）技术背景

技术赋能民宿集团化发展，智能门锁的使用和新媒体技术的运用，对民宿的发展都有较大的推动。

表 8-4　民宿集团化的技术赋能

互联网技术	互联网技术	互联网技术、大数据技术	智能家居技术
渠道	智能化管理	品牌传播	智能家居
盘活闲置资源，连接供需两端	提升运用效率	利用媒介渠道，连接细分消费者	提升住客体验
技术应用已成熟	已有利用但渗透率有待提升		长期布局

四、民宿集团化的动力

（一）市场对高品质民宿的需求

民宿的个性化、主人文化和在地文化体验，营造了一种美好的、令人向往的度假生活氛围，迎合了国内旅游市场由观光旅游向休闲度假旅游转变的趋势，吸引了众多追求美好度假时光的消费者，具有巨大的市场发展潜力。

（二）单体民宿的发展短板

单体民宿缺乏专业的策划、设计和运营人才，品牌意识薄弱，营销成本高，过度依赖 OTA 获取用户，淡旺季明显。为了补足和打通短板和痛点，单体民宿开始走上品牌化、连锁化、产业化的道路，目前国内已经涌现出久栖、登巴、欢墅、花美时等民宿连锁品牌，它们在营销推广、产品策划、民宿设计、运营管理等方面实现了高品质、高效率，且正以品牌力量参与市场竞争。

（三）品牌连锁化的核心竞争力

由于很多地区民宿的过度开发、建设，扎堆出现的民宿存在淡旺季不平衡、竞争激烈的情况。如果没有清晰的品牌特色和品牌吸引力，单体民宿很难在竞争激烈的市场中长期生存下去。连锁品牌拥有强大的资源整合能力以及成熟的经营管理体系，更容易打造出具有广泛传播性的民宿品牌，自然也能让民宿更具有综合竞争力。

（四）资本的青睐

随着民宿行业的快速发展，社会资本开始源源不断地涌入。近年来，携程、美团、首旅、如家以及地产商们纷纷瞄准民宿行业，通过投资已有民宿品牌、开发旗下自有民宿品牌等方式进入民宿行业，希望利用自身的资金、流量和管理优势，占领民宿行业市场。而在此之前，民宿创业者们获得投资较为艰难，既难以获得风投，又无法贷款，只有通过众筹进行融资。如今，资本的大量涌入使民宿主们看到了扩大规模、实现增值的机会，促进了民宿集团化发展。

第二节　民宿集团品牌化发展

随着国内民宿、客栈数量的爆发式增长，从单体民宿、主题民宿到大型连锁民宿，各类民宿品牌不断涌现，民宿市场竞争加剧，品牌化发展速度加快。

迈点研究院的迈点品牌指数 MBI（旅游住宿品牌部分），从搜索指数、舆情指数、媒体指数、运营指数 4 个维度分析民宿品牌在互联网上的影响力，并每月发布非标住宿品牌发展报告。研究表明，民宿集团品牌影响力长期稳定增长，但民宿品牌搜索指数整体偏低，用户搜索保持在一定水平，说明潜在消费客群亟待进一步挖掘；舆情指数滚动上升，黏性客群增长速度明显，说明老客户对民宿品牌的认可度和复购率在增加；媒体指数下滑，主流媒体对于民宿板块开始看空，一般性投资人目光发生转移；运营指数出现提升，民宿品牌主动从运营方面谋求竞争差距，品牌商业模式逐渐清晰。

一、民宿集团品牌化发展现状

（一）民宿集团品牌诞生地

从地域分布来看，我国境内民宿主要分布在华北、华东和西南地区，东北地区较少；空间上主要聚集在环渤海、长三角、珠三角等地区。2018 年以来，我国民宿数量迅速增长，2020 年受疫情影响，增长速度有所下降，随着疫情向好，2022 年民宿数量有所增长，大致恢复到疫情前水平。

表 8-5　2021 年中国民宿数量增长 TOP10 省份

省（区、市）	增长率（%）	排名
宁夏	175	1
新疆	144	2
青海	129	3
吉林	121	4
甘肃	120	5
内蒙古	113	6
黑龙江	96	7
西藏	67	8
重庆	66	9
山西	66	10

资料来源：根据《中国文旅住宿行业现状及发展趋势分析》发布的数据整理。

民宿集团品牌多诞生在云南和浙江，这两个省份也是国内民宿产业发展较早、民宿数量较多的省份，其次为北京、广东、上海、四川等地。

（二）民宿品牌所属集团

迈点研究监测的客栈民宿品牌数量为 49 家，在这 49 个民宿品牌中，有 13 个为大型集团公司开发的民宿品牌，占总数的 26.5%，如链家旗下自如公司开发的自如驿、开元集团旗下的开元·颐居、斯维登集团旗下的欢墅、尚美生活集团旗下的花美时、游多多旅行网旗下的游多多等。可见，大型集团企业看好民宿行业的发展，未来将有更多的集团企业开发民宿品牌、布局民宿市场。

表 8-6　2017—2020 年民宿品牌 TOP10　　单位：亿元

排名	2020 年 TOP10		2019 年 TOP10		2018 年 TOP10		2017 年 TOP10	
1	花筑	224.27	久栖	193.87	久栖	185.61	花筑	150.13
2	路客 Lotel	189.91	花筑	175.74	童话	148.31	久栖	141.98
3	自如驿	184.59	路客 Lotel	175.18	登巴	145.26	童话	134.26
4	久栖	183.43	自如驿	174.11	自如驿	143.28	游多多	125.08
5	大乐之野	171.79	登巴	163.01	邂逅时光	133.94	登巴	123.08
6	真美	170.60	大乐之野	152.72	游多多	130.39	亲的客栈	121.77
7	登巴	164.01	梵俪	149.04	花筑	129.67	邂逅时光	113.82

续表

排名	2020 年 TOP10		2019 年 TOP10		2018 年 TOP10		2017 年 TOP10	
8	眠船	160.49	邂逅时光	146.44	万里路	126.83	真美	109.92
9	Coloroom	157.95	童话	145.25	花美时	126.16	阳光纳里	109.37
10	平措康桑	152.75	花美时	140.52	欢墅	125.10	自如驿	108.57

（三）民宿门店分布城市

门店分布城市数量超过 20 个的民宿品牌有 11 个，占总数的 22.4%，如万里路、登巴、欢墅、游多多、久栖、亲的客栈等。可见民宿品牌以品牌诞生地为大本营，已开始走上异地化发展的道路，在各大旅游城市、古镇、乡村等地进行品牌布局。

（四）民宿品牌门店数量

门店数量在 5 个以下的民宿品牌最多，有 17 个，占总数的 34.7%；门店数量为 5~10 个的民宿品牌，有 11 个，占总数的 22.4%。门店数量在 100 个以上的均为连锁加盟品牌，如久栖、亲的客栈、花筑、云上四季等。

（五）民宿品牌扩张方式

49 个民宿品牌全部实现了品牌连锁经营。其中，通过加盟的方式实现民宿品牌扩张的有 15 个，占总数的 30.6%；通过直营的方式实现民宿品牌扩张的有 34 个，占总数的 69.4%。

二、民宿集团品牌化发展趋势

（一）连锁化

连锁化经营已经成为国内民宿行业的发展共识。目前，国内民宿品牌有两种连锁经营模式，分别是直营连锁和加盟连锁。

直营连锁是指民宿连锁品牌的总部通过独资、众筹等方式开设分店，所有分店由总部统一领导经营，总部对各分店实施人、财、物等方面的统一管理。如邂逅时光、童话、云山美地、阳光纳里等，均是通过直营连锁的方式开设分店。

加盟连锁是指民宿品牌把自己开发的民宿产品、服务的营业系统（包括商标、商号等企业形象，经营管理模式等），以营业合同的形式授予加盟店，在规定区域内加盟店具有经销权或营业权，加盟者可以利用该品牌的形象、声誉等吸引用户。加盟连锁的方式能够解决民宿投资、经营管理、宣传销售、渠道支持、标准培训、优质供应等一系列问题。例如游多多，就包括自营店以及加盟店两种模式，并提供预订平台。游多多自行研发了一个包含订单、财务以及各个渠道与 OTA 对接等功能的民宿 PMS 管理系统，通过这个系统，确保各个加盟店的房价和库存的准确性，而品牌总部主要负责远程协同信息平台的搭建、品牌整体的宣传推广，基本不干涉民宿装修、人员聘用等细节工作。

在加盟连锁模式中，出现了一种全程托管连锁的新模式。由携程领衔投资、蚂蚁短租推出的中国首个“舒适型”民宿连锁品牌——有家民宿首批房源上线，其在经营方式上进行创新，提出“合伙经营、全程托管”模式，房东业主、民宿投资人提供闲置房产，全权交由有家民宿来负责，有家则提供统一的托管服务。相比直营连锁，加盟连锁和全程托管连锁的模式扩张速度快、整体营销和管理运营成本较低，成为越来越多民宿品牌的发展方向。

（二）集群化

单个民宿品牌的成本高、经营难度大。因此，民宿品牌开始以集群的方式发展，形成品牌合力，打造多业态的民宿生态群落，通过统一的民宿集聚品牌，增强辨识度。例如，德清莫干山高端民宿、深圳较场尾民宿小镇、舟山群岛“东海人家”特色海岛民宿均通过民宿品牌集聚提升整体吸引力，带动当地民宿产业乃至旅游产业的发展。舟山的“东海人家”民宿品牌，把 10 个海岛的特色民宿统一在共同品牌下，形成了“面朝大海、春暖花开”的渔家特色。

（三）专业化

同连锁经营模式不同，专业化发展趋势是指国内民宿产业链中将诞生专业的民宿管理服务团队，服务于大小民宿主，从民宿设计、营销推广、管理运营等方面为民宿主提供专业化的服务，如同酒店聘请专业的管理团队进行托管一般。专业化的发展趋势有利于民宿行业的管理规范化和服务标准化。

（四）酒店化

不少民宿品牌在精品化的发展过程中，转型成为精品度假酒店，如花间堂、寒舍、松赞、千里走单骑、诗莉莉等。民宿的特点是小而美，房间数量为几间或者十几间，而扩张后的品牌酒店房间数量多达几十间，甚至上百间。花间堂曾被誉为国内第一民宿品牌，但实质上早已从民宿领域转入酒店领域，致力于开发精品酒店和度假村，现已成为一个拥有 100 间客房的奢华度假酒店。

（五）综合化

一些民宿品牌在发展过程中，走上了打造以民宿集群为核心产业和旅游特色的乡村旅游综合体的道路。典型的例子是“千里走单骑”，其已经从民宿发展成为一个文旅集团，走出了一条“从民宿、民宿群落到文旅小镇”的发展道路。2016 年，“千里走单骑”联合国内外 20 个民宿品牌，共同打造民宿群落。2018 年，“千里走单骑”选择北京延庆的一个“空心村”，利用村内 20 世纪四五十年代到七八十年代的老建筑，打造延庆百里画廊度假文旅小镇，一期建造了 100 栋建筑，大约有 20 家民宿。文旅小镇配套功能齐全，规划了 36 种旅游业态，有果园、水吧、禅修、日料，以及儿童滑雪场、越野赛道、骑行长廊等项目。在文旅小镇内，民宿只需要把顾客早餐和住宿管好就可以，其他可以交给公共区，解决了民宿产品单一的问题。

（六）海外化

目前，国内民宿集团品牌出现海外扩张的趋势，个别民宿品牌看好海外旅游市场，开始试水进行品牌输出。例如，游多多客栈已经将品牌扩展到泰国，在泰国开发了两家民宿，分别是清迈的花满楼游多多客栈、拜县的泰美庄园游多多客栈。

三、民宿集团品牌化发展问题

（一）运营人才稀缺

2023 年民宿行业从业人员突破了 85 万人，主要来自互联网以及酒店行业，专业民宿人才的供给难以满足快速发展的民宿行业。民宿虽小，但要实现品牌化发展，对人才的要求却很高，不仅需要专业的管理和运营人才，还需要有温度的主人和管家。一些民宿品牌直接聘请了专业的酒店运营团队，但容易出现“水土不服”的问题，标准化的“酒店思维”与个性化的“民宿思维”在很多方面相互矛盾，需要较长时间的磨合和适应。为了解决民宿运营人才稀缺的问题，民宿培训学院开始出现，如莫干山民宿学院、深圳大鹏的民宿学院、福建的町隐・八闽民宿学院和鼓岭民宿学院等。但民宿培训行业目前还处于初期发展阶段，整体规模小、缺乏正规性，难以满足民宿品牌快速扩张对运营人才的需求。2022 年 6 月，人社部将民宿管家列为新职业，未来将享受各地人才引进政策。

（二）民宿温情度降低

民宿的品牌化、规模化、连锁化运营已经成为民宿发展的必然趋势，也是受到行业认可的发展方向。但是在品牌化发展过程中，存在模糊民宿和酒店概念的风险，即由于过分追求发展规模、发展速度、奢华设计、标准化，而忽略了民宿的情怀，降低了民宿的温情度，甚至将民宿发展成了酒店。民宿区别于酒店的特点在于小而精、人性化、有温度，甚至是随性的，蕴含民宿主人传达的一种生活态度、营造的一种生活方式，如将酒店管理、酒店标准化的设施和服务直接“拿来”，即使设计精美且突出了当地文化、设施丰富而齐全，也不再是原本有温度的民宿了。

（三）品牌特色不显著

市场上大多数民宿发展之初，只是想着获取利益，并没有做好详尽的市场细分、调研、分析等，一味模仿已经发展成熟的民宿或是短暂火爆的网红民宿，因而其理念设计、建筑风格等都是“复制粘贴”的，这就造成民宿外观结构雷同，缺乏自身独特品牌内涵，品牌成为有形无神的标志，无法赋予民宿深层次的文化内涵、人文情怀和情感体验，很难给顾客留下深刻印象进而再次光顾。

第三节 民宿集群化发展

民宿集群不一定是民宿发展的必然产物，但却是民宿行业成熟的表现，促使民宿之间形成较强的联系。在民宿行业发展初期，因为旅游者会在住多了酒店之后想要尝试不同休憩地，所以依赖于旅游目的地。如今，民宿行业成为全新的带动乡村旅游的动力，游客会为打卡民宿而去到当地，从而到附近游玩，这也是当前民宿逐渐开始自行构建群落式产业链的重要原因。

民宿最早作为旅游景区的住宿配套，在经历了以独立个人房屋市场化租赁、依托资源景观改造的旅馆的民宿 1.0 模式，以及集团化小规模村落集中化存在的民宿 2.0 模式后，逐渐向嵌入群落化、区域集群化的民宿 3.0 模式演进，民宿集群化成为近年来的热潮。

民宿集聚群落打造区域民宿品牌，能够将单体民宿的受欢迎效应转换成民宿集群的区域效应，从而扶持和带动区域内其他民宿的整体发展。

一、民宿集群化发展的内涵

民宿作为一种将食住行游娱购结合在一起的新型住宿方式很好地带动了本土经济发展。民宿在发展过程中经历了单一化民宿和集群化民宿两个不同的阶段。

单一化民宿都是个人经营的，很多农民会将自己不住的房子装修好并租借给游客，这就是最典型、最原始的民宿形式。单一化民宿体现出很强的单一化、个人化、私营化特点，尽管某一地区可能会有不止一家民宿，但各个民宿主人之间的关系都是独立的，他们之间存在着竞争的关系。

与单一化民宿相比，集群化民宿有更强的“集体化”的特点。所谓民宿集群化，是指在一定的区位内，具有一定竞争或合作关系的民宿以及配套机构在某一地理位置上集聚所组成的民宿群落。在具体的组建过程中，民宿集群是通过合理布局和统一规划后形成的，可以实现分工、产业互补以及经营体制的协同，因此能很好地促进当地民宿整体水平的提高。

民宿集群最先起源于原生群落，比如洱海环线，就是以原住民房间改造而来的单体聚集地；然后得益于政府推动“美丽乡村”建设，比如河南信阳，整个村庄在保留部分原始风貌的同时实行整体经营；最后衍生出了文旅项目里的民宿集群。民宿集群包含运营商、政府、市场三方面。

二、民宿集群化发展的动力机制

（一）外部政策推动

民宿产业逐渐成为当下热门，其发展与乡村振兴的联系越来越紧密，中央及地方各级政府也越来越重视民宿新业态的打造，发布了许多关于民宿行业发展的推动政策。2015 年，《国务院办公厅关于加快发展生活性服务业促进消费结构升级的指导意见》提出积极发展客栈民宿、短租公寓、长租公寓等细分业态，并将其定性为生活性服务业，在多维度给予政策支持。2017 年，住建部、公安部、原国家旅游局研究制定了《农家乐（民宿）建筑防火导则（试行）》。2018 年，《中共中央　国务院关于实施乡村振兴战略的意见》提出，要针对利用闲置农房发展民宿、养老等项目，研究出台消防、特种行业经营等领域的便利市场准入，加强事中事后监管的管理办法。2019 年文化和旅游部制定了《旅游民宿基本要求与评价》行业标准。2022 年，文化和旅游部、自然资源部等10部门联合发布《关于促进乡村民宿高质量发展的指导意见》，对乡村民宿的建设发展给出了规范化的指引。近年来，有关省、市陆续针对民宿出台管理办法或指导意见，在政策上释放了重大利好，这些政策极大地推动和促进了区域民宿产业发展。

（二）内部实际需求

民宿单体规模较小，客房一般在3~15间，很难实现大的旅游接待量，也很难配备更多满足顾客需求的设施，而民宿集群拥有一定数量的客房和一定规模的管理服务人员，可以实现接待能力的规模性递增。单个民宿只靠自身品牌招揽客源的能力较弱，而民宿集群通过外部规模效应，可以形成整个民宿集聚区在旅游市场上的区域品牌，扩大知名度和影响力，直接促使每个民宿经营者收益增加。单个民宿的生命周期可能不长，会存在优胜劣汰的风险，但是民宿集聚区形成后，品牌效应相对持久，将会带动区域内民宿企业的联动发展，打造出市场竞争优势，形成乡村旅游发展的合力。

三、民宿集群化发展的特点

（一）合作性

在传统的民宿行业中，各个民宿主体之间的关系是相互独立、相互竞争的。这一特点在农村最为明显。游客到某风景区旅游时会看到一些人拿着照片推荐自己的房屋，将游客招揽到自己的民宿居住，这就是明显的独立性的表现。而群集化民宿则呈现出合作性的特点，且所有民宿都会依附于一个旅游平台，通过平台寻求共赢。

（二）集中性

这一点与传统民宿的“集中性”存在一定的不同之处。传统民宿确实也存在一定的集中性，但这种集中性往往是由当地农村居民互相模仿形成的。当一个村有一个村民通过民宿的方式获得一定的收入后，这个村的其他村民也会模仿开设不同的民宿，从而形成了集中性。传统民宿的集中性一般在小范围内，而民宿集群化下的集中性，更多地表现为大面积、区域化的集中，它是因某一旅游趋势而形成的，因此这种集中更具区域性特点。

（三）品牌性

当民宿集群化时，本身就具备了一定的品牌效应，这时游客再到某地参观游览，所要找的民宿就不再是某个人开的个人民宿，而是某一品牌下的连锁民宿。这一品牌的组建往往需要一个巨大的平台。一般来说，这种平台会以两种形式呈现：一是旅游资源，区域集群化会以当地或某一区域的旅游资源作为平台创建一个大的民宿集群；二是民宿特色，通过将相同或相似的民宿特色融合到某一民宿集群之中，使其更好地发挥出自身的价值。

四、民宿集群品牌化

（一）构建民宿集群区域品牌

民宿区域品牌具有“公共”属性，一般由当地政府、协会（民宿联盟）、民宿主（民宿企业）共同构建。首先要明确区域民宿业的定位、发展方向，再进行相应的规划和公共资源供给。在发展比较成熟的民宿集群区域，以实力较为雄厚的龙头民宿企业为首成立当地的民宿协会或产业联盟进行主导，带动区域民宿品牌发展。

（二）塑造民宿集群整体形象

单个民宿“爆款”是可遇不可求的，取决于民宿主独特的资源和个性特征。而民宿集群将在地百姓和民宿经营者相对有限的资源集中起来，把一个村落或区域作为整体来进行打造，依据在地文化和群落特征进行整体规划，更好地匹配公共文化体验设施并进行业态设置，开展符合区域文化定位的公共节庆活动等，使游客能更全面地体验原生社区的居住文化，避免了民宿主个人素质的参差不齐和分散经营所带来的劣势，同时又保持了其独立性和个性化。

第四节 民宿集团化发展趋势

民宿经济是随着文旅融合消费升级产生的一种新业态。随着文化和旅游业融合发展，民宿创新进入快速发展阶段，正在成为表达生活态度，以及张弛有度、放松身心、自由洒脱、绿色健康生活方式的新形式和载体。人们对民宿的需求也从早期经济型产品转向舒适型、品质型的中高端产品，中高端民宿将成为平台企业竞争焦点。

一、民宿业增长强劲

2019 年我国民宿行业的平均入住率高达 64%；但 2020 年突如其来的新冠

疫情给旅游业带来了较大的冲击和挑战，依赖旅游业生存的民宿行业也因此按下了发展暂停键，尤其是在 1—2 月，民宿的入住率平均降幅达 70.30%，在极短的时间内呈现出大部分房间空置的状态；2021 年随着疫情的好转，复工复产进度加快，人们逐渐摆脱困境，开始到国内适宜地方旅游，民宿入住率也有了回升的趋势，但因局部地区疫情仍有反复，民宿客房入住率仍不理想。

2023 年，疫情防控全面放开，外出旅游的人越来越多，身处城市周边的乡村民宿也迎来客流高峰。值得一提的是，春节期间热映的电视剧《去有风的地方》成功点燃了观众的“追风热”，“跟着许红豆吃大理鲜花饼”“今年春节一起来云南旅游”“总要去一趟有风的地方”等相关话题席卷各大社交平台。途家民宿数据显示，截至 1 月 17 日，大理、三亚、西双版纳、丽江、北海、上海、重庆、厦门、北京、成都成为 2023 年春节民宿预订十大热门城市。其中大理、西双版纳、三亚、北海春节预订量同比增长 6 倍以上，大理、西双版纳增幅达 10 倍以上，等了三年的旺季终于到来，民宿业迎来了复苏的时机，预计 2023 年我国民宿行业市场规模将突破 300 亿元大关。

二、女性消费者增多

从消费者性别来看，《中国民宿行业发展趋势分析与投资前景调研报告（2023—2030 年）》数据显示，2019 年我国民宿预订中女性消费者占比为 55.7%，到 2023 年这个数字已经提升到 66%。其中，18 岁至 24 岁的女性用户在民宿的选择上更具自主性，通常会根据旅行攻略安排行程，注重住宿中的特色与安全性，更喜欢网红民宿。这是由于女性消费者在目的地、旅途住宿等方面往往有自己的喜好，且在家庭中占据旅游消费的重要决策地位。这也从侧面表明，女性用户对旅游品质具有更高的需求，追求精神和物质的双重享受，偏爱高附加值产品，愿意为更好的服务买单。

三、年轻人是主要消费群体

从民宿产品用户年龄层分布来看，《中国民宿行业发展趋势分析与投资前景调研报告（2023—2030 年）》数据显示，2019 年 40 岁以下人群占整体消费者比例达到 86.2%，其中，“90 后”消费者的订单量占比约 58.9%，“80 后”占比约 27.3%；而 2023 年，35~39 岁用户占比仅为 7%，40 岁及以上用户更少，为 4%，民宿消费者主要为 18~24 岁的年轻用户。可以看出，这群追求旅行体验的年轻用户已经成为民宿消费的新势力，他们在追求个性化与多样化的同时，更倾向于为优质服务和文化消费买单，为民宿集团化带来了新的动力。

四、个性化体验需求增强

民宿消费者的需求偏好也表现出与以往较大的不同。从文化消费的特征来看，消费者对于深度体验的需求增长明显，对于“当地特色早餐”“游玩路线建议”等目的地游乐项目的要求逐步深化，显示出极强的个性化体验需求。

五、对舒适性的要求增加

随着消费升级，民宿居住者倾向于现代设施与各种生活场景的交融。对乡村民宿的要求不再仅限于体验乡村生活，而是既要有乡村生活的恬静和悠然，也要有现代服务的舒适和卫生。

六、“民宿+”是集团化发展方向

随着消费者年轻化、需求个性化，除了住宿，提供特色、趣味化服务也成为民宿行业发展方向。2022 年以来，“民宿+电竞”“民宿+露营”“民宿+垂钓”等场景化消费逐渐提升。2023 年春节期间民宿提供的写福字、放烟花、围炉煮茶、打糍粑等活动也受到消费者青睐。其中最火爆的就是“围炉煮茶”，众多民宿都把这项服务当作民宿特色招牌。“民宿+围炉烤肉”“民宿+私人泡汤”“民宿+cosplay 趴”“民宿+剧本杀”等特色服务也开始为新生代消费者提供独特的民宿体验。未来如“民宿+康养”“民宿+冰雪”“民宿+文创”“民宿+研学”等主题产品将会越来越多。

七、营销从图文向视频、直播升级

相较于图文，短视频和直播这两种视频内容运营方式更能推动民宿供需链路中触达效率的提升。短视频营销门槛低、适应性强，可以灵活满足各种营销需求，而且信息承载丰富集中，可以与用户进行深度互动和沟通，传播声量上有强大的肥尾效应。直播可以引入专业主播的选品能力，优化产品展示，减少用户产品搜索行为，提升信息触达率，引流型的限时低价可以降低决策成本，促发非计划性消费。

第九章 民宿标准化管理

第一节　民宿标准化管理

一、国外民宿标准化概述

（一）英国民宿评价标准

B&B（Bed&Breakfast）是英国一种传统的民宿经营模式，是为造访的游客提供床铺和早餐的家庭旅馆服务方式。英国将民宿设施比照旅馆进行分级认证，由观光局指定审查标准，共分四级，依次为登录（Listed）、1冠（1-Crown）、2冠（2-Crown）、3冠（3-Crown）。每年由观光局以不预告的方式进行核查，其根据地毯质地、窗帘及房间色调、起居室空间、服务水准等的评分来界定民宿等级，以此来引导民宿经营者从事民宿经营。同时，英国主管部门也制定了各种法规加以规范，主要集中在消防设施、室内改装、食品卫生、税额标准等方面。

（二）法国民宿评价标准

法国政府为了保存历史文物古迹和农家生活文化，鼓励当地民宿保有古老农庄的原貌，游客可享受法式田园乡村的氛围。法国民宿仍沿袭欧洲传统，采用B&B家庭旅馆经营方式。2000年，法国政府对《民宿法》进行了修订，限定民宿房间不得多于5间，超过者视为“旅馆”。法国民宿形式丰富，无论是乡村农庄还是文艺复兴时期的城堡应有尽有。政府要求民宿经营者加入公认的民宿联盟（协会），同时提供多样的资金补助。民宿联盟会辅导民宿从业者并提供各项咨询，同时负责监督、检查民宿质量，并向旅游爱好者推荐这些民宿。民宿联盟还会依据标准对民宿的服务质量、住宿环境、舒适度、基础设施及卫生设施配套情况等进行综合评估，并划分民宿等级，发放标识。其标志是麦穗，从一穗到五穗，共五个等级，麦穗数目越多，民宿的等级越高。

（三）日本民宿评价标准

日本民宿兴起较早，且发展较为完善。其起源地为伊豆半岛与白马山麓，由于当地具有独特的自然景观和地域风情，为大批旅游者所青睐。日本民宿主要分为农场旅馆和洋式民宿两类。

日本的民宿经营采用许可制，需要得到官方授权的财团法人的辅导、审核，并通过认证、登记后方可营业。即使是偏远地区的简易民宿也需要获得许可经营证之后才可经营。政府对从业者在消防、建筑安全以及食品卫生方面有严格规范，但不强调评估监督，以民宿主自律为主。《日本住宅宿泊事业法》于2018年6月正式执行。该法案对之前日本民宿行业监管中的模糊地带进行了明确说明，比如，经营民宿的户主应先提交申请，获得审批后才能合法经营，民宿年运营天数不能超过180天。

国外民宿的分级标准各有不同，但总体来说，都存在等级划分，强调优劣，民宿标准化建设一直是民宿行业持续发展的重要保障。

二、国内民宿标准化概述

（一）民宿标准化产生的背景

根据《中华人民共和国标准化法》，我国标准包括国家标准、行业标准、地方标准、团体标准和企业标准。其中，政府主导制定的标准分为4类，分别是强制性国家标准、推荐性国家标准、推荐性行业标准、推荐性地方标准。市场自主制定的标准分为团体标准和企业标准。政府主导制定的标准侧重于保基本，而市场自主制定的标准侧重于提高竞争力。

国家鼓励企业、社会团体和教育、科研机构等非政府组织开展或者参与标准化工作。

各相关标准之间往往相互衔接、相互协调，所以一份标准并不独立，通常会引用其他标准。强制性国家标准是最低标准，任何推荐性标准的技术要求都不得低于强制性标准的相关技术要求。比如，文化和旅游部2019年颁布的《旅游民宿基本要求与评价》（LB/T 065-2019）是旅游行业推荐性标准。该标准中引用了两个标准，且全是强制性标准，分别是《生活饮用水卫生标准》（GB 5749）和《建筑内部装修设计防火规范》（GB 50222），因此《旅游民宿基本要求与评价》中涉及生活饮用水和建筑内部装修设计防火的技术要求需等同或高于以上标准。

标准化是现代文明的产物。习近平总书记曾指出：“标准决定质量，有什么样的标准就有什么样的质量，只有高标准才有高质量。”标准化为科学管理奠定基础；标准化促进经济全面发展，提高经济效益；标准化是科研、生产、使用三者之间的桥梁；标准化保证产品和服务质量，维护消费者利益，保障消费者身体健康和生命安全。标准化的意义由此可见一斑。

（二）民宿标准化的内涵

对于民宿行业，广义的标准化泛指针对“非标”住宿业的所有法规政策与各类民宿标准的制定、发布和实施。除了单体民宿，在特定区域内，具有竞争和合作关系的民宿和配套服务机构在地理上集聚而形成群落，即所谓的民宿集团，因其具有统一规划、协同经营、整体营销的特征，且具有相对一致的民宿文化，遵循相同的民宿法规和民宿地方标准等标准化属性，亦属于民宿标准化范畴。而品牌化、连锁化民宿因其具有统一品牌、统一管理、统一卫生和安全规范、统一服务规范等特性，也属于民宿标准化的范畴。

狭义的民宿标准化，即针对单体经营性民宿的标准化。民宿标准化是个体民宿在行业规范、总评价标准的基础上，量体裁衣，为民宿定制可行性的实施方案，并进行落实的过程。

近年来，我国民宿爆发式增长带来的诸多问题逐渐显露。各类民宿受到当地政策或自身条件的限制，在周边环境、基础设施、基本配置等方面存在较大差异；相比酒店，民宿从业人员大多未接受系统化培训，缺乏相应的从业经验，在服务意识、安全管理等方面普遍存在较大不足；并且，民宿从诞生之日起，就贴有“情怀”和“个性化”的标签，有着“非标准化”特质，如何在标准化和“个性”、特色之间做好协调，也是民宿标准化工作需要重点考虑的问题。

近年来，为因地制宜地引导和规范当地民宿，浙江、广东、北京、山东、福建、安徽、云南等地方政府已经出台了民宿地方标准。从评审的角度来说，民宿是一种以服务输出为产品并以住宿为基本载体的经营性企业。因此，不管其如何强调“非标准化”，强调特色和情怀，其经营性的特质要求其必须满足一定的规范和准则底线。比如，建筑主体、配套设施必须符合相关消防安全的规定，内部的家具、卫浴、电器等各种设备应符合国家标准，室内甲醛含量等指标必须在标准范围之内，等等。

民宿业属于服务业，其提供的服务可以强调特色，但标准化和制度化的流程才能够保证服务质量的持续稳定。民宿行业直接涉及的标准和地方规范非常多，而且有很多都是强制性标准，比如有涉及房屋结构安全、消防安全、环保要求、食品安全、电气安全、家具玩具等产品安全的标准，也有涉及餐饮管理规范、污水综合排放，以及服务规范等的标准。民宿标准（包括行业标准和地方标准等）正是试图整合各类标准，给予民宿行业一个相对简单明确的指引。民宿标准并不是要约束民宿的个性，而是对民宿的环境和设施、卫生和安全、服务水准等做出一些基本规定。民宿主（运营者）只有熟悉这些基本的标准后，才能了解一般民宿的基本要求，了解特色和情怀的底线，了解其个性化及服务是否已经超出相关标准的边界。

有很多精品民宿虽然格调高雅富有情怀，但在硬件设施和服务水准上风险点却很多。比如，民宿的二层围栏是可攀爬式的（有儿童坠落风险）、没有服务行业最基本的“服务补救”流程，还有的民宿甚至客房甲醛含量超标。民宿的设计者和运营者对相关标准规范不熟悉，以及行业缺乏专业综合的标准化评估体系是导致这类问题发生的主要原因。所以，民宿标准化不但不会影响民宿行业的个性化，反而可以帮助民宿规范经营、提高竞争力，帮助监管部门更好地监督民宿行业，助力民宿规范化和可持续发展。

三、民宿标准化的作用和意义

民宿的标准化看似在统一民宿行业，但不等于剔除民宿的个性和特色，它是对民宿基础性设施和服务的正向调节和优质选择。

（一）民宿标准化有利于提升民宿硬件设施设备水平

顾客来到民宿或是在平台上看到民宿图片、视频，影响其入住选择的就是民宿的建筑物、设施设备及环境，硬件方面做好了，顾客才能有心情进一步领略地方文化，展开愉快旅程。若民宿没有良好的设施设备，也不符合民宿评定标准，顾客是不愿意入住的。

（二）民宿标准化有利于提升民宿接待服务质量

民宿除基本设施外，最重要的就是服务，直接关系到顾客是否愿意再次光临。民宿接待的主力军是民宿主人及相关服务人员，这些接待人员本身未经过专业训练，整体素质和服务意识有待提高。民宿标准化有利于接待人员整体素质的提高，从而提高整体服务质量。

（三）民宿标准化有利于增加住客“安全感”

民宿的产生最初是一种个体行为，每个人的“标准”不一样，会给顾客带来“不一样”的体验。按照马斯洛的需求层次理论，人到达新的环境时也应当遵循从低到高的需求层次。所以，想更快地让顾客适应新环境以便信任民宿主人，最好的办法就是让顾客感到民宿的服务者跟所有的住宿业服务者一样，能够保证基本服务，遵循一样的服务流程。当软硬件与顾客平常所接触到的相似，顾客才会觉得民宿具有可靠性和安全性，因为人对较为熟悉的环境会从心理上觉得安全。

（四）民宿标准化有利于管理效率的提高

民宿标准化的实施，无论是对行业内部还是外部，都有利于统一管理。对于民宿行业外部，政府可以通过统一的标准进行扶持和培训，有利于民宿行业健康发展。对于民宿行业内部，民宿标准化对人员、资金、时间等进行高效整合，提高了管理效率。

总而言之，民宿标准化，不会改变民宿本身的特点，反而会保护民宿特色，是民宿从各方面获得良好发展环境的有力保障。同时，民宿标准化也有利于政府管理和顾客满意度的提高。所以，民宿标准化是民宿行业发展的必由之路。

四、我国民宿标准化及评审概述

（一）地方政府及企业的民宿标准化及评审

2017 年，国家旅游局发布了民宿行业标准 LB/T 065，并在 2019 年由文化和旅游部进行了修订，随后很多省、市也出台了地方标准。

1. 浙江省地方民宿标准的制定及民宿的评审

浙江省旅游局在行业标准 LB/T 065-2017 的基础上，于 2017 年 9 月底发布了浙江省地方标准《民宿基本要求与评价》（DB33/T 2048-2017），为浙江省民宿业健康可持续发展提供了引导性规范。浙江省地方标准把民宿分为白金级、金宿级和银宿级三个等级，进一步细化了民宿的等级评定细则。

依据浙江省地方标准，浙江省旅游局组织各方专家，于 2018 年 1 月对浙江省民宿进行了首次集中式评审。评审主要由候选民宿主代表集中汇报路演（演讲和答辩），以及专家团赴民宿单位进行考察两部分组成。白金级、金宿级民宿由省局评定，银宿级民宿由地方（区、市）旅游主管部门评定上报备案。首批评审共评出 122 家白金级、金宿级、银宿级民宿。2018 年 6 月，浙江省旅游局再次发文，要求各地旅游主管部门每年至少进行一次学标贯标培训，普及民宿评定及评价标准。2018 年 12 月，浙江省民宿评定管理委员会完成第二次评定，并公布了 2018 年度浙江省白金级和金宿级民宿的名单，其中包括白金级民宿 20 家，金宿级民宿 51 家，银宿级民宿 130 家。

浙江省民宿地方标准的制定及对民宿的评审活动对浙江全省民宿发展起到了引领和导向作用，并在全国范围内树立了民宿行业标准化评定的样板。

2018 年 11 月，温州市旅游局（现温州市文化广电旅游局）发文启动 2018 年民宿等级评定工作。其评定依据是《民宿基本要求与评价》（DB33/T 2048-2017），评定方法参照浙江省旅游局（现浙江省文化和旅游厅），坚持"自愿申报和相关部门、专家推荐相结合，明察与暗访相结合，集中汇报与分组检查相结合，线上口碑评价与线下专家评审相结合"的原则。同时，明确限定了温州各区县的等级民宿名额配比共计 30 个。其中，白金级、金宿级由市民宿评定机构初评后确定推荐名单，省民宿评定机构对标评定；银宿级由市民宿评定机构对标评定推荐，省民宿评定机构按比例抽查审核。

2017 年，丽水市出台了《"丽水山居"农家乐综合体和精品民宿示范项目评审认定办法（试行）》，并启动示范项目创建和申报工作。其中，"丽水山居"精品民宿评审表涉及合理化选址、个性化建设、亲情化服务、品牌化经营、规范化管理五大项目共计 24 条评审细则。2018 年 8 月，丽水市农办（现为丽水市农业农村局）发文公示了 2017 年度"丽水山居"农家乐综合体和精品民宿示范项目，认定精品民宿示范项目 35 家，其中，一类 6 家、二类 6 家、三类 23 家。

2. OTA 平台发布民宿标准

近年来，各短租民宿平台开始注意民宿分级问题，如小猪短租推出的优品、乡村美宿、超棒新房，蚂蚁短租推出的蚂蚁优选等。途家民宿也在 2018 年 3 月发布了《民宿分级标准》。

《民宿分级标准》对民宿的硬件设施、安全卫生、服务保障等方面都制定了评定标准，并据此将民宿分为豪华、精品、舒适、经济四个等级。目前，途家民宿对其平台上的民宿均以此四等级标注。该分级标准主要注重各项硬指标，如豪华型要求有泳池、高档家电；精品型要求有门禁、电梯；舒适型要求在有电梯的普通小区等。其评定方法为平台根据各民宿主上传的条件进行自动评判，如有需要再辅以人工评判。途家民宿的分级标准严格来说综合了房主自我评价（第一方评价）、平台大数据分析及消费者体验评分反馈（第二方评价）三方面内容，这对短租民宿规范评级和方便客户选择预订等有较直接的正面作用。

3. 国家信息中心发布《共享住宿服务规范》

2018年11月15日，由国家信息中心分享、经济研究中心牵头，知名共享住宿平台企业参与制定的共享住宿领域行业自律标准《共享住宿服务规范》（以下简称《规范》）在京发布。《规范》的主体内容包括共享住宿平台（企业）服务与管理要求、运营者要求与规范、对房客的要求三部分。发布会上，各大共享住宿平台均承诺将切实履行《规范》的各项要求，严格自律。目前来看，该规范的执行和监督以企业自律为主，并未涉及他方评定。

（二）第三方认证机构参与的民宿标准化及评估

我国范围内的民宿在需由第三方认证机构进行评定认证时，均由SGS（Societe General de Surveillance S. A.，通用公证行）进行评审。SGS是全球领先的检验、鉴定、测试和认证机构，于1878年创立于瑞士。

1. SGS民宿认证简介

所谓认证，是指有关产品、过程、体系和人员的第三方证明，类似于“担保人”“证人”；其价值在于公正评价、传递信任，长期以来成为各国企业、组织及其产品和服务进军市场的“通行证”。服务认证是服务满足规定要求的第三方证明。民宿认证是自愿性第三方服务认证。

目前，服务认证已有诸多成熟的理论和技术方法。服务认证的一般机理如下：首先针对特定的服务行业，运用服务蓝图技术建立特定服务的接触过程，采用服务接触技术与基本接触方式构筑特定服务的接触方式，基于行为认知科学、“真实瞬间”、服务接触技术参考模型和顾客满意度卡诺模型等理论和技术，以及服务的可用性和易用性等典型特性，识别特定服务的（技术）特性，继而研制作为该行业服务认证主要依据/准则的服务技术标准。在服务技术标准基础上，应用行为测量理论、情感计算分析、李克特编码量表法等理论和方法，对服务特性指标进行结构化、生物化等处理，建立特定服务的特性指标体系，运用各种技术方法获取效度系数，校准特定服务的特性指标内容的同质水平，并在服务特性体验测评中计算所测评特性指标实际得分的信度系数，确保服务认证结果的可靠性和有效性。最后，应用合格评定功能法，以RB/T 301《合格评定服务认证技术通则》等标准为原则、目标、程序、制度等，策划并建立服务认证方案和特定服务认证方案，实施服务认证关于“选取、确定、符合/证明，以及监督”等的合格评定活动。

QualiCert 服务认证由 SGS 于 1994 年在我国香港首创。QualiCert 服务认证是全球最受认可的服务质量认证之一。在该服务认证之前有一个“标准化”过程，即由企业、行业协会、专家和消费者代表通过一系列的调查和分析，根据各方情况共同确认标准，并向顾客公示，将无形的服务产品有形化，结合“顾客期望”和“现行行业规范”来设计服务标准，再由相关服务提供方自愿申请进行 SGS 评估认证。QualiCert 也是一个独特的结果驱动型方案，能够促使企业采取一种积极的态度面对顾客，让顾客感受到与众不同，并且向顾客提供一种值得期待并值得拥有的、无异议的质量标识。

2. SGS 民宿认证的评审机制

SGS 民宿认证的评审由文件审核、现场审核、跟踪评审三大程序组成。其认证模式运用了服务认证的基本方法：先期绘制民宿行业服务蓝图、识别民宿服务的特性，并据此建立服务的特性指标体系，包括民宿服务测评评价表，同时给出民宿的服务管理要求，最终应用合格评定功能法，确定 SGS 民宿认证的最终方案。同其他第三方评审认证服务一样，SGS 的民宿评审服务全程内部受控。审核团队严格按照审核条款独立审核，尊重客观事实，不受任何压力或诱惑的干扰，免受偏见、情绪的影响，坚持客观公正，保持独立判断。审核过程重视证据收集，所有证据归档备查。其中，文件审核包括文件初审以及现场审核中对民宿的各种执照、管理规范以及记录的审核。现场审核包含内部管理审核、实地综合检查、服务模拟体验（服务特性检验）、既往服务检查、随机访谈、抽样检测（如客房甲醛含量）等。跟踪评审是第三方认证模式的重要组成部分，是跟踪复查认证民宿服务质量是否能够保持的重要手段。

SGS 民宿审核的项目条款涵盖基本设施、客房卫浴、安全管理、卫生管理、服务管理、餐饮管理、民宿文化七大项，共计 180 多条细则。其中，涉及“服务管理”的评审细则最多，达到了 70 余条。条款也涉及绿色环保、低碳节能等重要领域。民宿作为文旅产业的一种类型，其个性化、文化内涵和艺术特质是必须考虑的，所以在“民宿文化”这一评审大项中，会对民宿的文化内涵等进行评估。在不影响人身安全、服务体验等大前提下，民宿评估将从建筑特色、生态景观特色、主人文化等分项目考核其民宿文化的深度、广度，并依据服务认证的评审方法进行评估打分。

作为成熟的第三方认证机构，SGS 对于审核员的培训考核监督有一整套成熟的管控机制，以在审核过程尽可能减少因人员差异而导致审核偏差。审核人员现场审核完毕，SGS 办公室会对审核过程和审核证据进行复核，确认有效后，正式出具审核报告，确保整体评估客观真实。

3. 第三方认证机构参与民宿标准化评估的意义

（1）第三方认证机构的评价体系是成熟且易于推广的。知名第三方认证机构人才储备充足，分支机构遍布全国各地，有能力对全国范围内广大合规民宿进行标准统一的评估和跟踪审核，而不需要临时组织各方面的专家，进行临时评审。

民宿的评审涉及多个维度，由权威第三方认证机构进行民宿认证，政府职能部门或者其他委托方可以极大地减少对外协调的窗口，完成民宿行业标准化评估的“一站式”服务，这对于提高效率、节省经费、加强监管等无疑是有直接帮助的。

针对城市短租民宿，第三方机构可从单项或者多项审核项目入手，如通过真实性实地审核、空气质量测试、服务体验评分等具体项目的审核，为平台传递信任。

（2）第三方评估认证是市场行为。市场化的良性竞争有利于保证和不断提升评估服务的质量。需要有更多有资质的第三方机构参与到民宿认证中来，共同完善评审方案，加快提高我国民宿的标准化进程，为民宿这一新兴业态的良性发展贡献力量。

（3）民宿行业是国内新兴的热门行业，其蓬勃健康的发展离不开各种途径的监督和约束。当前，我国民宿集团的体量和特色不同于国外的民宿，民宿集团的规范化之路需要我们自己来探索。而通过民宿标准的制定和实施，以及依据标准进行评审是规范民宿行业的重要途径。

第二节　民宿国家标准

一、标准的组成及适用范围

《旅游民宿基本要求与等级划分》（GB/T 41648-2022）国家标准（以下简称标准）由国家标准委发布。标准包括适用范围、规范性引用文件、术语和定义、等级和标志、总体要求、公共环境和配套、建筑和设施、卫生和服务、经营和管理、等级划分条件、等级划分办法 11 个章节，适用于正式营业的旅游民宿，包括但不限于民居、宅院、客栈、驿站、庄园、山庄等。

标准明确旅游民宿是指利用当地民居等相关闲置资源，主人参与接待，为游客提供体验当地自然、文化与生产生活方式的小型住宿设施。民宿主人指旅游民宿业主或经营管理者。

二、标准的等级划分

国家级民宿等级包括三个级别，由低到高分别为丙级、乙级和甲级。其中丙级为普通型民宿，乙级为品质型民宿，甲级为标杆型民宿。

三、标准的主要要求

（1）规定了经营管理的总体要求，包括经营条件、规模、安全、卫生、防疫、环保等方面的要求。

（2）规范了建筑和设施要求，包括建筑装修、客房设施、厨房与餐厅、公共休闲设施、布草间、消洗间、卫生间等各功能区的设施要求。

（3）明确了卫生和服务要求，包括客房、餐厅、厨房、室内外公共区域及客用品卫生，主人服务、日常接待服务、定制化服务和其他服务等要求。

（4）提出了经营和管理要求，包括通过媒体平台开展宣传和营销、建立管理制度和服务规范、有效处理各类投诉等。

（5）给出了公共环境和配套要求。

（6）说明了旅游民宿等级划分条件和划分办法，旅游民宿等级评定机构对丙级、乙级和甲级实行动态管理机制。

除必备要求外，标准共设置了 38 项选择内容，要求丙级旅游民宿满足其中任意 13 项、乙级旅游民宿满足 24 项、甲级旅游民宿满足 30 项。

四、标准的特点

1. 普适性

标准最大限度把存量民宿纳入国家标准覆盖和管理范畴，充分考虑各地经济社会文化发展水平、市场消费、客源结构、民宿现状及运营能力的差异。必备部分对旅游民宿的安全、卫生、基本住宿设施设备做出规定，对配套设施、公共空间、餐饮等不做硬性规定。采用选项条款，赋予了民宿主体自主选择权，有助于民宿形态的多样化与丰富性。

2. 差异性

国家标准设定丙级为普通型民宿，乙级为品质型民宿，甲级为标杆型民宿。参评乙级旅游民宿要求在设施和设备、经营和管理、社区贡献方面有突出表现。针对甲级民宿，增加了 10. 3. 1 条款，在乙级民宿的基础上进一步提高对设施和设备、经营和管理、特色和其他的要求，更注重模式创新、示范作用、主人特质与主人文化、文创产品、在地文化等方面。

表 9-1　旅游民宿一般要求评分表（示例）

序号	要求描述（评分标准）	各大项总分	各分项总分	各次分项总分	各小项总分	自评分	评定分
1	环境和建筑	30					
1.1	周边环境		9				
1.1.1	空气质量优良			1			
1.1.2	地表水质量优良			1			
1.1.3	所在乡村（社区）公路边、河边、山边等区域环境干净整洁，得 1 分；生活垃圾日产日清，得 1 分；垃圾分类，得 1 分			3			
1.1.4	所在乡村（社区）生活污水有效处理，得 1 分。统一截污纳管，得 2 分			2			
1.1.5	所在乡村（社区）绿植有专人养护，得 1 分；绿化效果好，得 1 分			2			
1.2	周边资源（最多得 8 分）		8				
1.2.1	附近有年客流量在 100 万人次以上的景区（每个得 1 分）			4			
1.2.2	附近有年客流量在 50 万人次以上的景区（每个得 1 分）			3			
1.2.3	附近有年客流量在 25 万人次以上的景区（每个得 1 分）			2			
1.2.4	附近有地方特色景点或休闲娱乐、运动等场所（每个得 1 分）			8			
1.3	所在乡村（社区）有方便游客采购当地特产的种植和生产点（每个得 1 分）		3				
1.4	标识系统		2				
1.4.1	所在乡村（社区）设有民宿导向系统，得 0.5 分；标志牌位置合理，标识醒目、美观，得 0.5 分			1			
1.4.2	导航地图准确标识，方便游客到达			1			

续表

序号	要求描述（评分标准）	各大项总分	各分项总分	各次分项总分	各小项总分	自评分	评定分
1.5	交通工具停放场地（最多得 2 分）		2				
1.5.1	有数量足够的自备停放位置			1			
1.5.2	附近有公共停放场地			1			
1.6	所在乡村（社区）有卫生所或医疗点		1				
1.7	建筑布局		3				
1.7.1	建筑风格有地域特色、与周围环境协调			1			
1.7.2	主客区相对独立，得 1 分；主人生活区设置合理、方便舒适，得 1 分			2			
1.8	花园布局合理（场地面积≥主体建筑基底面积，得 1 分；有绿化，得 0.5 分；绿化效果好，得 0.5 分）；庭院布局合理（场地面积≥主体建筑基底 1/2 面积，得 0.5 分；绿化效果好，得 0.5 分）		2				
小计							
实际得分							
得分率（实际得分/该项总分×100%）							
2	设施和设备	60					
2.1	客房		29				
2.1.1	有 3 种及以上不同房型			1			
2.1.2	50%及以上客房有阳台或独立庭院			1			
2.1.3	室内整体装修风格协调一致			1			

续表

序号	要求描述（评分标准）	各大项总分	各分项总分	各次分项总分	各小项总分	自评分	评定分
2.1.4	70%及以上客房净面积（不含卫生间）不小于30平方米，得2分。不小于20平方米，得1分			2			
2.1.5	床垫（长度不小于1.9米）			4			
2.1.5.1	单人床宽度不小于1.35米，双人床宽度不小于2.0米，得2分；单人床宽度不小于1.2米，双人床宽度不小于1.8米，得1分				2		
2.1.5.2	床垫软硬适中，品质优良，得2分；床垫较为舒适，品质较好，得1分				2		
2.1.6	家具（写字台、座椅、衣橱及衣架、茶几、床头柜、行李架等）舒适美观、摆设合理、品质优良，得2分；舒适美观、摆设合理，得1分			2			
2.1.7	床上棉织品含棉量为100%，床单、被套、枕套材质高档，得3分；床单、被套、枕套材质较好，得2分；床单、被套、枕套布面光洁，得1分			3			
2.1.8	卫生间针织品			3			
2.1.8.1	面巾柔软舒适，含棉量为100%				1		
2.1.8.2	浴巾大小合适，得0.5分；品质优良，得0.5分				1		
2.1.8.3	地巾大小合适，得0.5分；品质优良，得0.5分				1		
2.1.9	根据季节气候变化提供不同类型、松软舒适的被芯，得0.5分；可提供不同类型的枕头，得0.5分			1			
2.1.10	客房照明充足，效果良好			1			
2.1.11	窗帘使用方便，遮光效果好			1			
2.1.12	有空调或暖气等温度调节设备，得1分；噪声小，得0.5分；效果好，得0.5分			2			
2.1.13	有加湿器或除湿机等湿度调节设备			1			

续表

序号	要求描述（评分标准）	各大项总分	各分项总分	各次分项总分	各小项总分	自评分	评定分
2.1.14	有防盗锁、门窥镜等防盗设施，得 0.5 分；有消防逃生示意图，得 0.5 分			1			
2.1.15	客房其他设施和用品			5			
2.1.15.1	电视机或其他电器设施（每种得 1 分，最多得 2 分）				2		
2.1.15.2	配套茶具				1		
2.1.15.3	矿泉水或饮用水				1		
2.1.15.4	纸巾不少于 2 处				1		
2.2	客房卫生间		11				
2.2.1	所有客房有卫生间，得 2 分；80%及以上客房有卫生间，得 1 分			2			
2.2.2	70%及以上客房卫生间面积不小于 6 平方米，得 2 分；不小于 4 平方米，得 1 分			2			
2.2.3	70%及以上客房卫生间有浴缸，得 1 分；所有卫生间淋浴、恭桶、面盆干湿区分离，得 1 分；面盆台面宽敞舒适，得 1 分；恭桶质量优良、噪声小，得 1 分；电源插座、挂钩方便使用，得 1 分；吹风机品质优良，方便使用，得 1 分；客用品品质优良，得 1 分			7			
2.2.4	卫生间光照不足，扣 1 分；通风不好有异味，扣 1 分；无防滑措施，扣 1 分；淋浴房门关闭不严密，下水不通畅、有积水，扣 1 分；无垃圾桶，扣 1 分；水温不稳，冷热不均，扣 1 分；水压不稳、水量不足或水质不好，扣 1 分			−7			
2.3	餐厅和厨房		4				
2.3.1	餐厅布局合理，得 0.5 分；方便舒适，得 0.5 分			1			
2.3.2	餐厅装修氛围浓郁			1			

续表

序号	要求描述（评分标准）	各大项总分	各分项总分	各次分项总分	各小项总分	自评分	评定分
2.3.3	有与餐位数量相匹配的消毒设施			1			
2.3.4	厨房布局合理，方便使用			1			
2.3.5	厨房设施及管理（冷藏生熟不分，扣1分；洗碗池和原料池不分，扣1分；排风排烟不通畅，扣1分；灭火毯摆放不合理，扣1分）			-4			
2.4	公共休闲设施		5				
2.4.1	花园或庭院内有公共娱乐休闲设施，得0.5分；设施安全有效，得0.5分			1			
2.4.2	有大型康乐设施（泳池、亲子乐园等每种得1分，最多得2分）			2			
2.4.3	室内公共空间面积（人均面积不小于8平方米，得2分；人均面积不小于5平方米，得1分）			2			
2.5	公共卫生间位置合理，得0.5分；有洗手盆、洗手液或肥皂、防滑措施等，得0.5分		1				
2.6	消洗场所位置合理，得0.5分；设施齐全，方便使用，得0.5分		1				
2.7	布草存放场所设置合理，方便使用		1				
2.8	提供覆盖全区域、快速流畅的无线网络		1				
2.9	提供智能化设施，得0.5分；方便有效，得0.5分		1				
2.10	提供周边文化旅游资源介绍及相关资料，得1分；有相关旅游安全提示与指导，得1分		2				
2.11	各区域空气质量良好，达到Ⅰ类建筑工程标准（甲醛≤0.08毫克/立方米，苯≤0.09毫克/立方米，TVOC≤0.50毫克/立方米，氨≤0.20毫克/立方米）		1				
2.12	设施设备正常有效，得1分；定期检查并有维保记录，得1分		2				

续表

序号	要求描述（评分标准）	各大项总分	各分项总分	各次分项总分	各小项总分	自评分	评定分
2.13	围墙、出入口装有监控，得0.5分；画面清晰，得0.5分		1				
	小计						
	实际得分						
	得分率（实际得分/该项总分×100%）						
3	卫生和服务	60					
3.1	卫生要求		21				
3.1.1	院落地面整洁卫生，无杂物堆放，得1分；墙面、栏杆整洁卫生，得0.5分；绿植叶面无积尘，得0.5分			2			
3.1.2	院落休闲娱乐设施清洁卫生			1			
3.1.3	客房房门、地面、墙面、天花板无破损、无脱落、无蛛网，得1分；家具、灯具、窗帘、电器、开关、插座、书籍无破损、无松动、无污渍，得1分			2			
3.1.4	客房布草（床单、枕头、被子、毛毯、浴衣等）清洁卫生，无毛发、无污渍			1			
3.1.5	客用品（毛巾、口杯等）无灰尘、无污渍，得0.5分；摆放规范、方便使用，得0.5分			1			
3.1.6	客房卫生间面盆、恭桶清洁卫生，无灰尘、无污渍，得1分；浴缸、淋浴区清洁卫生，无毛发、无灰尘、无污渍，得1分			2			
3.1.7	水龙头、淋浴喷头等五金件无污渍、无滴漏			1			
3.1.8	餐饮区域整洁卫生，无污渍、无异味			1			
3.1.9	厨房操作台面摆放整齐、清洁卫生，得0.5分；砧板生熟分离，清洁卫生，得0.5分			1			

续表

序号	要求描述（评分标准）	各大项总分	各分项总分	各次分项总分	各小项总分	自评分	评定分
3.1.10	餐具的清洗、消毒、存放符合卫生标准要求，无灰尘、无水渍			1			
3.1.11	食品的加工与贮藏严格做到生、熟分开			1			
3.1.12	厨房地面、墙面有污渍，扣 1 分；操作台面有污渍或面案桌面发黑，扣 1 分；抹布油腻、发黑，扣 1 分；地面有积水，扣 1 分；操作间等加工场所杂物较多，扣 1 分			-5			
3.1.13	排烟等通风设备、水箱定期清理，得 1 分；有记录，得 1 分			2			
3.1.14	清洗、消毒场所清洁卫生，得 1 分；摆放整齐，得 1 分			2			
3.1.15	布草存放场所清洁干燥，得 1 分；摆放整齐，得 1 分			2			
3.1.16	公共卫生间洗手台、小便池、恭桶或厕位保持洁净，得 0.5 分；通风良好，得 0.5 分			1			
3.2	民宿主人服务		4				
3.2.1	民宿主人生活在同一乡村（社区）内			1			
3.2.2	民宿主人参与接待，得 1 分；主客互动效果好，得 1 分			2			
3.2.3	家庭成员参与服务接待			1			
3.3	接待人员（包括民宿主人、家人和员工）服务		4				
3.3.1	能主动、友好地问候游客，热情好客，得 1 分；及时满足游客合理需求，得 1 分			2			
3.3.2	能用外语提供服务			1			
3.3.3	熟悉周边环境，包括当地旅游景点、旅游商品、文创产品、购物点等信息，可为游客作介绍			1			
3.4	抵达、离开服务		8				

续表

序号	要求描述（评分标准）	各大项总分	各分项总分	各次分项总分	各小项总分	自评分	评定分
3.4.1	主动联系游客，得 0.5 分；提供交通信息，确认抵达时间和方式，得 0.5 分			1			
3.4.2	提供接送服务			1			
3.4.3	接待人员在门口热情友好地迎接抵达游客			1			
3.4.4	游客抵达时协助搬运行李，得 1 分；确认行李件数，轻拿轻放，勤快主动，得 1 分			2			
3.4.5	及时将行李送入房间，得 1 分；将行李放在行李架或行李柜上，并向游客致意，得 1 分			2			
3.4.6	游客离开时协助搬运行李，得 0.5 分；与游客确认行李件数，并作送别问候，得 0.5 分			1			
3.5	客房服务		2				
3.5.1	及时清扫客房，客用品补充齐全			1			
3.5.2	应游客要求更换床单、被套、毛巾、浴巾等			1			
3.6	餐饮服务		7				
3.6.1	游客抵达餐厅后，及时接待，得 0.5 分；游客用餐结束后，及时收拾餐具，得 0.5 分			1			
3.6.2	各种餐具洁净、无裂痕、无破损			1			
3.6.3	食品营养美味、质量高（早餐得 0.5 分，正餐得 0.5 分）			1			
3.6.4	提供周边餐饮信息和预订服务（每处得 0.5 分，最多得 1 分）			1			
3.6.5	公共区域为游客提供免费饮品和食品（每种得 0.5 分，最多得 1 分）			1			
3.6.6	有制止餐饮浪费行为的措施并有效实施（有宣传提示、提供公勺公筷、主动提供打包服务、提供小份半份菜等，每种得 0.5 分，最多得 2 分）			2			

续表

序号	要求描述（评分标准）	各大项总分	各分项总分	各次分项总分	各小项总分	自评分	评定分
3.7	布草专业洗涤效果好		1				
3.8	提供自助洗衣服务，有烘干机或晾晒场地		1				
3.9	可为不同年龄游客提供个性化服务		1				
3.10	有维护良好客户关系的措施和服务		1				
3.11	提供线上预订、支付服务，得 0.5 分；提供现场刷卡结算、开具发票服务，得 0.5 分		1				
3.12	公布投诉电话，能有效处理各类投诉		1				
3.13	提供医疗服务信息（附近医院、诊所和药店位置信息等）		1				
3.14	有夜间值班人员或值班电话		1				
3.15	购买公众责任险以及相关保险，方便理赔（每种得 1 分，最多得 2 分）		2				
3.16	管理制度		4				
3.16.1	建立内部管理制度和服务规范，有相关培训、考核、激励机制			1			
3.16.2	建立食品留样制度			1			
3.16.3	建立设施设备维护保养、烟道清洗、水箱清洗等管理制度			1			
3.16.4	垃圾处理符合相关法规要求			1			
	小计						
	实际得分						
	得分率（实际得分/该项总分×100%）						

续表

序号	要求描述（评分标准）	各大项总分	各分项总分	各次分项总分	各小项总分	自评分	评定分
4	特色和其他	50					
4.1	文化特色		6				
4.1.1	民宿主人能清楚阐述旅游民宿的文化特色，得 0.5 分；有文字流畅、易于理解的主题词，得 0.5 分			1			
4.1.2	民宿主人服务的方式、语言凸显旅游民宿的文化特色，得 1 分；富有感染力，得 1 分			2			
4.1.3	有依据文化特色提炼形成的文化符号元素，得 0.5 分；美观时尚，易于识别，得 0.5 分			1			
4.1.4	服务方式能很好地展示和表达文化内涵			1			
4.1.5	有不断完善的文化特色培训方案，得 0.5 分；定期培训有记录，得 0.5 分			1			
4.2	环境与氛围		8				
4.2.1	拥有特色自然景观（区域代表性景观，得 2 分；一般性景观，得 1 分）			2			
4.2.2	建筑物历史悠久			1			
4.2.3	建筑改造保留历史印迹，得 1 分；大门、外墙、标识标牌体现地方特色，得 1 分			2			
4.2.4	院落空间结构有地方特色，得 0.5 分；园林植物有地方特色，得 0.5 分			1			
4.2.5	灯光照明设计专业，与文化主题契合			1			
4.2.6	有背景音乐，得 0.5 分；曲目与文化主题契合，音质良好、音量适中，得 0.5 分			1			
4.3	室内特色空间（最多得 3 分）		3				
4.3.1	休闲区域（茶室、视听区、阅读区等）设施齐全、氛围浓郁（每个得 1 分）			3			
4.3.2	体验区域（非遗、作坊、书画等）设施齐全、氛围浓郁（每个得 1 分）			3			

续表

序号	要求描述（评分标准）	各大项总分	各分项总分	各次分项总分	各小项总分	自评分	评定分
4.3.3	其他区域（展示等）设计合理、氛围浓郁（每个得1分）			3			
4.4	客房特色		5				
4.4.1	不少于80%景观客房			1			
4.4.2	不少于80%客房墙面、天花板有装饰，灯饰、陈设品等凸显文化特色			1			
4.4.3	所有客房有介绍文化特色的书籍、资料			1			
4.4.4	有氛围浓郁的文化主题客房			1			
4.4.5	有体现客房文化特色的创意服务			1			
4.5	餐饮特色（最多得5分）		5				
4.5.1	提供地方特色菜肴，风味独特			1			
4.5.2	餐具成套配置，得0.5分；与菜品搭配协调，得0.5分			1			
4.5.3	提供特色家宴，得1分；体现餐饮文化，得1分			2			
4.5.4	有自助厨房，得0.5分；提供地方食材，得0.5分			1			
4.5.5	500米范围内有特色早餐点（每处得1分）			2			
4.5.6	1000米范围内有特色餐饮点（每处得1分）			3			
4.6	特色体验与活动（最多得6分）		6				
4.6.1	定期组织游客乐于参与的活动（每种得1分）			3			
4.6.2	周边有定期展示地方文化的戏剧、歌舞表演等项目（每种得1分）			2			

续表

序号	要求描述（评分标准）	各大项总分	各分项总分	各次分项总分	各小项总分	自评分	评定分
4.6.3	周边有适合游客参与的非遗、民俗、农耕等体验活动（每种得1分）			2			
4.6.4	周边有较为集中的特色购物区域			1			
4.6.5	能为游客提供定制化特色旅游线路（每种得1分）			2			
4.7	环境保护		5				
4.7.1	建筑装修就地取材，得0.5分；再次利用，得0.5分			1			
4.7.2	污水自行处理，得1分；达标排放，得1分			2			
4.7.3	不主动提供客房一次性日用品			1			
4.7.4	建立水电气管理制度，有相关台账记录			1			
4.8	社会责任		9				
4.8.1	每年参与3次及以上地方或社区公益事业活动			1			
4.8.2	每年有促进地方或社区文明建设的具体行动			1			
4.8.3	50%及以上员工来自所在乡村（社区）			1			
4.8.4	利用本地资源，开发旅游商品和文创产品			1			
4.8.5	多形式带动地方农特产品销售，成效明显			1			
4.8.6	经营良好，依法纳税			1			
4.8.7	通过民宿运营多渠道传承、传播地方优秀文化			1			

续表

序号	要求描述（评分标准）	各大项总分	各分项总分	各次分项总分	各小项总分	自评分	评定分
4.8.8	参与地方优秀文化传承、保护和推广行动，受到相关部门表彰或媒体宣传（省部级及以上，得2分；地市级，得1分）			2			
4.9	所在地方有民宿扶持政策，得0.5分；有效落实，得0.5分		1				
4.10	加入当地民宿行业协会，得0.5分；履行会员职责和义务，得0.5分		1				
4.11	民宿在筹建或运营过程中征询相关管理部门的意见		1				
小计							
实际得分							
得分率（实际得分/该项总分×100%）							

第三节　民宿省级标准

表 9-2　乙级旅游民宿必备项目检查表（示例）

序号	项目	是否达标
1. 规范经营		
1.1	应符合治安、消防、卫生、环境保护、安全等有关规定与要求，取得当地政府要求的相关证照	
1.2	经营场地应符合本市县国土空间总体规划（包括现行城镇总体规划、土地利用总体规划）、所在地民宿发展有关规划	
1.3	服务项目应通过文字、图形方式公示，并标明营业时间，收费项目应明码标价	
1.4	经营者应定期向文化和旅游行政部门报送统计调查数据，及时向相关部门上报突发事件等信息	
2. 安全卫生		
2.1	经营场地无地质灾害和其他影响公共安全的隐患	
2.2	易发生危险的区域和设施应设置安全警示标志，安全警示标志应清晰、醒目；易燃、易爆物品的储存和管理应采取必要的防护措施，符合相关法律法规	
2.3	应配备必要的防盗、应急、逃生安全设施，确保游客和从业人员人身和财产安全	
2.4	应建立各类相关安全管理制度和突发事件应急预案，落实安全责任，定期演练	
2.5	食品来源、加工、销售应符合相关食品安全国家标准要求	
2.6	从业人员应按照要求持健康证上岗	
3. 环境和建筑		
3.1	生活用水（包括自备水源和二次供水）应符合 GB 5749 要求	

续表

序号	项目	是否达标
3.2	室内外装修与用材应符合环保规定，达到 GB 50222 的要求	
3.3	建设、运营应因地制宜，采取节能减排措施，污水统一截污纳管或自行有效处理达标排放	
3.4	周边环境应整洁干净，绿植维护较好	
3.5	建筑外观应与周边环境相协调	
3.6	经营用客房不超过 4 层且建筑面积不超过 800 平方米	
4. 设施和设备		
4.1	客房应配备必要的家具，摆放合理、方便使用、舒适美观	
4.2	客房应有舒适的床垫和柔软舒适的床上棉织品（被套、被芯、床单、枕芯、枕套及床衬垫等）及毛巾	
4.3	客房应有水壶、茶杯和饮用水	
4.4	客房应有充足的照明，有窗帘，隔音效果较好	
4.5	应有方便使用的卫生间，24 小时供应冷水，定时供应热水。照明和排风应效果良好，排水通畅，有防滑防溅措施	
4.6	各区域应有满足游客需求、方便使用的开关和电源插座	
4.7	厨房应有消毒设施，有效使用	
4.8	厨房应有与接待规模相匹配的冷冻、冷藏设施，生、熟食品及半成食品分柜置放	
4.9	应有清洗、消毒场所，位置合理，整洁卫生，方便使用	
4.10	应有布局合理、方便使用的公共卫生间	
4.11	应有适应所在地区气候的采暖、制冷设施，效果较好，各区域通风良好	
5. 服务和接待		

续表

序号	项目	是否达标
5. 1	各区域应整洁、卫生，相关设施应安全有效	
5. 2	客房床单、被套、枕套、毛巾等应做到每客必换，并能应游客要求提供相应服务	
5. 3	拖鞋、杯具等公用物品应一客一消毒	
5. 4	卫生间应每天清理不少于一次，无异味、无积水、无污渍	
5. 5	应采取有效的防虫、防蛇、防鼠等措施	
5. 6	应提供或推荐多种特色餐饮产品	
5. 7	提供餐饮服务时应制定并严格执行制止餐饮浪费行为的相应措施	
5. 8	民宿主人应参与接待，邻里关系融洽	
5. 9	接待人员应热情好客，穿着整齐清洁，礼仪礼节得当	
5. 10	接待人员应熟悉当地文化旅游资源和特色产品，用普通话提供服务	
5. 11	接待人员应掌握并熟练应用相应的服务技能	
5. 12	接待人员应满足游客合理需求，提供相应服务	
5. 13	接待人员应保护游客隐私，尊重游客的宗教信仰与风俗习惯，保护游客的合法权益	
5. 14	夜间应有值班人员或值班电话	
6. 特色和其他		
6. 1	应为所在乡村（社区）人员提供就业或发展机会	
总体是否达标		

第十章
民宿专题研究

第一节　台湾民宿发展研究

台湾发展民宿已有三四十年的历史，最早大规模发展民宿的地区是垦丁国家公园。

20世纪80年代，由于节假日景区游客大量增加，酒店、旅馆住宿供不应求或服务不到位，有游客和登山者便借宿于山区民房或者工棚。有空闲房间的屋主从中发现商机，开始在自家招揽住客，开办民宿。此时期的民宿只是酒店的补充，且仅是单纯的住宿形态，不包含餐饮或其他高附加值的服务。

20世纪90年代，台湾原住民行政事务主管部门为了增加原住民收入，通过部落产业发展计划，鼓励、引导原住民依托当地特有的自然环境，将空闲住宅用于经营民宿。而除了原住民地区外，也有很多人在非原住民地区、特定风景区及各旅游景点，将空置房舍改建或新建，出租给游客住宿。同期，农业事务主管部门提出要使传统农业向观光农业转型升级，进一步刺激了民宿业发展，民宿业成为台湾一个新兴的乡村旅游产业。由于民宿经营者一般都是当地人，对当地的风物特产非常熟悉，在提供住宿之余还经常结合地方资源推广地方乡土文化、开展休闲运动，慢慢发展为现今提供多元化服务的民宿。而经营者亲和、平实、自在的个人魅力，更是民宿受游客青睐的重要原因。

一、台湾民宿的发展阶段

（一）台湾民宿发展的民间萌芽期（1980—1988年）

此时台湾经济起飞，民众开始注重休闲活动，风景区缺乏住宿空间，附近居民开始提供住宿服务。当时的民宿是因住宿设施不足而产生的，属于民间自发行为，规模不大，未被纳入管理范围，多为违规经营。

（二）台湾民宿发展的“政府”辅导与成长期（1989—1996年）

1989年行政事务主管部门开始介入民宿的辅导，当时台湾地区原住民行政事务主管部门为了增加原住民收入，提出部落产业发展计划，鼓励、引导原住民利用空屋经营民宿。在地区农业管理部门辅导下，农户也开始经营民宿，出现具有休闲农业特征的民宿雏形。各大风景区附近也有民宿经营，部分投机者甚至将不符合规定的大型旅社、宾馆改为民宿。但此时期的民宿仍只有基本的住宿概念。

（三）台湾民宿发展的规划与转型期（1997—2001年）

台湾当局为有效运用资源、促进地方旅游产业发展，于1997年由交通事务主管部门“观光局”负责着手研拟民宿的相关管理规定。2001年11月14日“发展观光条例修正案”发布；同年12月12日正式发布“民宿管理办法”，从土地使用限制、经营规模、设施规格、消防安全设备、申请登记规范等方面作出具体规定，民宿被正式纳入监管体系。另外，为了促进台湾传统农业转型，应对加入世界贸易组织（WTO）后所带来的冲击，台湾农政单位制定了休闲农业规定，容许在休闲农场内，提供旅客住宿设施。而民间自行发展的民宿，也由最初的垦丁地区扩展到其他旅游地区，如阿里山、清境农场，服务项目由单纯满足住宿需求转变为提供另类住宿体验、导览当地特色资源的服务。

（四）台湾民宿发展的相关规定执行与发展期（2002—2007年）

“民宿管理办法”开始执行后，各地方主管机关开始对民宿经营者举办说明会，要求履行民宿申请登记程序。2002年，“台湾乡村民宿协会”成立，各县市也纷纷成立当地民宿行业协会，在行业协会的倡导下，台湾民宿业持续快速发展，符合规定的民宿数量由2003年的200余家增长到2007年的2500家左右，短短四五年间翻了10倍。

（五）台湾民宿发展的成熟期（2008年至今）

进入发展期后，台湾民宿数量保持较快增长，平均每年以10%的速度递增，整个民宿产业已具有一定规模。2008年开始，台湾当局开放大陆居民赴台旅游。由于大陆居民对宝岛台湾长久以来的热爱和好奇心，赴台旅游的人数呈几何级爆发式增长，在2015年达到4184102人次的顶峰。大陆居民赴台旅游，促进了台湾当地经济及国民经济的全面发展。民宿业更是成为台湾旅游的标签化产品，甚至有“不住民宿就等于白去台湾”的说法。民众的热衷、民宿数量的不断增加，促使民宿向高品质经营转变。民宿业者转移经营重心，发挥创意，将台湾风土人情、文化底蕴和生活美学融合到民宿经营中，不断开发新产品，台湾民宿整体向精致化、高端化方向转型。

台湾民宿多以私人经营为主，由于自然景观、地方风物等客观条件的不同，加上民宿主人的个人喜好、品位和独具匠心的巧思，台湾民宿形成了各具特色的主题风格、饮食文化、服务方式。台湾学术界对民宿产品的分类随着民宿的发展阶段而不断演变。民宿发展初期，提供简单的住宿产品和餐饮，可按照资源及特色来分类。郑诗华（1992）借鉴日本的民宿分类方法，将民宿主要分为七个类型：农园民宿、传统建筑民宿、海滨民宿、西洋农庄民宿、温泉民宿、运动民宿、料理民宿。民宿发展到高级阶段，经营者积极依托当地的自然风光和传统文化，拓展民宿经营主题，丰富民宿产品内容，更强调提供差异化的住宿体验。因此，张东友、陈昭郎（2002）按照体验类别，将民宿分为艺术体验型民宿、复古经营型民宿、赏景度假型民宿、农村体验型民宿、社区文化体验型民宿。现在住客可选择的民宿类型非常丰富，在住宿之余，也可体验不同风格的休闲活动。

二、台湾民宿的主人特质

“民宿主人是民宿的灵魂”，民宿主人在民宿体验过程中的核心地位可见一斑。通常一家民宿之所以成功，并非因为外在的装潢或者地点，而是在于民宿主人的个人魅力。民宿主人通过与顾客的主动交流将个人特质传达给顾客，牵动顾客的情感，使顾客体验到故里的亲切、家的温馨。

在走访民宿时发现民宿主人身份有以下共性：首先，都为当地人，或者在当地定居，购地自建房，对脚下的这片土地饱含深情和眷恋。如“星光碧后”位于宜兰县南澳乡碧候村，民宿主人林建南从小就生活在碧候村，长大后在台北上学与工作，但为了纪念奶奶，他决定回到家乡将奶奶的杂货铺改装成民宿。又如很多人在建房时，初衷只是建一个梦寐以求的自己要住的家，最后却成为有屋主居住的民宿，比如“境外漂流”是主人小球姐本来规划盖来享受退休生活的房子，但是在落成后不断地被路过的游客询问，误以为是特色餐厅或民宿，才让女主人兴起了经营民宿的念头。其次，文化层次高，大多具有大学本科及以上学历。最后，在经营民宿之前，都有丰富的人生阅历。民宿主人中不乏建筑师、摄影师、商人、旅游业相关从业者，大部分人由于个人爱好或者工作关系，走过世界很多地方，具有国际视野，也都有自己独特的个性和背后的故事。

在经营理念方面，民宿主人都非常了解并认同 B&B 的内涵和经营模式，即“分享”。到民宿住宿的顾客要跟主人一家人相处在同一个空间，主人在分享这个独特空间的同时，也是在分享他的生活方式、生活体验和文化美感。例如：有的主人喜欢亲手做木工和家具，并让自己的作品在民宿中随处可见，以此开启与顾客之间的话题。他们亲力亲为，在第一线服务，除了能注意到容易被忽略的细节之外，还能培养与顾客的感情。他们最常做的事就是与顾客交流互动：从顾客入住时发自内心地微笑、亲切地问候，到热情细致地介绍指点；从与顾客一起共进早餐，到大家坐在一起泡茶、煮咖啡；从介绍当地的风土人情、文化习俗，到畅谈彼此的人生经历、分享价值观念。民宿主人以自己的个性感染每一位顾客，使顾客的心境从匆匆过客转变成到朋友家玩，塑造民宿不可取代的人文价值。可以说，民宿主人的人情味是游客旅途中一道最美丽、最有温度的风景。

三、台湾民宿的经营理念

（一）环境友好

良好的自然环境是民宿永续经营的基础。为了维护大自然的原始风貌，将污染与破坏降至最低，民宿主人统筹考虑资源和环境承载能力，采用低度开发的方式建造民宿。位于宜兰县员山乡逸仙村的“35A-Li”就是其中典范，多次被媒体报道。“35A-Li”采用“清水模”的建筑形式。所谓的“清水模”建筑是由钢筋混凝土灌浆凝固拆模后，不再加以任何的修饰，完全以混凝土的质感作为建筑表现素材。工法虽然简单，但制作需一次成型不容出错，也就是拆模后即为完成面，不能再有修饰，所以施工的事先计划、施工中负责的工作态度都要贯彻到底，呈现出干净利落、一丝不苟的朴素精神。所以“清水模”建筑建造费用高于一般建筑，但能减少涂装层的污染，易融于自然环境，在台湾越来越受到欢迎。房屋有大面积开窗，室内通风采光，冬暖夏凉，达到节约能源的目的。开凿生态沟，利用水草过滤水质，回收雨水，形成生态池，不仅使建筑物降温，更让房子周围的树木茁壮成长。

（二）文化传承

旅游资源是旅游业的基础和发展前提，人文景观作为旅游资源的一种，无论是以实物形式存在的文物古迹，还是无形的文化传统、民情风俗，都是吸引游客到来的要素，因此对旅游资源自觉加以保护，可持续发展才能得到最根本的保障。文化具有地域性和民族性的特征。每个民族在漫长的历史进程中，由于特定环境的影响与制约，采用不同的生产、生活方式，形成了不同的语言文字、伦理道德、风俗习惯、艺术美学，构成了不同的民族文化。这些独具特色的文化，将上一代积累的生产、生活经验与技能，包括抽象的价值观念、行为规范传授给下一代，由此得以传承，从而积累成深厚的历史文化资源。“星光碧后”民宿所在的宜兰县南澳乡碧候村是泰雅族部落聚居地，主人也是泰雅人。他在民宿前面族人聚在一起话家常的广场，用竹子和杉木盖起一间泰雅部落传统的房子，取名“原民故事屋”，里面陈设了主人收藏的各式各样珍贵的泰雅文物，如实际使用的生产、生活器具，每一件都是一代传一代，每一件都有故事，俨然一座泰雅文物博物馆。在“原民故事屋”旁的表演舞台，在主人的号召下，部落妇女与学生自发地利用业余时间一起练习、表演传统舞蹈，为保存本民族文化尽心尽力。在民宿内还有一间“原民手创工作坊”，用于当地原住民艺术家展示传统手工技艺、展现艺术个性、出售原创工艺品。在这里顾客可以买到独一无二、具有民族特色的原创作品。通过这些方式，造访的顾客得以真正入住部落家庭，感受地地道道的部落风情，对泰雅文化有了进一步的认识，泰雅人也有了一个积极主动保护和传承民族文化的平台。

（三）社区和谐

与社区居民建立和谐的关系是可持续发展的保障。保继刚和孙九霞在《旅游规划的社区参与研究——以阳朔遇龙河风景旅游区为例》一文中阐述道：“社区居民是当地旅游发展的核心力量”“社区居民的参与对于提高旅游质量、保护旅游目的地生态环境、实现旅游业可持续发展战略至关重要。”如果民宿在规划、开发、管理过程中缺乏社区居民的认同、参与并提供各种支持保障，那么永续经营不仅难以实现，而且会因社区居民对顾客的态度冷淡、敌视，甚至进行人身伤害等，造成顾客流失、再宿意愿降低，甚至经济损失。当台风侵袭、断水断电时，“香草 house”民宿将所剩的物资、食物与村民分享，平时，他们也会将收获的瓜果蔬菜分一些给周围的居民，这些令人感动的举动大大提升了“香草 house”在当地居民中的好感度。现在，如果外地游客找不到民宿的具体位置，询问当地人，他们都会热心地指路。

四、台湾民宿的建造设计

台湾的民宿通常都非常美观、具有个性。一座有独特造型的建筑，如同个性签名一般，能给人留下强烈的印象，让顾客入住后感觉到这里不只是睡觉的地方，而是融入生活与美学的体验。一栋吸引眼球、让人想一再光顾的民宿，外观必须具有以下两个特点：

第一，独特。从建筑风格来说，无外乎有限的几种。由于民宿主人和设计师会根据周边环境，顺势而为，确定风格，所以在同一个区域，可能有两三栋相同风格的民宿，如何在其中脱颖而出，关键就在于独特性。建造设计时，除了以主人的个人爱好和市场趋势来决定建筑风格，也要突出与其他相同风格的民宿的差异，强化特色，塑造自己的独特性。

第二，美感。建筑物要能与周边环境融合，不论远观或近看，都要能与景色相协调。民宿周边的造景也涵盖在建筑的范围之内，如果选址没有依山傍水，就需要造出绿草如茵或者百花盛开来衬托建筑物，让人享受到视觉美感。

民宿内部空间的设计，分别从以下三个主体功能区来分析：

第一，大堂。大堂在广义上指的是民宿公共空间，而不再是标准化的前台，有别于酒店大堂注重咨询与接待服务，民宿的大堂更重要的是提供住客与主人交流互动、赏景、休憩、娱乐等各种功能，营造出民宿特有的氛围，在设计上与客房有同等的重要性。因此，很多民宿主人宁愿牺牲客房数量，尽量扩大公共空间的面积，增强大堂的多功能性，提供多元化的服务。

第二，客房。客房是民宿最主要的产品，也是客户评价中最重要的部分。民宿之所以受欢迎，很大程度上是因为其客房有别于酒店客房千篇一律的制式化，能以多种风格满足住客求新求变的需求。由于民宿的房间数受到法规的限制，如何在有限的房间内，既提供优良的住宿体验，又打造出独特的风格，是民宿主人需要重点思考的问题。客房空间设计首先要兼顾舒适度、清洁度、安全性、私密性，使所有年龄层的顾客都能安心居住，在此前提下，既可选择与民宿建筑相同的元素，强化整体印象，也可选择同一个概念下不同风格与特色的元素。

第三，餐厅。民宿中的餐厅可以说是主人体现心意的舞台，用独特的空间风格，准备自己拿手的餐点，款待远道而来的顾客。另外，餐厅还是主人和顾客一同分享生活体验的地方，通过一起品尝美食，产生共同话题，分享心得。因此，餐厅的规划设计也成为不可忽视的一个部分，要注意营造整洁温馨的用餐氛围。

五、台湾民宿的住宿产品

执行服务标准，提升服务品质。民宿经营可以说是日常无大事，然而民宿经营的大事都是通过小事日积月累而成。稳扎稳打地执行服务标准，保证服务品质的稳定性，才能成就大事。只有将服务的细节做到位，力求精致，顾客才能感觉服务的存在，越是细微之处，越能体现民宿的服务水平。无论是日常的清洁、铺床备品，还是与顾客沟通，都直接影响到顾客对民宿的印象。

时常检视自己的服务是否周到、贴心。将自己的角色转换成顾客，检视整个服务的过程，想象顾客可能会产生哪些需求，而自己所提供的服务是否足够细致周到。在实际服务过程中，顾客的需求是动态且即时的，要把平时所积累的经验化被动为主动，在顾客开口前，主动开展以满足顾客个性化需求为目的的全方位服务，提供超越预期的价值。

民宿的工作人员一般称作管家，这样可以给顾客一个亲切且有品质感的家园意象。不同于一般酒店办理入住手续时，提着行李站在柜台前，“缓慢金瓜石”管家从顾客一进门就开始服务了。管家会请顾客到大厅稍坐，喝杯自创的手工花草茶，然后拿出三种不同香味的手工芳疗沐浴组和一钵泡澡用的沐浴盐，请顾客自己挑选喜欢的香氛类别。这位专属的管家会一直负责顾客的饮食起居，直到顾客退房离开。每一个细节无不显示出对顾客无微不至的关怀，满足顾客个性化的需求。

很多民宿都采取预约制，不接待临时投宿的顾客。一方面是由于客房数有限，另一方面是为了维持住房品质，避免纯参观不住房的游客带来的干扰。此外，采取预约制，可以尽可能地收集与住客相关的信息，例如住客的习惯和特殊要求、住宿的目的等，以便利用现有资源，为住客创造惊喜，提供有针对性的、个性化的服务。

六、台湾民宿的配套产品

在过去，民宿服务大多聚焦在住宿体验上，然而，随着竞争白热化，加上生活水平提高，人们对于美食的喜爱程度不亚于观光游览，民宿所提供的餐饮服务成为提升竞争力的新焦点。因此，提供精致美味而有特色的餐点，不但可以吸引以享受美食为目的的客源，而且能获得除房费以外可观的收益，使住宿和餐饮相得益彰、相互促进，成为同等重要的两个盈利点。另外，餐饮服务有助于创造主客情感连接点，为顾客带来难忘的经历。与主人一家共同用餐，分享一天的经历，是民宿让人最为眷恋、最弥漫温情的体验。大部分的民宿都提供免费的早餐，其他两餐可以跟主人预订。从当地风味餐到下午茶配的西式甜点，每一间民宿都有自己的拿手菜、私房菜。位于花莲县丰滨乡新社村的“崖上”民宿，最大的特色就是主人夫妇及两个女儿都是厨艺高手，可一手包办专业级的一日三餐及下午茶。尤其是主人的私房招牌菜“桶仔鸡”，用漂流木生火，高温焖熟的走地鸡出炉时香味四溢，如果不先预订是吃不到的。做饭使用的蔬菜全部由自家菜园出产，不使用农药、化肥，完全有机健康，现摘现做。

都市人厌倦了城市紧张忙碌的生活，希望到农村体验农耕文化、享受慢节奏的休闲生活，也是民宿受欢迎的主要原因。“阿里山四季星空”是从传统茶园转型为民宿的，主人是茶农第二代，他将茶叶与休闲体验活动相结合，为来住宿的顾客提供采茶知识，带游客上山采茶、手工制茶，将茶叶入菜制成餐点。“海境”位于恒春半岛的西侧制高点，可以欣赏到绝美的海景，白色的现代建筑营造出浪漫的氛围。主人会定期举办许多主题活动，例如摄影比赛、涂鸦比赛，甚至邀请顾客带乐器到“海境”演奏。“星光碧后”的主人对南澳乡周边的人文风情和自然景色相当熟悉。他在办民宿的同时，结合当地产业，为各种各样不同需求的顾客量身规划各种定制化行程，包括登山、骑行、看海、渡溪、欣赏原住民舞蹈、品尝原住民风味餐、星光下烤肉等。其他民宿也有提供陶塑或艺术品 DIY，喂食家禽，观赏萤火虫、昆虫，采摘蔬果等体验活动。丰富多样的游玩方式，可以吸引顾客反复造访，使其每次都有不同体验，也可以延长顾客单次的过夜天数。

七、台湾民宿的顾客体验

顾客到民宿住宿，对服务人员的期待是什么呢？从旅游心理学角度分析，他们不仅希望能充分享受到细致周到的服务，而且还渴望能与服务人员深入交流，获得愉快的心理体验，留下美好记忆。所以，民宿服务人员一方面要为顾客解决住宿过程中种种实际问题，使顾客获得安全、舒适和便利的优质服务，另一方面还要为顾客提供有温度、充满人情味的服务，让顾客获得心理上的满足，特别是要让他们体验轻松愉快的人际交往，在人际交往中获得亲切感。

“有朋会馆”的主人陈明芳谈过这样一个细节。有一次她遇到带家人来玩的男顾客，一直闷闷不乐，晚上她主动找这个顾客聊天，跟他分享了很多生活体验。回去之后，顾客发短信给她，感谢她陪伴分享，让他对事物有了新的看法。还有子女长期在国外的老人，刚来玩的时候并不开心，还觉得民宿位置太偏僻，但是跟她聊聊天之后，第二天就不想回家了，想多住几天。“花见幸福”的主人认为，主人与顾客的关系是从退房后才开始的，让顾客的认知能从“住民宿”转变成“去朋友家玩”，才是民宿长久经营的关键。

八、台湾民宿的服务创新

创新是企业生命力的不竭源泉，是企业生存和发展的必要前提。企业只有根据市场变化，不断调整产品结构，提高技术水平，推陈出新，才有可能在激烈的竞争中立于不败之地。对于服务业来说，顾客的需要和期望是不断变化的，要坚持顾客导向，就要不断地进行服务创新，以新的服务适应顾客新的需要和期望。服务创新能够带来企业内部流程的改善和企业与用户关系的改善。

“花见幸福”是少见的以婚礼作为主题的民宿。主人珊珊曾经在花莲的酒店担任公关。丰富的从业经验及敏锐的商业嗅觉让她将民宿消费群体设定为以女性为主，所以空间从里到外都以女性钟爱的浪漫风格为主，民宿官方网站设计也凸显出甜蜜的幸福感。除了住宿外，更呼应幸福的主题，与婚纱公司、影楼合作，让新人们可以选择到“花见幸福”拍婚纱照。针对新郎家和新娘娘家相隔路途遥远、迎娶困难的情况，规划出蜜月套房，让新娘在出嫁前一天入住，第二天从“花见幸福”嫁出去。为此，珊珊特别研究出整套的迎娶仪式，帮新人们准备所需物品、叮嘱习俗等，专业程度媲美婚庆公司。民宿前的草地可以举办露天婚礼，擅长公关活动的珊珊，也能担任称职的婚礼司仪。她也曾为多位顾客精心策划求婚桥段，让情人们留下难忘的回忆。不断创新的服务项目，提高了民宿的品牌附加价值和竞争力。

九、台湾民宿的网络营销

在移动互联网时代，传统媒体广告效益越来越低，消费者对广告具有极强的免疫力，也可轻易地将不想接受的广告信息过滤掉。而通过社交网络与App，制造新颖的口碑传播内容，吸引大众的关注与议论，广告效果则要好很多。

很多民宿利用热门的民宿门户网站增加曝光度。台湾观光事务主管部门网站设有住宿指南专栏，收录有6978家民宿，每个民宿有一个页面，介绍了民宿的概况、周边游览景点、电话、地址、经纬度、电子邮箱、房间数和房间价格，还可以链接到各家民宿的官网。台湾旅宿网、疯台湾民宿网等，都是知名的台湾民宿搜索预订平台。

社交网络的兴起，完全改变了经营者与顾客的关系。通过社交网络平台，不但可以跟顾客建立紧密联系，随时保持互动，同时还能有效地发掘潜在客户，用社交网络的影响力进行口碑营销。“自然卷北欧风格民宿”开业初期在Facebook上办过点赞即有机会免费入住的活动，为期1个月，每周抽出1位幸运者。另外，针对入住的顾客发放现金抵用券，为期3个月。

以往的社交网络营销是通过知名博主或者写手来营造口碑，很容易被看出破绽，消费者对于这些软文推荐，始终抱着怀疑态度。新一代的口碑营销已经不是单方面提供资讯、推送文章，而是由民宿经营者自己在社交媒体平台与粉丝互动，将口碑拓展开来。经营者从顾客的角度出发在社交媒体发文，了解顾客最想知道的资讯，告知为顾客提供的新服务，了解顾客对于新服务或新活动的接受程度。另外，定期举办粉丝活动不但可与顾客亲密互动，而且可以调节淡旺季的入住率与营收不平衡。

十、台湾民宿的集群发展

澎湖西卫海民宿村是产业集群发展的典型案例。西卫海民宿村位于澎湖县马公市西卫里，共有“海之径”“海旅巢”“海蓝蓝”“海湾湾”“海璞”等五栋风格各异的，外观分别为蓝色、绿色、紫色、黄色、白色的民宿。“海之径”的主人谢大哥与一群好友因为志趣相投，时常相约出国旅游，且都从事旅游相关行业，而且每对夫妻都有一方是澎湖当地人，所以他们在同一块土地上盖起了这五栋房子经营民宿。这五位主人，每位都有自己的故事。

虽然民宿内环境和接待方式或有所不同，但是他们经营民宿的理念是一致的，就是把顾客当朋友。五间民宿形成一个同业联盟，有利于资源共享、节约成本，土地上的基础设施和公共设备由他们共同投资兴修，分担了投资成本。在社交网站 Facebook 上，五间民宿各有自己的页面，平时各自维护，当有共同话题的时候，就会彼此分享或者标示。在各家的网站上皆可看到彼此的订房信息，一家客满时直接将顾客引导至尚有空房的其余四家。在接受平面媒体或者电视媒体采访时，如果要求仅采访一人，就由村长——“海之径”的主人谢大哥代表；如果要采访全民宿村，就全员参加，各自发挥优势。后勤服务互相支援，比如几家同时都有需要接送机服务的话，就由一家出车负责接送。

十一、台湾民宿的连锁经营

民宿主人在成功运营第一家民宿后，可以开启民宿直营连锁的新方向。民宿连锁经营的优势在于：首先，有品牌号召力。品牌是企业的无形资产，一个有口碑的品牌对消费者而言是价值的承诺，容易产生定向消费信任或依赖。这对民宿扩大客源、提升品牌溢价有积极的作用。其次，降低成本。客房、餐饮基本设备和用品统一采购、统一配送，直接与生产企业或生产基地挂钩，可以有效节省采购、流通费用，降低成本。最后，经验借鉴。民宿主人在选址、设计、管理运营、员工培训、市场开拓等方面已经有成功经验，可以使其他连锁民宿迅速开启良性运营循环。

然而，民宿的招牌就是民宿的主人，卖的不只是住宿的房间，还包含了故事、美学与生活方式、人生体验。这些额外的附加价值，都依赖民宿主人本身的特质，带着相当浓厚的个人色彩，因此民宿很难具有可复制性。突破这一瓶颈的关键，自然也在于民宿主人。民宿主人可以选择志同道合的合作伙伴，或者通过打造良好的文化氛围和教育培训，将民宿主人的理念传递给工作人员。

慧君与庭妃就是这样两个志同道合的朋友。她们为了实现梦想，打造出“薰衣草森林”，当第一个民宿梦成真后，她们以薰衣草为主轴，逐年推出幸福系列品牌。相同系列品牌下，“薰衣草森林”“香草 house”“缓慢金瓜石”“缓慢北海道”都把“幸福疗愈”的特色融入品牌，采用相同的“缓慢”元素和相同的故事延伸。每一个员工都能成为主人的分身，给予顾客一致的体验，传递与分享主人的故事。每一家民宿又都有自己的风格和定位，面向不同客户群体，满足不同的市场需要，创造不同的市场价值。

第二节 丽江民宿游客满意度研究

一、丽江民宿发展概况

在历史上，丽江是茶马古道上的重镇、滇川藏商贸中转中心，所以居民自古就有人经营小酒肆，专供往来生意人停靠、歇脚和补充物资，但其目的仅是为往来商人提供便利兼盈利，和旅游并无半点关系。20世纪三四十年代，古城里出现了专门接待大理而来的行商以及藏区而来的马帮的旅马店，共计17家。这些店主与住客在住宿价格、餐饮要求等方面有一定的约定或规矩，双方相互信任，关系融洽。1956年，国家对旅马店实施社会主义改造，集中当时34户个体旅马店统一组成“玉龙旅马店”，创立4个分店，独立经营，统一管理，增加就业人数至76人。后来由于经营不善等问题，除了第四营业点外，其他旅马店都逐渐败落，只留下几个小型的招待所。

小酒肆和旅马店是当地居民用闲置住房为往来商人和其他顾客提供住宿和餐饮，并获得较少收入的场所，可以看作丽江民宿的最初形态。

20世纪80年代，随着交通、经济的发展，逐渐有游客被丽江迤逦的风光、独特质朴的少数民族风情吸引来到这里观光游览。随着丽江旅游业的发展，游客纷至沓来，必然导致酒店房间供应紧张，因为那时游客在游玩之后根本无法当天赶回居住地或者次日还要继续游玩，需要在当地居住过夜，一部分人便开始住到当地人的家里，并给予一定的金钱等作为住宿金或报酬。当地居民逐渐看到了商机，纷纷开设小型的旅店、客栈等住宿设施，并提供毛巾、牙刷等日用品，有眼光的店主还提供简单的早餐等服务，丽江真正意义上的民宿应运而生。

20世纪90年代，丽江的旅游业走上了快速发展之路。1994年10月，滇西北旅游规划现场办公会议在丽江召开，提出了“开发丽江”以带动滇西北旅游业快速发展的旅游开发战略。在该战略的指导下，丽江率先提出并实施了“旅游先导”战略。1997年起，丽江先后被列入《世界文化遗产名录》《世界自然遗产名录》《世界记忆遗产名录》。2002年，国务院正式批准撤销丽江地区，设立地级丽江市，同时，丽江古城也被评为“中国最令人向往的10个城市”之一。2010年，丽江旅游接待人数已经从1994年的21.7万人次骤增到910万人次。

为了应对快速增加的住宿需求，丽江酒店业在快速发展的同时，丽江民宿业也有了极大的发展。1999年，为了缓解昆明世博会期间游客大增的压力，当地政府支持并引导具备接待能力的居民创办家庭旅馆，同时给予一定的优惠补助。据不完全统计，当时在工商局注册的民宿达27家。世博会后，民宿的发展虽稍有减慢，但总数仍在逐步增加，到2001年，古城民宿已经发展到66家。但那时的民宿大都条件简陋，仅供住宿使用，只有极少数的民宿可以提供住宿以外的服务。房主既是老板，也是民宿的主要管理人员，没有专门负责打扫的服务员，卫生由老板负责。客栈的环境、人员、管理、服务相对都比较落后。进入21世纪，丽江民宿基础设施水平有了大幅度的提高，有了一定原始积累的民宿老板开始购置高档住宿设施，改善住宿条件，一些外来人员开始进入丽江，抢占市场，丽江民宿业快速发展，2008年达到570家。

2013年丽江旅游总接待人次达到2079.6万，相应的丽江大研古城及束河古镇的民宿达2000家。据不完全统计，丽江民宿在2018年已达到3000多家的规模。目前丽江民宿60%分布在大研古城及其周围，30%位于束河古镇和白沙古镇，其余零星分布在丽江新城以及泸沽湖等其他景区附近，其中尤以大研古城、束河古镇及其附近的民宿最有代表性。笔者通过实地走访大研古城、束河古镇及其附近的36家民宿，并与老板、员工以及周边本地居民深入交谈，将丽江民宿现状总结如下：

（一）环境现状

随着旅游业竞争压力越来越大，丽江市政府越来越重视古城生态文化环境的保护，并出台了一些政策，比如《丽江古城保护条例》、关于准营证的限制等，对丽江古城的保护从“面”到“点”进行了严格的规定，为民宿的环境保护提供了政策支持。丽江民宿正在从一种旅游期间的居住模式演变成旅游核心吸引物，发展为专门的旅游项目。

丽江民宿大都坐落在风景优美的大研古城、束河古镇及其附近，地理位置优越，自然环境较好；大多是三房一照壁或四合五天井的纳西院落，建筑美观，院落雅致，古典氛围浓厚，内部环境优美，有利于游客观光游览、放松身心、体验本地文化风情、与本地居民交流沟通互动。

丽江旅游业的快速发展，使外来资金、高素质人才大量涌入，为丽江民宿环境的升级提供了财力人力的支持。丽江已经出现了在装修装饰品质、本地文化的挖掘营造方面有很大提升的民宿，呈现出环境景点化的趋势。

（二）产品现状

普通民宿居多，高端民宿涌现。丽江民宿目前有3000余家，床位在旅游淡季供大于求，旺季仍然供不应求。民宿房间在硬件、软件、装饰装修以及卫生等方面较以前都有大幅度的改进，呈现出投资集团化、消费高端化、规模酒店化的特点。普通民宿除了提供基本的住宿产品外，大部分都可以提供无线上网、茶点零食、休憩、隐私保护等服务。高端民宿在智能配备上更丰富：房间安装智能门锁，住客可以通过手机下单，并借助智能导航系统的引导入住；卧室内有空调，阳台有洗衣机，厨房里有冰箱、电磁炉，甚至有的还在房间内装上了空气净化器和净水机，窗帘的明暗度也可以调节，让客户体验感越来越好。

为了服务和方便游客，高达89%的民宿都会推销一些旅游产品，如土特产：牦牛肉、鲜花饼、酸角糕等；旅游纪念品：茶叶、银器、玉器等；旅游线路：雪山一日游、泸沽湖二日游、香格里拉—虎跳峡二日游等；表演类产品：千古情、印象丽江、纳西古乐门票的代售。

大部分民宿都可以提供接送服务，部分客栈还可以组织拼车、自驾游等活动。

（三）服务现状

1. 从业人员服务意识正在提升

丽江民宿服务人员大多是本地失地的农民和外来的打工者，没有经过严格的培训就进入了这一行业，服务意识淡薄，服务态度差，服务水平较低。很多民宿都意识到并开始重视员工服务能力的提升。据了解，不少民宿开始愿意花钱让店长、员工参加培训，从业人员素质正在逐步提高。民宿和酒店表面上看都是在接待游客，没有什么不同，但实际上在员工素质要求上却有很大的区别，酒店分工细致，民宿则更综合，前台、保洁、客服等工作，每位民宿员工都需要掌握一些，综合性要求更高。

2. 民宿服务产品由单一向多样化转变

以往古城民宿大部分只提供住宿服务，只有少数客栈可以提供餐饮服务。目前，为了在激烈的竞争中取胜，民宿业主纷纷推出一些游览、娱乐以及体验活动等附加服务，民宿服务已经由“住”向“吃、住、游、购、娱”一体化转变。“民宿+旅游”“民宿+户外运动”等多行业融合的“民宿+”模式正日趋完善。

3. 民宿服务由大众化向人情味、个性化转变

以前，丽江民宿对于不同的游客，服务内容和服务方式大致相同，不能针对不同年龄、职业、身份的游客提供个性化服务，且服务目的功利化，对接受所推销旅游产品的游客笑脸相迎、嘘寒问暖，对不接受所推销旅游产品的游客则冷脸相对，没有提供应有的真诚和具有人情味的服务。目前，这一状况正在改变，民宿业主大都意识到了服务是民宿的核心竞争力，大都开始积极地思索并力求提供更加人性化、贴心的服务，以提高游客满意度，争取和留住更多的游客。

（四）管理现状

1. 价格管理不健全

虽然丽江物价部门对丽江民宿床位费的收取范围已经给出了明确的规定，但实际上由于丽江民宿竞争激烈，一些地理位置较差的民宿为了抢夺游客，淡季的时候往往将房价压得很低，而在旺季的时候，又将房价定得高得离谱，最高甚至达 1000 元以上，远远超过物价部门规定的范围，这种行为严重地影响了丽江的民宿和旅游形象。

2. 民宿的规模性管理力度不断加大，旅游形象管理不断加强

丽江市政府及旅游管理部门在 2016 年的丽江古城民宿“蚊子事件”，以及 2017 年的打游客事件后，深刻体会到了旅游心理学中所讲的晕轮效应，出台了相关办法加强对古城民宿的整体管理，防止“丑闻”事件影响丽江旅游形象。

3. 客栈内部管理家族式和企业化并存

个体经营的客栈在人员的使用和管理上呈现出典型的家族式特征，卫生和经营管理也相对落后。在合资、合作、连锁经营的民宿中，人员、卫生、经营管理相对要规范。随着网络的发展及大量电商平台的出现，大部分民宿开始了线上销售。民宿经营者对于自己的口碑、形象管理越来越重视，但由于经验不足、方法不当等，实际管理效果并不理想。

4. 民宿环境管理意识增强

丽江很多民宿在装修装饰时都在尽可能地加入本地文化或民宿主题元素，让游客充分地体验到本地风情或主题内涵。丽江民宿环境管理意识增强即表现在为数不少的（570 多家）主题客栈的营造上，比如以昆虫为主题的虫子

家客栈、以古代科举为主题的登科坊客栈等。

5. 政府和行业协会没有发挥应有的作用

丽江市政府、旅游发展委员会、古城管理委员会以及民宿协会等都不同程度地意识到了发展丽江民宿的重要性以及丽江民宿发展存在的一些问题，但限于经验不足等，在民宿的产品、服务、经营等方面没有发挥出应有的作用。

二、丽江民宿游客满意度模型及调查分析

基于以上民宿及民宿游客满意度理论的研究，参考我国顾客满意度测量结构化方程模型，建立民宿满意度测量模型。

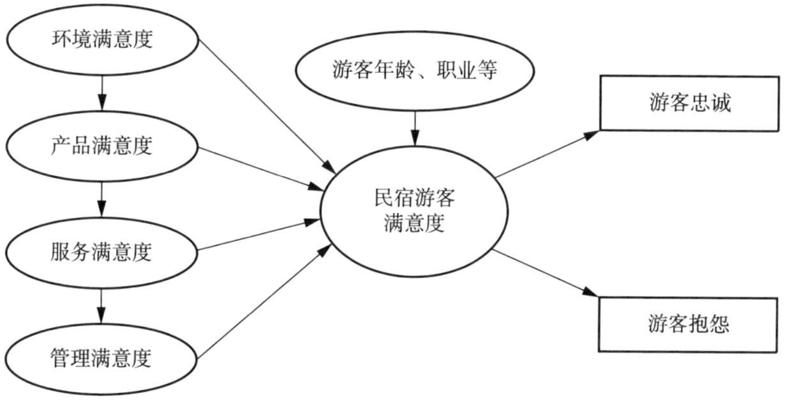

图 10-1　丽江民宿游客满意度测量模型

（一）量表设计

1. 丽江民宿环境的满意度量表设计

借鉴部分学者构建的酒店满意度评价体系，结合民宿的环境特征，本节用 8 个测量因子对丽江民宿环境满意度进行调查。为了方便后面的数据统计以及处理，笔者这里把民宿环境满意度测量的题目编号为 E。

表 10-1　丽江民宿环境满意度量表

序号	因子
E1	交通
E2	自然环境
E3	建筑
E4	设施

续表

序号	因子
E5	卫生
E6	氛围
E7	安全
E8	文化内涵

2. 丽江民宿产品的满意度量表设计

结合民宿的产品特征，本节把丽江民宿的产品主要分为住宿产品、旅游产品、附加产品三个维度，下设 8 个测量因子。为了方便后面的数据统计以及处理，笔者这里把民宿产品满意度测量的题目编号为 P。

表 10-2　丽江民宿产品满意度量表

序号	因子
P1	客房
P2	餐饮
P3	旅游推荐
P4	本地文化体验活动
P5	少数民族文化展示活动
P6	休闲娱乐活动
P7	旅游项目
P8	旅游纪念品

3. 丽江民宿服务的满意度量表设计

借鉴部分学者构建的酒店满意度评价体系，结合民宿的服务特征，本节设 4 个测量因子对民宿的标准化及个性化服务的满意度进行测量。为了方便后面的数据统计以及处理，笔者这里把民宿服务满意度测量的题目编号为 S。

表 10-3　丽江民宿服务满意度量表

序号	因子
S1	客房服务
S2	餐饮服务
S3	服务周到贴心
S4	服务个性化

4. 丽江民宿管理的满意度量表设计

借鉴部分学者构建的酒店满意度评价体系，结合民宿的管理特征，本节主要调查民宿的人员管理、价格管理、经营管理以及品牌形象管理四个方面满意度，相对应地设置 4 个测量因子。为了方便后面的数据统计以及处理，笔者这里把民宿管理满意度测量的题目编号为 M。

表 10-4　丽江民宿管理满意度量表

序号	因子
M1	员工
M2	价格
M3	经营
M4	品牌形象

（二）问卷调查

为保证调查结果的真实性、客观性，笔者在束河四方听音广场、黑龙潭景区内、大研古城北门广场向休息中的民宿游客一对一发放并回收问卷，收集有效数据，掌握第一手资料。本样本期间选择 2018 年 10 月 8 日至 15 日，既可避开丽江旅游旺季又可避开旅游淡季，以保证问卷的质量。共发放问卷 181 份，回收有效问卷 170 份，有效率为 93.9%。

1. 性别

在研究对象中，男性被调查人员 92 人，占比为 54.12%，女性被调查人员 78 人，占比为 45.88%。两特征指标的样本数差别不大，这反映出本调查的研究对象选择较为合理，也反映出在民宿的选择上男女间的差别不大。

表 10-5　丽江民宿游客性别特征统计表

个性特征	指标	样本数（份）	占比（%）
性别	男	92	54.12
	女	78	45.88
合计		170	100

2. 年龄

从研究对象的年龄特征来看，首先，入住民宿数目最多的是 18~30 岁的游客，达 84 人，占比为 49.41%。这个年龄段的游客个性特征是求新、求奇，对新鲜事物充满了兴趣，并且愿意去尝试和体验。其次，31~40岁的被调查人员78人，占比为45.88%。该年龄段的游客有着相对稳定的工作和收入，有比较强的消费能力，对高端个性化的民宿选择意愿更强。再次，41~50岁以及51岁及以上的样本数较少，合计只有8人，占比为4.71%，这一分布符合其年龄段“墨守已有消费方式，不愿意尝试新事物”的消费习惯，也反映出年龄较大的游客不是民宿主要的消费群体。并且，该年龄段的选择入住民宿的游客多是陪伴家人或朋友，极少会自主选择入住民宿。最后，18岁以下的被调查样本数为0，这也反映出其为未成年人，出行多由家人监护，在住宿选择上缺乏自主权的特点。

表10-6 丽江民宿游客年龄特征统计表

个性特征	指标	样本数（份）	占比（%）
年龄	18岁以下	0	0
	18~30岁	84	49.41
	31~40岁	78	45.88
	41~50岁	6	3.53
	51岁及以上	2	1.18
合计		170	100

3. 收入

从研究对象的月收入来看，民宿游客收入多集中在7000~10000元/月，有66人，占比为38.82%；5000~7000元/月的游客56人，占比为32.94%。这反映出民宿游客的主体是收入较高人群。5000元/月以下收入者18人，占比为10.59%；10000元/月以上收入者30人，占比为17.65%。

表10-7 丽江民宿游客收入特征统计表

个性特征	指标	样本数（份）	占比（%）
收入	3000元/月以下	8	4.71
	3000~5000元/月	10	5.88
	5000~7000元/月	56	32.94
	7000~10000元/月	66	38.82
	10000元/月以上	30	17.65
合计		170	100

4. 职业

从本次职业特征调查来看，公司职员/专业技术人员高达142人，占比为83.53%。这个群体的游客眼界开阔，思维活跃，乐于接受新事物，且收入水平较高，反映出他们是民宿的消费主体。学生、个体户、公务员/军人因年龄等原因在所有职业人群中占比较少，反映出他们不是民宿消费者的主体。

表10-8 丽江民宿游客职业特征统计表

个性特征	指标	样本数（份）	占比（%）
职业	学生	10	5.88
	公务员/军人	14	8.24
	公司职员/专业技术人员	142	83.53
	个体户	4	2.35
合计		170	100

5. 入住民宿的原因

从被调查的170人来看，首先，基于“体验当地民俗风情”的原因选择入住民宿的游客最多，高达154人，占比为90.59%，这反映出游客对民宿内涵的期待是包括了体验当地民宿风情的；基于“离旅游景区近”选择民宿的有132人，占比为77.65%，这反映出游客对民宿“自然环境”优美的要求；基于“房东热情好客服务周到”而选择民宿的有90人，占比为60%，这反映出游客对于民宿社区环境、服务的要求。除此，基于价格“比酒店便宜”选择民宿的有72人，占比为42.35%；因“交通便捷”选择民宿的有90人，占比为52.94%。这反映出游客对民宿价格、交通的认可程度。

表10-9 丽江民宿游客入住原因统计表

个性特征	指标	样本数（份）	占比（%）
入住原因	体验当地民俗风情	154	90.59
	比酒店便宜	72	42.35
	离旅游景区近	132	77.65
	房东热情好客服务周到	102	60
	交通便捷	90	52.94
	其他	0	0

通过对民宿游客五个个性特征的调查，可以看出：游客在选择民宿方面不存在性别差异，但年龄差异、收入差异和职业差异明显，年龄“31～40岁”、收入“7000～10000元/月”的“公司职员/专业技术人员”是民宿的消费主体。通过上文陈述可知：该人群收入相对较高，眼界开阔，能够接纳新事物，相应地他们对住宿的要求也高。他们选择民宿的主要原因是“体验当地民俗风情”“离旅游景区近”“房东热情好客服务周到”，即关注民宿的社区环境、自然环境、热情服务。

（三）各维度因子描述性统计分析

1. 环境因子分析

表10-10　丽江民宿游客环境因子满意度统计表

代码	因子	满意程度	样本数（份）	占比（%）	李克特量表对应值	平均值
E1	交通	非常满意	24	14.12	5	3.90
		满意	110	64.71	4	
		一般	30	17.65	3	
		不满意	6	3.53	2	
		非常不满意	0	0	1	
E2	自然环境	非常满意	32	18.82	5	3.98
		满意	104	61.18	4	
		一般	32	18.82	3	
		不满意	2	1.18	2	
		非常不满意	0	0	1	
E3	建筑	非常满意	64	37.65	5	4.14
		满意	76	44.71	4	
		一般	20	11.76	3	
		不满意	10	5.88	2	
		非常不满意	0	0	1	
E4	设施	非常满意	34	20	5	3.72
		满意	62	36.47	4	
		一般	68	40	3	
		不满意	4	2.35	2	
		非常不满意	2	1.18	1	

续表

代码	因子	满意程度	样本数（份）	占比（%）	李克特量表对应值	平均值
E5	卫生	非常满意	14	8.24	5	3.49
		满意	72	42.35	4	
		一般	70	41.18	3	
		不满意	12	7.06	2	
		非常不满意	2	1.18	1	
E6	氛围	非常满意	40	23.53	5	3.93
		满意	86	50.59	4	
		一般	36	21.18	3	
		不满意	8	4.71	2	
		非常不满意	0	0	1	
E7	安全	非常满意	36	21.18	5	3.87
		满意	88	51.76	4	
		一般	36	21.18	3	
		不满意	8	4.71	2	
		非常不满意	2	1.18	1	
E8	文化内涵	非常满意	22	12.94	5	3.88
		满意	112	65.88	4	
		一般	30	17.65	3	
		不满意	6	3.53	2	
		非常不满意	0	0	1	

游客满意度单项平均值最高的是建筑，为4.14。这证明丽江三房一照壁、四合五天井的建筑风格得到游客认可和喜爱，丽江市政府部门、本地居民以及民宿业主应当高度重视丽江民居建筑的保护。单项平均值在3.9~4.0的是民宿的交通、自然环境及氛围，说明游客是基本满意的，丽江市政府近年来在交通改善、古城保护工作方面做出的努力是得到游客肯定的。文化内涵满意度均值为3.88，说明游客也是基本满意的，民宿业主需要更深层次地去挖掘民宿的文化内涵，而不能只将其当成谋利的工具。游客对民宿设施的满意度平均值为3.72，处在“一般”和“满意”之间，在环境维度各因子中排名较低，说明民宿业主要重视民宿设施的配套升级，以满足游客的新需求。排名最低的是卫生，为3.49。虽然该分值也处在“一般”和“满意”之间，但更靠近“一般”，说明民宿的整体卫生状况需要改进。在与游客的交谈中了解

到，有些民宿的做法是无明显污渍就不及时更换床单被套。这就要求相关部门要监督落实好民宿行业卫生标准，确保卫生条件达到顾客满意。

丽江民宿游客环境满意度 CSI = 0.125×3.90+0.125×3.98+0.125×4.14+0.125×3.72+0.125×3.49+0.125×3.93+0.125×3.87+0.125×3.88 = 3.86。指数处在“一般”和“满意”之间，更靠近“满意”，说明游客对丽江民宿环境总体满意度为基本满意，但仍然有很大的提升空间。

2. 产品因子分析

表 10-11　丽江民宿游客产品因子满意度统计表

代码	因子	满意程度	样本数（份）	占比（%）	李克特量表对应值	平均值
P1	客房	非常满意	44	25.88	5	4.02
		满意	96	56.47	4	
		一般	20	11.76	3	
		不满意	10	5.88	2	
		非常不满意	0	0	1	
P2	餐饮	非常满意	16	9.41	5	3.44
		满意	66	38.82	4	
		一般	70	41.18	3	
		不满意	14	8.24	2	
		非常不满意	4	2.35	1	
P3	旅游推荐	非常满意	54	31.76	5	3.58
		满意	68	40	4	
		一般	36	21.18	3	
		不满意	10	5.88	2	
		非常不满意	2	1.18	1	
P4	本地文化体验活动	非常满意	26	15.29	5	3.58
		满意	68	40	4	
		一般	56	32.94	3	
		不满意	18	10.59	2	
		非常不满意	2	1.18	1	
P5	少数民族文化展示活动	非常满意	36	21.18	5	3.89
		满意	88	51.76	4	
		一般	38	22.35	3	
		不满意	8	4.71	2	
		非常不满意	0	0	1	

续表

代码	因子	满意程度	样本数（份）	占比（%）	李克特量表对应值	平均值
P6	休闲娱乐活动	非常满意	64	37.65	5	3.99
		满意	54	31.76	4	
		一般	40	23.53	3	
		不满意	10	5.88	2	
		非常不满意	2	1.18	1	
P7	旅游项目	非常满意	0	0	5	2.41
		满意	18	10.59	4	
		一般	40	23.53	3	
		不满意	66	38.82	2	
		非常不满意	46	27.06	1	
P8	旅游纪念品	非常满意	8	4.71	5	2.68
		满意	32	18.82	4	
		一般	60	35.29	3	
		不满意	38	22.35	2	
		非常不满意	32	18.82	1	

在民宿产品维度方面，游客满意度指数最高的是客房，为 4.02，这说明丽江民宿经过长期的发展，在住宿产品方面已经相当成熟；游客基本满意的是少数民族文化展示活动和休闲娱乐活动，满意度均值分别为 3.89 和 3.99，这说明少数民族文化的展示和民族氛围得到了民宿行业的重视，成了丽江民宿的一大亮点；对本地文化体验的挖掘和展示却没有得到相应的重视，满意度均值仅为 3.58；民宿的旅游推荐和餐饮是更应该重视和提高的，满意度均值分别为 3.58 和 3.44，通过与游客的交谈发现这方面的主要问题是民宿业主没有针对不同年龄、职业、客源地等不同条件的游客提供不同的旅游推荐和餐饮，而是提供同一化、套路化的服务；最令游客不满意的是旅游项目和旅游纪念品，结合游客访谈可知，民宿产品一方面仍存在单一化的问题，不能给游客提供多种多样的旅游项目和纪念品的选择，另一方面在旅游项目和纪念品的推广方面存在商业化严重、经济利益至上的问题，而没有考虑游客实际需求。

丽江民宿游客产品满意度 $CSI = 0.125\times4.02+0.125\times3.44+0.125\times3.58+0.125\times3.58+0.125\times3.89+0.125\times3.99+0.125\times2.41+0.125\times2.68=3.44$。指数

处在“一般”和“满意”之间，更靠近“一般”，说明丽江民宿在产品方面急需提高和改进。

3. 服务因子分析

表 10-12 丽江民宿游客服务因子满意度统计表

代码	因子	满意程度	样本数（份）	占比（%）	李克特量表对应值	平均值
S1	客房服务	非常满意	40	23.94	5	3.90
		满意	79	46.48	4	
		一般	46	26.76	3	
		不满意	5	2.82	2	
		非常不满意	0	0	1	
S2	餐饮服务	非常满意	31	18.31	5	3.77
		满意	84	49.3	4	
		一般	43	25.35	3	
		不满意	10	5.63	2	
		非常不满意	2	1.41	1	
S3	服务周到贴心	非常满意	44	25.88	5	4.07
		满意	94	55.29	4	
		一般	32	18.82	3	
		不满意	0	0	2	
		非常不满意	0	0	1	
S4	服务个性化	非常满意	36	21.13	5	3.64
		满意	65	38.03	4	
		一般	43	25.35	3	
		不满意	24	14.08	2	
		非常不满意	2	1.41	1	

游客对于民宿的标准化服务即客房服务、餐饮服务是基本满意的，满意度均值分别为 3.90 和 3.77。民宿服务中最令游客满意的方面是服务周到贴心，满意度均值为 4.07，这说明民宿业主们都认识到民宿与酒店、宾馆的最显著区别是提供周到、贴心的服务，让游客感受到家外之家的温暖。但是由于从业者的经验等，民宿在服务个性化方面稍显不足，满意度均值为 3.64。

丽江民宿游客服务满意度 CSI=0.25×3.90+0.25×3.77+0.25×4.07+0.25×3.64=3.84。指数处在“一般”和“满意”之间，更靠近“满意”，说明游客对丽江民宿的服务基本满意，但需在个性化方面有所提高。

4. 管理因子分析

表 10-13　丽江民宿游客管理因子满意度统计表

代码	因子	满意程度	样本数（份）	占比（%）	李克特量表对应值	平均值
M1	员工	非常满意	34	20	5	3.95
		满意	102	60	4	
		一般	26	15.29	3	
		不满意	8	4.71	2	
		非常不满意	0	0	1	
M2	价格	非常满意	38	22.35	5	3.82
		满意	78	45.88	4	
		一般	40	23.53	3	
		不满意	14	8.24	2	
		非常不满意	0	0	1	
M3	经营	非常满意	26	15.29	5	3.61
		满意	86	50.59	4	
		一般	24	14.12	3	
		不满意	34	20	2	
		非常不满意	0	0	1	
M4	品牌形象	非常满意	24	14.08	5	3.66
		满意	79	46.48	4	
		一般	53	30.99	3	
		不满意	14	8.45	2	
		非常不满意	0	0	1	

在民宿管理方面，游客基本满意的是员工和价格，满意度均值分别为3.95和3.82。这说明在激烈的市场竞争背景下，丽江民宿加强了员工素质的提高与管理，价格制定方面也相对规范和合理。但丽江民宿在经营管理和品牌形象方面满意度均值分别为3.61和3.66，更接近“一般”。通过与游客访谈得知部分民宿“夫妻店”“家族式”经营导致的问题仍然存在，“蚊子事件”等民宿“丑闻”及游客网络评论中的差评等严重影响了民宿的品牌形象。

丽江民宿游客管理满意度 CSI=0.25×3.95+0.25×3.82+0.25×3.61+0.25×3.66=3.76。指数处在“一般”和“满意”之间，更靠近“满意”，说明游客对丽江民宿管理的满意度为基本满意，但在经营管理、品牌形象方面还有待进一步提高。

（四）丽江民宿游客总满意度的计算和分析

根据以上四个维度的权重赋值以及计算方法，丽江民宿游客总满意度可以计算为 $CSI=0.3\times3.86+0.2\times3.44+0.3\times3.84+0.2\times3.76=3.75$。指数处在“一般”和“满意”之间，更靠近“满意”，说明游客对丽江民宿的总体满意度是基本满意。

从前文游客个性特征分析结果可知，游客对民宿价值的预期主要反映在环境和服务方面，结合绩效差异理论和期望不一致理论，将其和环境、服务满意度相比对，也可以看出丽江民宿游客总体上是基本满意的，但在有些方面民宿仍需进一步加强。

三、丽江民宿发展中存在的问题

从满意度调查结果来看，丽江民宿在以下几方面存在问题：

（一）内部卫生状况急需改进

近年来，丽江市政府、古城区管理委员会等相关单位对古城的环境卫生、民宿的外部卫生进行了严格的规范和管理，但对民宿内部卫生的管理却仅限于制度层面的规范，深入民宿内部的检查和整治很少。民宿业主监督不力、过多考虑节约运营成本等因素造成民宿人员配备不足、内部卫生督查流于形式，卫生质量不达标，游客满意程度一般。

（二）本地文化挖掘不深入

丽江少数民族众多，少数民族风情是丽江旅游中极具吸引力的要素。但这一认识也一定程度上误导了一些民宿，使他们只看重少数民族特色文化和风情的挖掘与展示，而忽略了本地汉族和各民族融合的文化与生活状态也是民宿游客想要了解和体验的，民宿业主们没有对这部分文化进行应有的展示，更没有为游客提供参观、体验的机会。

（三）旅游产品单一

目前，丽江民宿产品单一存在两种原因：一是部分民宿业主经营民宿是为了自己的情怀和梦想，乐于与顾客交朋友、谈情怀，却忽略了顾客本质上是游客，有参观游览的需要，不重视旅游产品的开发和推荐；二是部分民宿业主过分地以经济利益为目的，只重视有回扣、有收益的旅游线路和旅游纪念品的推荐，而忽视了游客的需求，没有从游客实际出发提供适合的旅游产品和纪念品。

（四）品牌形象管理落后

丽江民宿虽有旅游发展、古城管理、行业协会等相关机构的监管，但力度不够，民宿业主在经营管理上任性妄为，不注重品牌形象的维护，没有行业观念和大局观，出现了“蚊子事件”这种因一句玩笑话而上了头条的事情，严重影响了丽江民宿的整体形象。

四、丽江民宿发展建议

（一）加强政府管理，促进民宿业规范发展

目前，丽江民宿监管存在法规不完善，执行力度不够，对本地业主、优势产业姑息、迁就的现象，造成不少民宿卫生设施简陋，卫生水平不高，早餐质量不佳。应当借鉴台湾民宿的管理经验，完善相关政策法规，严格民宿的资格审查和卫生等的监管，并且切实执行到位。行业协会要很好地发挥组织、协助职能，组织业主学习卫生相关规定，组织服务人员学习酒店标准化的卫生操作，开展卫生质量评比等活动，促进民宿管理的规范化。

（二）深入挖掘文化内涵，塑造特色品牌

文化内涵是民宿的灵魂，是民宿区别于正规化的酒店、宾馆之处，地方文化内涵挖掘不深入会使民宿同质于酒店、宾馆。借鉴台湾民宿的经验，丽江民宿经营者应当一方面积极主动地深入学习和了解本地特色文化风俗，查阅丽江历史书籍、风物志，听本地学者的讲座，听老人讲故事等；另一方面用挖掘出的文化来打造有内涵的民宿，塑造丽江民宿品牌。外来的民宿业主还应当融入本地居民的生活，和社区居民搞好关系，借助社区的力量来满足游客对地方文化体验的需求。行业协会等组织应当通过开展文化角、文化讲座等活动帮助经营者深入了解和学习本地文化。

（三）提高环境质量，提升旅游形象

民宿经营者在深入挖掘文化内涵的同时，要积极地把特色文化融入民宿的装修、装饰和环境营造中去，打造有地方特色的、差异化的民宿环境，树立丽江民宿鲜明的形象。除此之外，经营者还应当严格地进行人员管理、卫生管理、安全管理，从而提升民宿的整体形象。相关政府单位、行业协会也

要助力民宿文化环境的营造和提升，聘请专业装修人员和本地学者一起指导民宿的装修装饰、文化活动的组织；充分利用社区广场、活动中心等举办本地人参与的文化活动，邀请游客参与，帮助民宿提升环境质量，提高游客满意度和丽江整体旅游形象。

（四）加强业界合作，丰富民宿产品

民宿本身生产的只是住宿和餐饮产品，要满足游客的多样需求、附加需求，民宿经营者应当积极结合客栈主题环境和个人特长开发丰富多样的民宿产品。民宿业主丰富产品的必由之路是加强业界合作。借鉴台湾民宿的发展经验，丽江民宿应当与旅行社、散客接待中心、餐饮机构以及文化演艺机构等进行异业合作，与同类型、同地域的民宿进行同业合作，从而增加民宿产品类型和产品数量。但需要注意的是，合作的过程中民宿业主不能经济利益至上，而应当本着服务游客、丰富民宿产品的初心。相关政府单位、行业协会应当在这方面进行协调、指导和监督，并严防恶性竞争、矛盾、纠纷、丑闻的发生。

（五）多维度营销，提高经营效率

民宿经营者应在坐等游客上门、黄牛拉客及在第三方电商平台销售等传统的营销方法之外，广泛地了解和拓宽营销渠道，进行多维度营销。方法包括：第一，建立本民宿的专属网站，结合图片和视频对本民宿的环境特色、高品质服务及特色产品等进行介绍，吸引和招徕游客；设立游客互动板块，通过分享住店游客的美好体验、故事以及图片等获得游客认同，提高其重游率。第二，广泛寻求和大众媒体等的合作，利用媒体进行正面宣传，发布民宿特色活动、优惠券、折扣信息等。第三，政府和行业协会利用会展等机会，积极帮助民宿在兄弟省份或地区甚至其他国家或地区进行宣传和营销。

第三节　大理洱海周边民宿发展现状研究

一、大理洱海周边民宿发展现状

在洱海整治民宿业的背景下，本研究在双廊、才村进行实地调研，向民宿经营者发放《大理环洱海民宿主调查问卷》，回收得到有效问卷 33 份；在网上发放《大理环洱海民宿游客调查问卷》，得到 58 份有效问卷；在美团民宿平台以推荐排序对双廊古镇、才村 49 家民宿经营者共计 346 套房源的平台展示信息进行了整理分析。基于以上材料，结合文献资料，运用利益相关者理论，分析大理环洱海圈民宿经营者经营状况和实际困难。通过分析游客住宿消费行为、住宿需求与环洱海圈民宿住宿体验，探究环洱海圈民宿服务提升路径。

（一）民宿发展现状

1. 民宿经营者基本信息

洱海周边民宿以本地人利用自家闲置房屋经营为主。这些经营者高中以下文化程度的占比高达 70.59%，需要增加自身知识储备，如参加培训。50.89%的人于 2015—2016 年才进入民宿市场。《商业周刊》报道一组数据显示：2010—2015 年的大理民宿数量增速高达 80%，2016 年大理民宿有近 3000 家，2017 年第一季度的民宿已经有近 4900 家，其中主打海景民宿的约 2205 家。这表明，多数人进入市场就陷入了基数庞大的同行竞争中，开始经营民宿时就已经错过了最佳发展时期。

2. 民宿发展现状

（1）资金渠道较单一。大理环洱海圈民宿筹备、运营的成本多是自筹资金和银行贷款。

（2）房源设施设备有待提升。根据问卷整理发现，客源主要来自省外和省内其他州（市）。就简单住宿而言，民宿房间种类有大床房、标间、三人间和四人间，已经能够满足旅游者需求。共享住宿平台是指依托互联网技术，整合房源供需信息，根据服务协议为房东及房客提供在线住宿交易的服务商，如美团民宿。美团民宿平台以推荐排序对双廊古镇、才村 49 家经营者共 346 套房源的设施设备展示信息显示：18 家有独立卫生间，12 家有厨房，6 家可自助入住，1 家有空调，分别占比 36.73%、30.77%、15.38%、2.56%。就游客体验而言，独立卫生间是许多人的必要需求，厨房、自助入住和空调能够提高游客满意度，洱海周边民宿服务设施水平还有待进一步提高。

（3）退订机制设置更注重保护游客利益。通过整理美团民宿平台以推荐排序对双廊古镇、才村 49 家经营者共 346 套房源的展示信息中的退订机制（严格、适中、宽松）发现：8 家（52 套房源）采取了适中的退订机制；7 家（33 套房源）采取了严格的退订机制；34 家（261 套房源）采取了宽松的退订机制。[①] 按房源数算有75.43%的房源采取了宽松的退订机制，表明民宿主更愿意保护游客的利益。但由于人员复杂，退订风险不可预知，采取宽松的退订机制对民宿自身经营发展来说也有风险。

(4) 营收方式单一，缺少竞争优势。通过调查整理发现：环洱海圈民宿仍以住宿接待为主，服务种类单一。仅以价格合理和民宿主热情为最大竞争优势，恐难以提升大理民宿品牌优势。现实中，民宿经营者的困难主要包括两方面：一是民宿主的经营推广能力不足；二是民宿行业自身的脆弱性易受外界条件影响。

（二）民宿运营现状

1. 民宿推介渠道与主流一致，但推介方式较为被动

根据分析，洱海周边民宿经营者的推介方式主要是口碑推荐、自媒体推广和线上旅游平台。口碑推荐占比45.21%，自媒体推广和线上旅游平台占比仅各为21.92%。民宿主多是个人经营，能力渠道有限，这就要求民宿主对推介渠道进行优先级排序，采取主动的推介方式才能应对市场变化。

2. 预订平台房源信息展示内容有待优化

预订平台的房源信息展示内容主要包括个人资料、房源文案、展示照片、设施设备勾选、房源定价几个方面。头像信息传达的是房东的形象。牛阮霞、姚战琪（2019）对共享住宿平台用户偏好研究发现：游客最为关注的产品属性依次是房东头像、价格、房源好评率、配套设施和地理位置。研究以双廊古镇、才村49家经营者在美团平台展示的头像信息为样本进行分析，民宿主头像主要以人像和风景照为主，分别占比36.73%、32.65%。AsleFagerstrøm、SanchitPawar、Valdimar等（2017）认为是否设置个人面部图像为头像对民宿经营有重大影响。从游客心理行为出发，由于信息不对称，游客有了解房东的需求，所以更愿意选择展示头像为人像且面部面积占图像比例更大的房源。所以，洱海周边民宿经营者应该对平台展示信息进行优化。

（三）基于利益相关者的研究

1. 本地居民

无论民宿经营者来自本地还是外地，良好的邻里和同业关系都是民宿稳定

---

① 美团民宿平台宽松、适中、严格的退订机制分别指入住前1天退房可退全款、入住前5天退房可退全款、入住前7天退房可退50%的预订款。

运营的重要保证。分析民宿主问卷发现，有34.38%的人完全不认同“民宿经营与村民的矛盾纠纷不大”，由此可以认为民宿主与本地居民存在较大矛盾。

本研究对矛盾原因进行了分析：一是本地居民的契约意识较弱。有民宿主表示，村民普遍缺乏契约精神，双方在合作过程中产生了许多不愉快。由于一次性付清租金的条款，洱海整治中村民不愿意退回剩余年限的租金，双方存在矛盾冲突。二是同业竞争激烈。蔡江莹、王永强、王鑫瑞等（2019）指出社区居民对乡村民宿带来的影响会形成整体的感知，整体的旅游利益感知会影响其对民宿发展的态度。可见，本地村民多是民宿经营者或旅游业从业人员，洱海整治以来，旅游市场的变化影响了他们对旅游发展的判断。

2. 旅游者

旅游者体验结果为总体满意，但民宿还有较大可上升空间。旅游者对游客问卷中在大理民宿的体验评价指标进行评分。数据处理方法是：将“基本同意”和“完全同意”视为旅游者对体验满意，结合评价指标对数据进行处理，采用10分制形式完成旅游者体验满意度评价。从结果来看，14项评价指标有9项在7分以下，其余最高评分为7.6分。基于此，大理洱海周边民宿游客体验满意度等级在合格和中等之间。民宿经营者应该予以重视，提升民宿品质和服务水平。

另外，通过整理游客问卷，对游客的态度和需求进行了分析。游客认为大理民宿最大的问题是产品同质化、管理不规范和安全卫生，这些问题桎梏着大理民宿的发展。调查显示，民宿的特色建筑、特色文化、特色活动对旅游者最有吸引力，预订和定制服务是旅游者最希望民宿提供的。相较而言，民宿经营者认为经营民宿最重要的是地理位置和文化氛围，经营管理方式倾向于自己经营或村民入股经营。

洱海周边民宿经营者可以多做调研，从实际经营出发，探索民宿创新发展路径。

3. 政府部门

大理环洱海民宿发展需要政府部门的支持，需要与政府部门的发展主张一致。对近两年国家、地方的政策文件进行整理可以发现：乡村旅游建设中，民宿是一个重要内容。2018年《关于促进乡村旅游可持续发展的指导意见》指出：“要充分利用农村土地、闲置资源，开发建设乡村民宿项目。”各级政府部门对发展乡村民宿的总体思路是：依托乡村自然和文化资源，鼓励多元投资主体，通过完善行业标准、提高服务水平、精准营销，使乡村民宿发展多样化、个性化、专业化。

通过整理民宿经营者问卷，环洱海圈民宿发展希望政府做到以下两点：第一，民宿经营者希望政府能够简化行政审批手续、制定规范、加强引导、减少干预，当地政府决策要更加科学。第二，民宿经营者参与决策意识较高，问卷显示，70.6%的民宿经营者熟悉政府政策内容，73.5%的民宿经营者希望参与政府相关规划和政策制定。

（四）民宿经营者的态度

洱海周边民宿经营者认可生态环境和旅游发展对民宿经营影响重大，但对民宿发展信心不足。数据处理方法：将“一般”视为“不置可否”，将“基本同意”和“完全同意”视为“同意”，计算所占比重。

（五）洱海周边民宿发展现状总结

民宿经营者能力参差不齐，需要通过多种方式提升整体从业者素质。洱海周边民宿经营者大多是本地居民，受文化水平等条件限制，创新能力、经营推广能力较差。基于这样的情况，可以由行业协会或政府负责与高校或社会机构合作，对经营者进行比较接地气、实际有效的培训。

资金是限制民宿发展的重要因素，政府和经营者个人应当增加资金来源渠道。对于民宿经营过程中的资金难题，政府可以评估后选择一批有实际困难的民宿进行帮扶，为大多数民宿提供贷款。同时，适当放宽投资准入门槛，鼓励民宿经营者寻找合作伙伴。

民宿同质化、服务单一化、推广被动化问题严重，需要经营者创新服务理念、探索精准营销。经营者需放宽发展思路，通过“民宿+餐饮”“民宿+土特产采购”“民宿+旅游”等服务方式拓宽营收渠道，增加经营收入。同时，民宿经营者需要主动探索民宿营销方式，精心设置网上平台展示信息。

民宿经营者对市场前景信心不足，会让民宿丢失灵魂，提振民宿经营者信心显得尤为迫切。解决方法：一是加入行业协会，共享资源，风险共担；二是紧跟时事，学习和了解法律、政策。

二、洱海周边民宿未来发展展望

（一）审慎投资，及时止损

许多人进入民宿行业更多基于“诗和远方”的情怀，且难以在情怀和盈利之间找到平衡，这样的民宿投资需慎重。首先，民宿投资是一个长期的过程，需要长时间的付出和努力才会有营收；其次，低端市场已经同质化且竞争激烈，中高端市场对资金和能力有更高的要求。当出现长时间亏损且不能保本、与当地居民矛盾不可调和等情况时，就应该及时抽身，避免更大损失。

（二）民宿整体化会是一个发展趋势

基于云南“旅游革命”中“云南只有一个景区”的顶层设计和乡村旅游的多元化发展趋势，可以假设未来“只有一个民宿”，它由民宿行业协会负责管理。“一个民宿”小到一个村寨，大到一个集群，通过自身资源优势，政府主导统一设计，形成民宿地域化、多元化发展格局。

（三）预测大理民宿或迎来新发展机遇

洱海整治已有 3 年，发生了许多事，总结如下：一是洱海保护常态化，受影响的民宿陆续恢复营业。二是云南旅游规划一盘棋，省政府力推“旅游革命”。从 2018 年“一部手机游云南”上线以来，云南“旅游革命”升级已经有两年，各方面成果初现。三是大理旅游发展趋于良性。2019 年大理州接待海内外游客增长率达 12.51%，相关人士认为这处于较合理的增长态势。总之，洱海生态廊道等洱海治理附加值连续出现，大理政府决策也趋于科学化，大理洱海周边民宿应当会迎来新的发展机遇。

第四节　新疆喀什古城民宿发展研究

一、喀什古城民宿发展现状

近年来，新疆喀什的城市景点和住宅项目都在努力改进，以提供更加适合本土的住宿服务。城市住宅项目已经成为一个独特的旅游目的地，为游人提供更多的选择。喀什古城的文化旅游产业逐渐成熟，越来越多的人来到这里旅游，这也吸引着全国的投资者来到喀什古城进行投资。自 2018 年起，喀什古城旅游文化开发有限公司精心设计，建设出两条独具魅力的民宿街区——小镇印象一条街和九龙泉一条街，这两处地方的民宿数量达到 42 家，可提供床位 300 余个。

如今，喀什古城的民宿发展空间巨大，包括古城的美丽景观、独特的民族特色建筑、历史悠久的商业街道，以及维吾尔族的传统手工技艺和特色餐饮，在这里可以充分欣赏到喀什的独特魅力。随着喀什古城的不断发展，民宿业主也大大增加了经济收益。

二、问卷调查与分析

本次问卷调查时间为2023年1月7日至1月8日，在喀什古城内向游客发放调查问卷或让游客用手机扫描问卷星二维码进行问卷填写，共收集有效问卷51份。

1. 游客性别分析

喀什古城旅游者当中，女性游客多于男性游客，女性占比58.82%，男性占比41.18%。

2. 游客是否住过民宿

大部分游客都住过民宿，可见游客对于民宿的接受程度较高，且有可能偏向于入住民宿。

3. 住宿场所的选择意向

通过市场调查分析可知，很多游客去异地旅游时更倾向于选择民宿，占比接近50%。这些信息表明，民宿产业的发展前景明朗。

4. 喀什古城游客住宿天数

大部分游客在喀什古城只住1~2天，占比52.94%，住3~4天的游客占比39.22%。由此可知，来喀什古城旅游的游客住宿天数较少。

5. 民宿住宿者消费意愿分析

在喀什古城，接受100~200元民宿价格的游客占总调查样本的64.71%，接受200~500元的占31.37%，游客可接受的民宿消费额相对偏低。

6. 选择民宿原因分析

游客选择民宿的原因中，装饰美观，环境优美占90.2%，而民宿的装饰风格体现了当地的文化特色、民族特色，因此，游客入住民宿最大的原因还是想体验当地的特色文化。

7. 选择民宿的方式分析

1/3的游客在App上搜索预订民宿，1/4的游客选择查看旅游攻略参考别人的意见，由此可知，网上的评论对于民宿入住率的影响较大。游客选择民宿时最看重民宿的卫生、设备和舒适度，因此，应该提升民宿的服务品质，以提高消费者的满意度，从而提高游客的忠诚度。

8. 喀什古城民宿未来的发展形势分析

希望喀什古城民宿继续保持传统特色、保持当地民族风情的游客占比最高。由此可见，民宿要有文化底蕴和当地特色。

三、喀什古城民宿存在的问题

目前喀什古城民宿存在的最大问题为：没有标准的行业规范，管理参差不齐，占总样本的1/3，因此需要政府出面制定相应的政策来统一标准，为住宿者提供高质量的住宿体验；二是订房流程不便捷，占比为29.41%，这就要求民宿业主充分利用互联网技术，推动线上线下民宿预订；三是没有个性化服务，占比为27.45%，这就要求民宿经营者提升服务水平，充分利用独特的地域文化、特色餐饮以及民俗风情，为游客提供个性化服务，满足游客的个性化要求。

笔者于2023年1月8日对喀什古城内的两家民宿的经营者进行调研，了解到两家民宿的老板都不在，目前都是员工在经营，一位民宿老板是喀什本地人，另一位民宿老板是广东人，而打理民宿的员工都比较年轻，且文化水平偏低。两家民宿的旺季大概是7月到10月，淡季主要在冬季和早春季节，两家都有供暖不足的情况。

第一家斑斓家民宿馆是酒店形式的民宿，说是小酒店也不为过，文化特色的体现较少，价格较低，平均价格是150元，以疆内游客为主。

第二家九隆泉客栈通过租赁三家民居，以原来的老房子为基础进行了简单的改造升级，充分体现并运用了房子自身以及当地的文化特色，设有拍照打卡点，民宿自身也有拍照团队，还可以拍婚纱照，增加了旅游体验和文化体验。相对应的，这家民宿的定价较高，最低价格195元/间，旺季达到一个房间1000多元，淡季290多元。但是这家民宿用供暖片进行供暖，民宿员工的说法是，如果每个房间都用供暖片的话费用较高，而且还需要给院子供暖，所以冬天基本不营业。

由于两家民宿的工作人员都不太了解政府对于喀什民宿的相关扶持政策，所以笔者自己找了一下相关优惠政策，了解到为了推动喀什经济平稳发展、降低企业运营成本，喀什政府出台了一系列优惠政策，例如：在税收方面，对小规模纳税人减免增值税、小型微利企业所得税减半、小微企业普惠性税收减免等，还出台了高校毕业生税收优惠政策，对高校毕业生从事个体经营的，在3年内按每户每年14400元为限额依次扣减其当年实际应缴纳的增值税、城市维护建设税、教育费附加、地方教育附加和个人所得税；在金融方面，对个体工商户小额信贷，财政部门给予五成的贴息，企业上市受理或核准等阶段给予补助等。

（一）民宿过分集中，同质化严重

喀什古城民宿集中在旅游景区和景点，以旅游景区为中心向周边辐射，这使景区内民宿过分集中。此外，由于民宿在同一个景区，周围的环境相同，房间设计和装饰缺乏独特的主题，形成了同质化经营。

（二）民宿缺乏对区域文化元素的深度挖掘

在民宿设计和改造中缺乏对维吾尔族文化的深度挖掘，虽然有一些代表性的元素，但民宿整体对当地文化特色的表达较模糊，缺少文化情怀和民族特色。

（三）从业人员整体素质不高

民宿经营者整体文化水平不高，虽然部分有较高学历，但大部分从业人员来自本地，缺乏专业的学习和培训，有些从业人员生活陋习表现得比较明显，影响游客体验。

（四）缺乏个性化服务

经济水平的提高，使得消费者的需求更趋于个性化、多样化，提供个性化服务是提升民宿性价比的重要方式。若房价高，经营者就要保证相对应的服务质量。

（五）基础设施不完善

新疆的冬天很冷，这对民宿的供暖要求较高。喀什古城有些民宿安装了空调，有些安装了供暖片，但是供暖还是跟不上。基础设施的不完善，大大降低了人们的消费预期，也严重影响了消费者对喀什古城民宿的印象和评价。所以目前古城内大多数民宿选择冬天停止营业。

四、喀什古城民宿发展改善策略

（一）制定合理规划，营造不同特色

针对民宿过分集中在景区、同质化严重等问题，喀什政府要合理有效地进行规划和整合，通过规划房屋建筑、营造环境和氛围、选择特色主题推动民宿特色化经营，给游客提供不一样的居住体验。

（二）突出维吾尔族文化元素并创新

区域文化是民宿发展的核心，也是特色民宿设计的灵魂。维吾尔族有着丰富的居住文化和独特的人文文化，因此要充分挖掘维吾尔族文化，将新疆地毯、艾德莱斯服饰、花帽等地域文化元素融入民宿环境设计中，打造出专属于民族地区的特色民宿，让游客的融入感和体验感更强。

（三）加强对从业人员的培训，提升民宿的经营品质

针对民宿从业人员整体素质偏低的现状，喀什政府要加强对民宿从业人员的培训。政府可以委托当地的相关高校，对民宿相关人员进行从理论到实践全方位的培训，从而提高他们的服务意识、优化他们的经营理念。

（四）提升民宿业主的个性化服务能力

民宿业主针对不同的顾客可以提供不同的服务。比如，对于不熟悉当地情况的外地消费者，民宿业主可以为其解说本地著名旅游景点和本地的特色美食。距离车站或景点较远的民宿可以免费提供接送服务。个性化服务可以提升消费者对民宿的好感。

（五）健全基础设施

基础设施完备是民宿正常经营的必要前提，在提升消费者体验的同时，也能够在无形中提高性价比，提升消费者的满意度。

参考文献

[1] 上海美宿网络科技有限公司．恋上民宿　恋上慢生活［M］．南京：江苏凤凰文艺出版社，2017.

[2] 吴越强．康养旅游住宿服务［M］．北京：旅游教育出版社，2021.

[3] 过聚荣．旅游民宿经营实务［M］．北京：社会科学文献出版社，2018.

[4] 刘荣．民宿养成指南［M］．南京：江苏凤凰科学技术出版社，2018.

[5] 张光琪．民宿经营与管理［M］．北京：科学出版社，2019.

[6] 谭宏鹰．民宿经营与管理［M］．北京：科学出版社，2019.

[7] 杨淇钧，任宣羽．康养环境与康养旅游研究［M］．成都：四川大学出版社，2019.

[8] 李鹏，王秀红．乡村旅游经营者多维目标研究［M］．北京：科学出版社，2011.

[9] 中国认证认可协会．服务认证审查员通用知识［M］．北京：中国质检出版社，2017.

[10] 中华人民共和国文化和旅游部市场管理司．旅游民宿基本要求与评价（LB/T 065-2019）［M］．北京：中华工商联合出版社，2019.

[11] 仇学琴，等．酒店前厅客房服务与管理［M］．北京：机械工业出版社，2019.

[12] 马丽涛，邓英．餐饮服务管理［M］．北京：电子工业出版社，2009.

[13] 田雅琳．酒店市场营销实务［M］．北京：人民邮电出版社，2010.

[14] 姜锐，姜华．酒店公共关系［M］．北京：中国人民大学出版社，2017.

[15] 谢彦君．基础旅游学［M］．北京：商务印书馆，2015.

[16] 镡玉．蹒跚在民宿路上［M］．南京：江苏人民出版社，2023.

[17] 旅游民宿基本要求与等级划分（GB/T 41648-2022）［M］．北京：

中国标准出版社，2022.

［18］杨柯俭，徐向安，王磊．日本民宿发展研究及对我国的启示［J］．中国商论，2019，779（4）：80-81.

［19］杨福泉．论传统村落保护发展的问题与路径——以云南丽江的几个传统村落为例［J］．云南师范大学学报（哲学社会科学版），2019，51（5）：85-93.

［20］柴慧．上海城区民宿发展的现状、问题与对策［J］．科学发展，2019（10）：104-113.

［21］张巧．26Life 族迹："民族味"的客栈创意［J］．今日民族，2017（5）：28-32.

［22］王浩．现代民宿建筑空间设计研究［J］．中国管理信息化，2017（18）：92-93.

［23］邱建国．消费者协会处理投诉应把握的几个基本原则［J］．中国工商管理研究，2009（3）：46-47.

［24］施卫．餐饮投诉处理六大原则与案例选析［J］．饭店现代化，2003（1）：49-51.

［25］金宏．共享经济下新兴民宿业治安风险管控研究［J］．经济师，2021（10）：73-74.

［26］叶旸．共享经济背景下的民宿安全问题［J］．黑河学院学报，2020，11（5）：46-48.

［27］贺静．民宿乡土文化的构建探讨［J］．山西经济管理干部学院学报，2017，25（4）：22-24，28.

［28］李备．浅谈高感性品牌文化影响下民宿品牌景观的形成——以西双版纳悦景庄花间堂为例［J］．艺术科技，2017（4）：140.

［29］徐倩文．关于民宿品牌建设的路径［J］．区域治理，2020（4）：69-71.

［30］徐潇潇，赵鑫．台湾民宿之生活美学对杭州民宿发展的启示［J］．包装世界，2017（9）：98-101.

［31］李备．乡土品牌文化背景下云南民宿的可持续发展道路探究［J］．城市旅游研究，2018（6）：91-94.

［32］吴庆洲．丽江历史文化述论［J］．中国名城，2014（11）：47-52.

［33］蒋佳倩，李艳．国内外旅游"民宿"研究综述［J］．旅游研究，

2014，6（4）：16-22.

［34］简明，向玉旭．中国服务业顾客研究的回顾［J］．品牌视点，2008（11）：36-39.

［35］岑咏霆．顾客满意度测评的模糊综合评判模型［J］．辽宁工程技术大学学报，2001（5）：715-718.

［36］连漪，汪侠．旅游地顾客满意度测评指标体系的研究及应用［J］．旅游学刊，2004（5）：9-13.

［37］董观志，杨凤影．旅游景区游客满意度测评体系研究［J］．旅游学刊，2005（1）：27-30.

［38］沈涵．基于 ACSI 的经济型酒店顾客满意度测评模型［J］．旅游学刊，2011，26（1）：58-62.

［39］孙静，刘希宋．经济型酒店顾客满意度 IPA 模型分析及实证研究［J］．商业研究，2008（11）：46-49.

［40］邓定宪．基于扎根理论的民宿游客满意度影响因素研究——以云南丽江连锁度假庭院为例［J］．福建商学院学报，2018（3）：45-51.

［41］范少花．民宿游客满意度调查研究——以厦门市为例［J］．福建商业高等专科学院学报，2016（2）：46-52.

［42］孙华贞．基于顾客需求的武夷山顾客满意度研究［J］．安阳师范学院学报，2016（5）：120-125.

［43］柯庁敏．影响民宿顾客满意度与再购买意向的因素研究——以温州为例［J］．中国经贸导刊，2016（5）：4.

［44］周晓睿．桂林阳朔景区民宿顾客满意度的测评研究［J］．中国市场，2018（14）：147-150.

［45］傅为．基于结构方程模型的皖南民宿顾客满意度测评研究［J］．苏州学院学报，2018（7）：37-41.

［46］王闻超．差异化服务质量感知对民宿再次消费意愿的研究——基于西湖风景名胜区民宿消费者的调研［D］．杭州：浙江工商大学，2018.

［47］杨桂华，龙肖毅．大理古城民居客栈中外游客基本特征对比研究［J］．桂林旅游高等专科学校学报，2007，18（6）：807-810.

［48］吴晓隽，于兰兰．民宿的概念厘清、内涵演变与业态发展［J］．旅游研究，2018（2）：84-94.

［49］宗晓莲．丽江古城民居客栈业的人类学考察［J］．云南民族学院学

报，2002（4）：63-66.

［50］徐金灿．消费者满意度研究综述［J］．心理学动态，1998（3）：31-34.

［51］陈慧玲，吴英伟．游客对民宿服务品质与游憩体验之关联性研究：以屏东雾台民宿为例［J］．行销评论，2009（5）：21-24．

［52］梁燕．顾客满意度研究述评［J］．北京工商大学学报，2007（2）：75-80.

［53］牛阮霞，姚战琪．互联网时代共享住宿平台用户偏好研究——以蚂蚁短租为例［J］．价格理论与实践，2019（12）：120-123.

［54］吴丽楠．乡土农耕视觉元素在民宿设计中的应用研究［D］．石家庄：河北科技大学，2019.

［55］米静霞．基于互联网推广的南山游历连锁民宿品牌形象设计研究［D］．石家庄：河北科技大学，2018.

［56］张锐．基于知识图谱的中国品牌理论演进研究［D］．徐州：中国矿业大学，2013.

［57］郑雪．大理民宿网络渠道策略研究［D］．北京：对外经济贸易大学，2017.

［58］邹铋．情感体验下民宿乡土文化的表达研究［D］．南昌：江西农业大学，2017.

［59］普片．藏区民宿品牌体验对顾客行为意向的影响研究［D］．杭州：浙江大学，2014.

［60］阎晓梅．民宿旅游意象对游客行为意向的影响研究［D］．大连：东北财经大学，2016.

［61］靳畅．在浙江，民宿让人倍感“此心安处是吾乡”［N］．中国旅游报，2020-03-21.

［62］中共中央　国务院关于实施乡村振兴战略的意见［EB/OL］．https：//www. gov. cn/zhengce/2018-02/04/content_ 5263807. htm.

［63］中华人民共和国旅游法［EB/OL］．http：//www. 360doc. com/content/12/0121/07/1135204_ 1072279235. shtml.

［64］国际标准化组织．合格评定　服务认证方案指南和示例［EB/OL］．https：//wenku. baidu. com/.

［65］深化标准化工作改革方案［EB/OL］．http：//www. gov. cn/zhengce/

content/2015-03/26/content_ 9557. htm.

[66] 龚达皝．订单来了沈爱翔：我们是 PMS 中，做得最互联网的 [EB/OL]. https：//www. traveldaily. cn/article/116416.

[67] 民宿经济发展形势 [EB/OL]. http：//www. 199it. com/archives/428391. html.

[68] 主客双方共同聚焦　民宿盈利知多少 [EB/OL]. http：//house. china. com. cn/808417. htm.

[69] 民宿选址十要素 [EB/OL]. http：//m. toutiao. com/i6436626537277030914/.

[70] 住宿+X 承载新生活方式，左驭董事总经理赵连强谈“大住宿进化论” [EB/OL]. https：//www. sohu. com/a/213304431_ 643551.

[71] 佤王宴 [EB/OL]. https：//baike. so. com/doc/9886276-10233405. html.

[72] 凹面．文案不得不服芒果台，句句撩人住民宿 [EB/OL]. https：//zhuanlan. zhihu. com/p/34098877.

[73] 鹤九．海底捞危机事件，究竟能给餐饮老板什么启发？ [EB/OL]. https：//dy. 163. com/v2/article/detail/CT3J6LLS052287C5. html.

[74] 未来民宿如何发展？六种趋势打造“诗和远方” [EB/OL]. https：//www. pishu. cn/zxzx/xwdt/567978. shtml.